Über dieses Buch Das Buch beschreibt das zeitgeschichtlich aufschlußreiche Leben und das vielseitige Werk von Douglas Sirk (Detlef Sierck), der zu den interessantesten Regisseuren seiner Zeit gehört und zum Vorbild einer jüngeren Generation von Filmemachern wurde. Fassbinder schrieb über Sirks Filme: »Es waren die schönsten der Welt dabei. Und Douglas Sirk hat die zärtlichsten gemacht, die ich kenne, Filme von einem, der die Menschen liebt. Godard oder Fuller, sonst einer oder ich, wir können ihm alle das Wasser nicht reichen.« Schon vor seiner Emigration in die USA war Detlef Sierck erfolgreicher Theater- und Filmregisseur und machte mit den Filmen ZU NEUEN UFERN und LA HABANERA die Sängerin Zarah Leander zum Star. Weltberühmt wurde der Regisseur als »Meister des Melodrams« mit Filmen, die er in den fünfziger Jahren mit Stars wie Rock Hudson, Jane Wyman, Lauren Bacall und Lana Turner in Hollywood drehte. Stilistische Perfektion – subtile Lichtgestaltung und ungewöhnliche Farbdramaturgie, überzeugende Schauspielerführung und präziser Handlungsaufbau –, verbunden mit der auch filmhistorisch wichtigen Vermittlung eines kritischen Amerikabildes zeichnen Sirks Filme aus. In ihrem Mittelpunkt steht immer der zwiespältige Mensch. Für das Kino der Gefühle gilt Sirk als einer der bedeutendsten Regisseure.

Die Autorin Elisabeth Läufer, in Konstanz lebende Anglistin, ist freie Mitarbeiterin des Südwestfunks (u. a. Hörfunk-Dokumentation über Douglas Sirk).

Elisabeth Läufer

Skeptiker des Lichts

Douglas Sirk
und seine Filme

Fischer
Taschenbuch
Verlag

Lektorat: Ingeborg Mues

Originalausgabe
Veröffentlicht im Fischer Taschenbuch Verlag GmbH,
Frankfurt am Main, Dezember 1987

© 1987 Fischer Taschenbuch Verlag GmbH, Frankfurt am Main
Umschlaggestaltung: Jan Buchholz/Reni Hinsch
unter Verwendung eines Fotos
aus dem Universal-Film WRITTEN ON THE WIND
(Robert Stack, Rock Hudson, Dorothy Malone)
Frontispiz: Douglas Sirk in Berlin bei Dreharbeiten
ZU A TIME TO LOVE AND A TIME TO DIE
vor einer präparierten Litfaßsäule
Gesamtherstellung: Clausen & Bosse, Leck
Printed in Germany
ISBN-3-596-24468-4

Inhalt

1 Kindheit und Jugend des Detlef Sierck in Hamburg 9
2 Theater in Bremen, Leipzig und Berlin 19
3 Die Ufa und Zarah Leander 38
4 Emigration 66
 – Zürich, Paris und Rotterdam
5 Douglas Sirk in Hollywood 70
6 Universal – Melodramen 105
 – Rock Hudson, Jane Wyman und Lana Turner
7 Rückkehr nach Europa 173
 – Theater in München und Hamburg
 – Filmhochschule in München
8 Sirk und Fassbinder 186
9 Filmographie 222
10 Anmerkungen 243
11 Literaturhinweise 246

E. L.: Sie haben einmal gesagt, das Wichtigste bei einem Filmemacher sollte ein Bild seiner Wirklichkeit sein.
Welches ist Ihre Wirklichkeit?
Welches ist Ihre persönliche Sicht der Welt, die Sie durch Ihre Filme vermitteln?

DOUGLAS SIRK: Eine halb anarchische – und eine halb skeptische. Und immer ganz menschliche.
Und das Anarchische betrachte ich nicht als etwas, das alles umwirft, durchaus nicht. Aber als etwas, das sich befreit.

1 Kindheit und Jugend des Detlef Sierck in Hamburg

Am 26. April 1897 wird dem Ehepaar Detlef Sierck und seiner Frau Annemarie, geborene Kühl, in Hamburg ihr erster Sohn geboren und als Hans Detlef ins Geburtsregister eingetragen. Er wird Detlef gerufen wie der Vater.
Rückblickend bezeichnet Douglas Sirk, wie er sich später nennt, seine Jugend als glücklich, seine Erziehung als sehr liberal.[1]
Der Vater ist Lehrer, später Rektor, unterrichtet Deutsch, Geschichte und Sprachen. Er schreibt gleichzeitig Reiseberichte für das HAMBURGER FREMDENBLATT und die NEUE HAMBURGER ZEITUNG. Auch für den Sohn ist der Umgang mit Literarischem bald eine Selbstverständlichkeit. »Mein Vater hatte im größten Zimmer eine ganze Wand voll Bücher«, erinnert sich Douglas Sirk.
In seiner frühesten Kindheit verbringt Detlef die Ferien mit den Großeltern in Skagen an der Nordspitze Jütlands, dann in Sierksdorf an der Ostsee, wo der Großvater Georg Sierck, ein wohlhabender Müller, auf einer Mühle der Vorfahren lebt. Später lassen sich auch die Großväter, die Douglas Sirk in seinen Filmen als überlegene, naturverbundene ältere Männer und Jäger porträtieren wird, mit ihren Frauen in Hamburg nieder: Georg Sierck wird Mitgestalter von Hagenbecks Tierpark; Johannes Kühl, ein pensionierter Forstbeamter, wird Bienenzüchter und Jäger und ist beim Fürsten Bismarck für die Wildschweinhatz im Sachsenwald und in den Harburger Wäldern angestellt.
Nach der Geburt von Detlefs jüngerem Bruder Werner bringt der Vater von einer Reise nach Südamerika ein argentinisches Kindermädchen mit nach Hamburg. Der Kleine infiziert sich bei dieser Frau mit einer seltenen Hautkrankheit. Die Mutter widmet sich ganz der Pflege des kranken Kindes, das zudem durch ein verkrüppeltes Füßchen behindert ist. So wird Detlef der Begleiter des Journalisten-Vaters auf vielen Reisen, darunter eine nach Petersburg. Auf Anregung des Vaters beginnt er, sich für russische Literatur zu interessieren. In jener Zeit werden für Detlef die Großmütter, die für die überlastete Mutter einspringen, immer wichtiger. Der Mutter selbst entfremdet er sich mehr und mehr. Plötzlich stirbt der kleine Werner, auf den der große Bruder immer eifersüchtig war.
Bei der Großmutter mütterlicherseits, die Douglas Sirk als geistig aufgeschlossene, Gedichte schreibende Frau schildert, macht der Enkel seine Schulaufgaben und wird selbst zum Schreiben von Gedichten angeregt.

Von ihrer Wohnung aus geht er ins Lichtspiel-Theater. Diese Kinobesuche im Royal- oder im Central-Theater werden für ihn prägende Erlebnisse: »Ich war versessen auf Film, und da war dieses kleine Kino, zu dem ich hinlaufen durfte; nicht mit Genehmigung meines Vaters, aber mit der Genehmigung meiner Großmutter. Meine Großmutter war wirklich fabelhaft. Sie war auch kinoverrückt, ging aber bei weitem nicht so oft wie ich ins Kino. Es war eben damals auch eine Geldfrage, ob ein Junge wie ich – von zehn oder zwölf Jahren – sich ein Billett fürs Lichtspieltheater leisten und Asta Nielsen sehen konnte. Ich war ganz versessen darauf, daß lebende Menschen da vorkamen, auf diese merkwürdige stumme Art und Weise etwas vorsprachen, und daß das eine Schicksalssache ergab. Dieser Schwarzweißfilm arbeitete immer schrecklich viel mit Schicksal, mit großen Toden und großen Gesten. Aber so fing es an, mit dieser märchenhaften Atmosphäre. Und daß ich dann im Dunkeln gesessen habe – in dieser Dunkelheit, die einen umfing – und auf das große Licht, das Lichtleben, wartete, das dort angehen würde. Das ist eine unvergeßliche Zeit.«

Erste »Regieanweisungen« gibt Detlef mit neun oder zehn Jahren: Von Großmutters Wohnung geht er wieder einmal ins Central-Theater und schaut sich einen Film über Christopher Columbus an. Er ist empört, denn die spanischen Schiffe sind auf den ersten Blick als Pappschiffe erkennbar. Er schreibt einen Brief an den Direktor des Kinos mit genauen Anweisungen, wie es besser zu machen wäre. Einige Jahre später inszeniert er, inzwischen Gymnasiast, mit seinen Freunden in der großen Wohnung seiner Eltern in der Marienthaler-Straße GYGES UND SEIN RING, wo er zu sprechen hat: »Nun rühre nimmer an den Schlaf der Welt!« Das Bühnenbild wird mit Bettlaken gestaltet. Auch FAUST wird in Szene gesetzt, und schon hier zeigt sich – ohne Einschränkung durch Produzentenwünsche – Douglas Sirks Vorliebe für ein negatives Ende und sein Hang zum Melancholisch-Skeptischen: »Meinem Freund Walter gefiel das Ende nicht, er wollte einen glücklichen Ausgang. Mir dagegen behagte es sehr wohl.« Als 17jähriger führt er mit den Freunden seine modernisierte Version von Schillers Trauerspiel KABALE UND LIEBE auf.

Neben Theater und Kino spielt das Fußballspiel eine große Rolle für den Jungen: »Ich war ein rasend begeisterter Fußballspieler, ich war vollkommen versessen auf Fußball. Das hat mir aber persönlich nichts eingebracht, außer kaputten Knien und blauen Augen.« Der Vater, selbst ein »typischer Sportsmann, abgehärtet«, wie ihn Douglas Sirk schildert, ist weniger begeistert von der Leidenschaft seines Sohnes, denn Fußball gilt nicht als edler Sport.

Wichtig werden die Aufenthalte in der Lüneburger Heide. Der Vater, an archäologischen Dingen interessiert, hat dort, am Rande eines Hünengrabes, ein kleines Reetdachhaus als Feriensitz erworben. Detlef sortiert

mit dem Vater die Funde oder kutschiert mit dem Einspänner herum. Er liebt die Wasserläufe, die Priele zwischen Harburg und Lüneburg. Die Stute vor dem Einspänner ist gutmütig und findet so zuverlässig den Heimweg, daß der Junge seine Ausflüge mit eigenen Entdeckungen in der Heide allein machen darf. Moor und Heide, die ihn immer faszinierten, werden später in mehreren seiner Filme eine Rolle spielen.
Schon während der Gymnasialzeit wendet sich Detlef Sierck der Malerei zu. 1911 – im gleichen Jahr, in dem er die Eröffnung des neugebauten Elbtunnels erlebt – besucht der 14jährige die Nolde-Ausstellung bei Commeter und versteht überhaupt nicht die im HAMBURGER FREMDENBLATT abgedruckte Meinung eines Kritikers, daß in Noldes Gehirn nicht alles in Ordnung sei. 1937 werden Emil Noldes Bilder in der Ausstellung »Entartete Kunst« hängen. Das Interesse für Kunst und Malerei, das er Jahre später während seines Studiums in Hamburg intensiviert, läßt Sierck lange Zeit schwanken, ob er sich für eine Existenz als Theatermann oder als Maler entscheiden soll.
Der Vater schätzt Wilhelm Buschs Werke, die in weiser Ironie die Begrenztheit der Kleinbürger anprangern. Er sorgt später dafür, daß ein Bild des Künstlers in der Kunsthalle in Hamburg aufgehängt wird. Die Hamburger Kunsthalle mit den Vorlesungen des Direktors Alfred Lichtwark – »der die Deutschen sehen gelehrt hat«, wie Douglas Sirk es ausdrückt – ist Anziehungspunkt für Detlef und seinen Vater, der Mitglied der »Gesellschaft Hamburgischer Kunstfreunde« und der von Lichtwark gegründeten »Hamburger Lehrervereinigung zur Pflege der künstlerischen Bildung in der Schule« ist. »Ich wäre für Lichtwark gestorben, so begeistert hat er mich. Er hat mir das Neue vermittelt, die neue Malerei nahegebracht.«
Einige der Gemälde, die Lichtwark in der Kunsthalle dem Jugendlichen in seiner lebendig erzählenden Art nahezubringen vermag, werden zu Lieblingsbildern.
Lichtwark macht ihn mit dem Grabower Altar des Meister Bertram vertraut, wo Detlef die Erschaffung der Tiere besonders gefällt, und zeigt ihm, wie der Meister Francke bei seinem Altar der Englandfahrer ein feierliches Ereignis wie die Anbetung der Könige menschlich-humorvoll auflockert, indem er das Jesuskind in die geöffnete Schatztruhe des Königs Kaspar greifen läßt und ebenso darstellt, wie der Heilige Josef das Kind davon abzuhalten versucht. Er liebt ferner:
Die von Balthasar Denner im 18. Jahrhundert gemalten leuchtenden Gesichter mit den sprechenden Augen der »Drei Kinder des Ratsherrn B. H. Brockes« in ihren schönen Kleidern – kontrastierend mit einem warmen Rot ein blaues und ein grünes Gewand, Farben, die sich in der Landschaft des Bildes wiederholen.
Caspar David Friedrichs Werk »Eismeer«, das auch den doppeldeutigen

Titel »Die gescheiterte ›Hoffnung‹« trägt und zeigt, wie in einer Polarlandschaft das Schiff »Hoffnung« unter einem riesigen Eisberg begraben wird, dessen Schollen wie geborstene, vielfarbige Felsen wirken.
Das Bild der »Netzflickerinnen« an der weiten Nordseeküste, wo Max Liebermann Stimmung durch Licht und erdige Farbtöne erzeugt.
Das Gemälde »Drei Frauen in der Kirche«, von Wilhelm Leibl 1878 begonnen, ist für Detlef Sierck ein Schlüsselerlebnis. Leibls Aufforderung, »man male den Menschen so, wie er ist, da ist die Seele ohnehin dabei«, klingt revolutionär in einer Zeit, in der die Realität als trivial und abstoßend gilt. Für uns ist die damalige Wirkung Leibls, der die Bildgeschichte zugunsten der Bildform vernachlässigte, nicht leicht nachzuvollziehen. Eine Erklärung ist die, daß uns durch eine perfektionierte Photographie eine wirklichkeitstreue Malerei heute überflüssig erscheint und daß durch eine penetrante »Blut-und-Boden-Kunst« auch die schlichten bäuerlichen Gestalten Leibls als suspekt gelten (Lindemann, S. 359). Leibls Darstellung von den drei Bäuerinnen in der Kirche öffnet dem jungen Detlef Sierck die Augen, und er geht nach Hause, um die Eindrücke in eigenen Versuchen umzusetzen.
Von diesen frühen Eindrücken der »Ewigkeitsbilder«, wie er sie nennt, nehmen Farbdramaturgie und Ikonographie des Filmregisseurs Douglas Sirk ihren Ausgang. Die Persönlichkeit des Kunsthistorikers Lichtwark wird prägend für den Gymnasiasten, so wie später für den Kunststudenten die des jungen Kunsthistorikers an der Universität Hamburg, Erich Panofsky.
Detlef geht begeistert in Theateraufführungen von Shakespeares Königsdramen am DEUTSCHEN SCHAUSPIELHAUS, einem der größten und bedeutendsten Theater in Deutschland. Sie interessieren den Jugendlichen vor allem unter dem Gesichtspunkt, wie er selbst das jeweilige Theaterstück in Szene setzen würde, und sind für ihn zugleich »Offenbarungen, wie Menschen gezeigt und gezeichnet werden können«. Am THALIA THEATER führt in den Jahren 1904 bis 1914 Leopold Jeßner Regie, der – bevor er die von Max Reinhardt geprägte Berliner Theaterszene verändert – in Ansätzen schon in Hamburg eine Überwindung des Naturalismus und eine Entrümpelung des Theaters vorführt und statt mit aufwendigem Dekor mit Farbflächen und Licht arbeitet. Siercks spätere, davon beeinflußte Inszenierungen werden den Kritikern als ungewöhnlich, neuartig und mutig auffallen. Parallel zum Interesse an Shakespeare entwickelt Detlef um diese Zeit auch ein großes Interesse für Gegenwartsliteratur.
Alte Nummern der Kunst- und Literaturzeitschrift PAN, an der Liliencron und Dehmel beteiligt waren, liegen hinter Vaters Schreibtisch. Schon als Kind hat Detlef mit dem Vater die befreundeten Liliencrons besucht. Der Gymnasiast erlebt 1909 Detlev von Liliencrons Begräbnis und schließt sich dessen Freund Richard Dehmel an, mit dem er einige Jahre später

an der kriegsgeschichtlichen Sammelstelle in der Mönckebergstraße zusammenarbeiten wird.
An der Gelehrtenschule des Johanneums, dem renommierten humanistischen Gymnasium, für das die Eltern teures Schulgeld bezahlen, fallen ihm die Mathematikaufgaben manchmal schwer, und der Großvater Johannes Kühl muß helfen. Dafür sind Goethes Gedichte für Detlef eine Selbstverständlichkeit, und er verdient sich ein bißchen Geld mit Rezitieren in der Tonhalle. Er rezitiert alles, angefangen von Goethes Ballade DER SÄNGER bis zum lautmalerischen Tschingdada in DIE MUSIK KOMMT von Liliencron, der einige seiner Gedichte als »Virtuosenstücklein für Rezitatoren« bezeichnete. Rezitieren war damals Mode. Detlef Siercks Vorbild ist Julia Kulp, »eine großartige Rezitatorin. Wir waren vollkommen besoffen von Literatur.«
Als Detlef 17 Jahre alt ist, bricht der Erste Weltkrieg aus. Nach Abschluß des Gymnasiums – »Es hat mir viel genutzt, aber ich habe es gehaßt!« – soll Detlef zum Militär eingezogen werden: Am 26. April 1915 ist er 18 Jahre alt. Der Vater schickt ihn jedoch an die Marineschule in Mürwik und erspart ihm auf diese Weise das Rekrutendasein an der Front. Detlef gehört nicht zu den Kriegsfreiwilligen seiner Generation, die eine Blume im Gewehrlauf stecken hatten. Nach der Ausbildung zum »Fähnrich zur See« arbeitet der junge Sierck in Hamburg zunächst für die Kriegsberichterstattung in der Mönckebergstraße, wo eine Reihe von Schriftstellern und Dichtern tätig waren, darunter Richard Dehmel. Dehmel, 1914 Kriegsfreiwilliger, ist hier als Kriegsberichterstatter eingesetzt worden, nachdem seine Erkrankung an einer Venenentzündung ihn 1915 für den Kriegsdienst untauglich macht; 1920 stirbt er an einer Thrombose.
Die Leitung dieser kriegsgeschichtlichen Sammelstelle hat Hauptmann Lorenz, ein Literaturwissenschaftler, für dessen Beschäftigung mit niederdeutschen Dialekten und neuer deutscher Literatur sich Sierck interessiert. Als Detlef Sierck schließlich zum Kriegsdienst auf See herangezogen wird, erlebt er den Ersten Weltkrieg auf dem Kreuzer »Freya« in der Nordsee vor Helgoland, und die Grauen des Seekrieges bleiben ihm nicht erspart. Als mutiger Seekadett beeindruckt er alle. Er selbst steht anders dazu: »Das sind alles keine angenehmen Erinnerungen, diese qualvolle Zeit bei der Marine. Das hat mir für 24 Stunden gefallen, weil ich in meiner blauen Uniform bewundert wurde, aber länger nicht.« Detlef Sierck ist einer jener jungen Männer, die zur »verlorenen Generation« des Ersten Weltkrieges gehören, wie sie der um ein Jahr jüngere Erich Maria Remarque in seinen Kriegsaufzeichnungen, IM WESTEN NICHTS NEUES, beschreibt.
Als der am 3. Oktober 1918 zum Reichskanzler ernannte Prinz Max von Baden den amerikanischen Präsidenten Wilson um Einleitung von Friedensverhandlungen ersucht, gewährt der kommandierende Kapitän des

Kreuzers dem jungen Fähnrich den längst fälligen Heimaturlaub. Eine ähnliche Situation kann Douglas Sirk in seinem Film A TIME TO LOVE AND A TIME TO DIE nachempfinden, wo er dem jungen Soldaten Graeber einen ungewöhnlich menschlichen Vorgesetzten gegenüberstellt. Der Kapitän empfiehlt Sierck, sich sofort an einer Universität einzuschreiben, um damit eine Rückkehr zur Kriegsmarine zu vermeiden. Detlef Sierck wird an der Münchener Universität Jurisprudenz studieren, um später in das Anwaltsbüro eines älteren Vetters eintreten zu können.

Zunächst versucht der Vater, den durch die Kriegserlebnisse physisch und psychisch erschöpften jungen Mann wieder zu stabilisieren, und geht mit ihm zur Erholung nach Herrenalb in den Schwarzwald. Detlef verliebt sich in ein junges Mädchen – eine Art Asta Nielsen mit großen dunklen Augen.

Während des Jurastudiums in München begegnet Detlef Sierck Eugen Leviné, trifft öfter Gustav Landauer, dessen Worte den jungen Studenten beeindrucken. Für 20 Pfennig kauft er eine Nummer von KAIN, der von Erich Mühsam herausgegebenen »Zeitschrift für Menschlichkeit«.

Weit stärker beeindruckt ihn aber alles, was Kunst und Kunstgeschichte betrifft, und er genießt die künstlerische Atmosphäre Münchens, das durch seine Museen und Kunstschulen in jener Zeit internationale Bedeutung hat. In der Pinakothek lernt er die stimmungsvollen Darstellungen kleinbürgerlicher Figuren und Sonderlinge der Biedermeierzeit des Münchener Malers Carl Spitzweg kennen; in seinem Film DAS HOFKONZERT von 1936 wird er einige dieser Figuren Spitzwegscher Ironie zum Leben erwecken.

Der junge Student lebt in jener Nachkriegszeit bescheiden. Seine Zimmerwirtin schenkt ihm die stabilen Schuhe ihres gefallenen Sohnes. Von der Demonstration auf der Theresienwiese am 19. Februar 1919 bleibt ihm das Transparent zum Gedenken an Rosa Luxemburg und Karl Liebknecht im Gedächtnis. Im Frühjahr 1919 erlebt er den Zusammenbruch der Räterepublik. Die Brutalität und das Chaos der politischen Situation in München ängstigen ihn wie ein schrecklicher Alptraum.

Nach diesem ersten Winter-Semester plant Detlef, sein Studium mit Philosophie in Freiburg fortzusetzen. Er wohnt ein paar Wochen im Stadtteil Herdern, erträgt aber das drückende Klima am Fuße des Schloßbergs nicht und verläßt die Stadt, um in Jena weiterzustudieren. In der Universität dort hat er das Wandgemälde des Schweizer Malers Ferdinand Hodler vom »Aufbruch der Jenenser Studenten in eine neue Zeit« täglich vor Augen. Die eindringliche, das Wesentliche hervorhebende Malweise beeinflußt den jungen Studenten. Er wird erst später begreifen, daß diese Phase nach dem Ersten Weltkrieg ein Aufbruch in eine neue Zeit ist, die für die deutsche Kultur einen Höhepunkt auf allen Gebieten bedeutet.

Nach einem Semester Jena kehrt Detlef in seine Geburtsstadt Hamburg

Alfred Abel als Poet Knips in dem Film DAS HOFKONZERT

zurück und übernimmt vom Vater, der inzwischen die Position eines Schuldirektors an der Seefahrtschule auf der Insel Veddel innehat, den Posten als Redakteur bei der NEUEN HAMBURGER ZEITUNG. Die Kunsthalle am Glockengießerwall stellt gerade die Statue der Kaiserin Elisabeth, von dem im Alter erblindeten Degas modelliert, und andere Werke aus, und der junge Sierck schreibt einen Bericht darüber.
Nur ein paar Schritte vom Redaktionsbüro am Gänsemarkt liegen die Staatsoper und die Hamburger Musikhalle. Detlef geht in alle großen Konzerte. »Wagner hat mich am meisten interessiert. Aber mein Vater war allem Modernen abgeneigt, auch Richard Strauß. Er war für streng klassische Musik wie sein Freund, ein Musiker namens Hille.« Die Tätigkeit bei der Zeitung betreibt Detlef nach einiger Zeit nur noch nebenher und wohnt im Stadtteil Harvestehude in einer Studentenbude. Er hört an der Universität bei Ernst Cassirer Philosophievorlesungen über Kant, und er hört den zu einem Gastvortrag aus Berlin gekommenen Albert Einstein. Nach den Vorlesungen geht er häufig in den nahen Botanischen Garten am Wallring, um Malstudien zu betreiben.
Schließlich studiert er das, was ihn am meisten interessiert, nämlich Kunstgeschichte. So trifft Detlef Sierck mit Erich Panofsky zusammen,

der in jener Zeit Privatdozent an der Hamburger Universität ist. Panofsky hat umwälzende Ideen. Dieser fast Gleichaltrige bestärkt den suchenden Sierck bei Gesprächen und Diskussionen in der Ablehnung der nach dem Ersten Weltkrieg fragwürdig gewordenen bürgerlich-etablierten Kultur. Douglas Sirk sagt rückblickend: »Ich war froh, daß es Panofsky gab.« Zum Stichwort Kunst äußert Panofsky die Meinung, daß Shakespeare zwar für die Allgemeinheit unverständliche Sonette, aber vor allem publikumswirksame Tragödien und Komödien verfaßt habe. Angeregt von Panofsky, beginnt Detlef Sierck mit der Übersetzung der Shakespeareschen SONNETS.
Panofsky vermittelt dem jungen Sierck, der als Kind so kinobesessen war, das Verständnis für die Filmsprache der stummen Melodramen. In der Situation des Kinopublikums um 1910 sieht er eine Parallele zu den Schwierigkeiten der Menschen im Mittelalter, die Bildersprache ihrer Maler zu verstehen, und spricht von der Einführung einer festgelegten Ikonographie, die dem Kinozuschauer die grundlegenden Tatsachen und Charaktere erklärte, ähnlich wie die beiden Frauen hinter dem Thron des Herrschers durch das Schwert bzw. das Kreuz für den mittelalterlichen Menschen die Tapferkeit und den Glauben verkörperten. Die Personifizierung von Laster und Tugend in der Malerei des Mittelalters vergleicht Panofsky mit den Typen von Vamp und unschuldigem Mädchen in den frühen Filmmelodramen. Seine Gedanken formuliert Panofsky, der eine Entwicklung des Films aus der Volkskunst herleitet, später in Amerika in seinem bahnbrechenden Essay STYLE AND MEDIUM IN THE MOTION PICTURE von 1934 (Panofsky, S. 343).
Erich Panofsky, ab 1926 Professor an der Hamburger Universität, 1933 nach Amerika emigriert, ab 1935 am Institute for Advanced Study in Princeton tätig, gehört »zu jener Elite akademischer Lehrer, welche in den Jahren zwischen dem Ende des 1. Weltkriegs und 1933 eine Erneuerung und Horizonterweiterung der Geisteswissenschaften heraufführte«.[2]
Detlef Sierck schreibt für Panofsky eine Seminararbeit über den Zusammenhang zwischen dem Mysterienspiel und der deutschen Malerei des Mittelalters, für die der 1914 verstorbene Lichtwark in der Hamburger Kunsthalle reiches Anschauungsmaterial zusammengetragen hatte. So vereint diese Arbeit die Anregungen von zwei für Sierck gleichermaßen wichtigen Persönlichkeiten.
In die Studentenzeit fallen bedeutsame Theaterbesuche. In den KAMMERSPIELEN, dem Theater am Besenbinderhof, wo Erich Ziegel zusammen mit Mirjam Horwitz 1918 die Leitung übernommen hat und Erich Engel Regie führt, lernt der junge Sierck Werke von Autoren kennen, deren Stücke er später in Bremen und Leipzig inszenieren wird: Wedekind, Strindberg, Sternheim, Werfel, Toller, Kaiser, Kornfeld, Klabund und

Brecht. Aufführungen am DEUTSCHEN SCHAUSPIELHAUS begeistern ihn erneut für Shakespeares Dramen.
Der Student braucht Geld und interessiert sich außerdem für eine Tätigkeit am Theater. Richard Dehmel vermittelt ihn im Herbst 1919 an den Direktor des DEUTSCHEN SCHAUSPIELHAUSES, Dr. Paul Eger, als Hilfsdramaturg. Detlef liest täglich Stücke und schlägt Stücke vor, aber gespielt werden sie nicht. Der junge Sierck schreibt weiterhin Zeitungsberichte und studiert bei Panofsky. Am Theater bei Dr. Eger rückt er vom sechsten zum zweiten Dramaturgen auf und schreibt eigene Stücke und Bearbeitungen.
Er beendet die Übersetzung von Shakespeares frühen rätselhaften SONNETS, für die sich zu seinem Erstaunen auch bald ein Verleger findet: Die SONETTE AN DEN GELIEBTEN KNABEN erscheinen 1922 im Hamburger Adolf Harms Verlag als deutsche Nachdichtungen von Hans Detlef Sierck mit vier Originalradierungen von Joseph Eberz in den DRUCKEN DER SCHÖNEN RARITÄT. Diese von Niels Hoyer herausgegebene Reihe wird später unter Goebbels verboten, seltsamerweise mit Ausnahme von Siercks Sonetten, die mit der Nr. XX der Quarto-Ausgabe von 1609 beginnen:
Ein weiblich Antlitz schuf Dir die Natur,
Du Liebster-Liebste meiner Leidenschaft,
Ein weiblich Herz auch, zart und eitel, – nur
Nicht weiblich wechselnd, weiblich launenhaft.
Dein Mädchen-Seelenaug ist ohne Trug,
Vergoldet steht die Welt, von ihm berührt,
Sein Farbenhauch, der alle Farben schlug,
Betört den Mann, wie er das Weib verführt.

Immer stärker wird für Sierck die Faszination des Theaters, immer drängender der Wunsch, nicht nur Stücke zu lesen, sondern auch Stücke zu inszenieren. Theaterdirektor Dr. Eger hält ihn für größenwahnsinnig. Doch die Chance kommt, als der Spielleiter erkrankt, der für das in plattdeutschem Dialekt geschriebene Drama BAHNMEESTER DOD des niederdeutschen Bühnendichters Hermann Boßdorf vorgesehen war. Der junge Sierck hat die besten Schauspieler zur Verfügung. Seine Inszenierung wird ein Erfolg und von dem gefürchteten Theaterkritiker Malte Wagner positiv beurteilt. Dr. Eger ist daraufhin bereit, dem jungen Dramaturgen, der zum Regisseur avanciert ist, weitere moderne, vor allem naturalistische und expressionistische Stücke anzuvertrauen. Sierck wird sie später in Bremen und Leipzig inszenieren. Jetzt aber will er Shakespeare auf die Bühne bringen.
Als Dr. Eger ablehnt, weil er dem Unerfahrenen das nicht zutraut, nimmt Sierck das Angebot an, als Oberspielleiter an das neugegründete KLEINE

THEATER in Chemnitz zu gehen. Dort führt er zwar auch nicht Shakespeare, dafür aber die shakespearesche Komödie LEONCE UND LENA von Büchner auf. Für den Karfreitag 1922 wird die Premiere von Strindbergs Drama OSTERN angesetzt. In der Vorstellung sitzt Dr. Ichon, der künstlerische Leiter des Bremer SCHAUSPIELHAUSES. Er bietet Sierck eine Stelle als Oberspielleiter an. Dem zögernden jungen Mann macht Dr. Ichon den Vorschlag, in Bremen zunächst ein oder zwei Stücke als Gastregisseur zu inszenieren. Die herrschende Inflation und die hochgestochenen Inszenierungen lassen die kleine Privatbühne in eine Krise geraten. Als der finanzielle Erfolg ausbleibt und der Geschäftsführer und einige Schauspieler das Theater im Stich lassen, bilden die beiden Spielleiter, die restlichen Schauspieler und Techniker ein Kollektiv mit Gleichberechtigung aller Beteiligten und Sierck als gewähltem Leiter, der notfalls auch als Schauspieler mitwirkt. Um die Existenzgrundlagen zu sichern, stecken die jungen Leute ihre Ziele zurück und spielen, zu Kompromissen bereit, publikumswirksame Stücke, vorwiegend Lustspiele. Auf dem Spielplan des KLEINEN THEATERS stehen nun Molières TARTUFFE, die amüsante Dreieckskomödie INGEBORG von Curt Götz und das Gesellschaftsdrama MADAME X von Alexandre Bisson. Rund 40 Jahre später wird Douglas Sirk dem Hollywood-Produzenten Ross Hunter ein Regieangebot für die Verfilmung von MADAME X mit Lana Turner abschlagen.

Im Januar 1923 hat die Direktion des Bremer SCHAUSPIELHAUSES den jungen Regisseur zu Gastinszenierungen eingeladen. Am 20. Januar kommt ARMAND CARELL zur Erstaufführung, ein »Zeitstück« von Moritz Heimann, Gerhart Hauptmanns Schwager, und am 12. Mai hat JEDERMANN von Hugo von Hofmannsthal in Bremen unter Siercks Regie Premiere.

Nach der Auflösung des KLEINEN THEATERS in Chemnitz führt die Arbeitssuche Sierck wieder zu seinem Agenten nach Berlin. Ein Filmregisseur gibt ihm 1923 vorübergehend eine Beschäftigung als Bühnenbildner in einem Berliner Filmstudio. Im gleichen Jahr inszeniert er für die Sommerfestspiele in dem internationalen Ostseebad Zoppot bei Danzig zwei Dramen: HAMLET, mit dem legendären Hamletdarsteller Alexander Moissi in der Titelrolle, und STÜTZEN DER GESELLSCHAFT, mit Alfred Bassermann als Konsul Bernick; in Siercks Ufa-Verfilmung 1935 wird Heinrich George in dieser Rolle zu sehen sein.

2 Theater in Bremen, Leipzig und Berlin

Bremen

Das Bremer SCHAUSPIELHAUS, ein privates Theater unter der Leitung von Johannes Wiegand und Eduard Ichon, genießt den Ruf, an der Spitze der deutschen Uraufführungsbühnen zu stehen, sein Publikum gilt als kunstverständig. Die beiden Direktoren, die sich für Sierck interessiert hatten, bieten ihm nach seinen erfolgreichen Gast-Inszenierungen für die Spielzeit 1923/24 den Posten eines Oberspielleiters an. Anfang August beginnt Hans Detlef Sierck mit den Vorbereitungen für seine Inszenierung der Shakespeare-Komödie DIE LUSTIGEN WEIBER VON WINDSOR am 18. August 1923 und macht kurz danach mit seiner ersten JUDITH-Inszenierung am 30. August 1923 großen Eindruck. Von da an überschlagen sich die Kritiker mit Lob für den jungen Regisseur.

In Bremen inszeniert Hans Detlef Sierck, der von der Kritik als begabter Regisseur und sensibler Künstler bezeichnet wird, etwa zehn Stücke pro Spielzeit, das bedeutet von 1923 bis 1929 mindestens 60 Stücke. Geregelte Probezeiten, wie sie heute selbstverständlich sind, gibt es nicht. Die für heutige Begriffe unvorstellbare Situation, daß innerhalb von Tagen ein Stück einstudiert und aufgeführt wird, bringt es mit sich, daß häufig bis weit in die Nacht hinein geprobt wird und in den restlichen Nachtstunden nach den Entwürfen von Richard Lamey die Bühnenbilder gemalt werden. Die finanziellen Mittel des Privattheaters sind begrenzt. Aber auch später, als Sierck das subventionierte städtische Theater in Leipzig leitet, arbeitet er nicht anders. Verschwendung, Leerlauf oder auch nur Pause kennt er nicht. Hollywood wird seine Fähigkeit, mit niedrigem Budget zurechtzukommen, schätzen.

Sierck verwirklicht mehrere, von der Kritik als mutig und bahnbrechend eingestufte Inszenierungen. Als Meisterleistung moderner Regiekunst gilt seine Strindberg-Inszenierung EIN TRAUMSPIEL (20. Oktober 1923). Die Kritiker erkennen bei Sierck die Überwindung eines falsch verstandenen Naturalismus, unglaubliche Arbeitsintensität, Souveränität und Organisationstalent. In einigen Inszenierungen nimmt Hans Detlef Sierck vorweg, was fünfzig Jahre später im deutschen Theater realisiert wird. Als mutig und neuartig im künstlerischen Konzept gelten seine beiden JUDITH-Inszenierungen, DIE RÄUBER und OTHELLO – zum ersten Mal

in der Bühnengeschichte in der alten Prosaübersetzung Eschenburgs gespielt.
Das Bremer SCHAUSPIELHAUS ist als Privattheater gleichzeitig ein Erstaufführungstheater, eine Situation, die der für einen Oberspielleiter ungewöhnlich junge Sierck als faszinierende Herausforderung empfindet. Der große Berliner Kollege Leopold Jeßner wird über Siercks Bremer Zeit anerkennend äußern: »Wenn ein Theater im Reich seiner Mission, Vorpostenkämpfer für die großen Schlachten der Metropole zu liefern, gerecht geworden ist, so war es das Bremer Schauspielhaus« (Berner/Peters, S. 139).
Hatte die Inflation, wie Sierck sie in Chemnitz erlebte, zu leeren Theatern geführt, so brachte die Stabilisierung der Weimarer Republik einen Aufschwung und eine Öffnung der Bühne für ausländische Autoren. Sierck inszeniert eine Reihe von englischen Lustspielen. »Shaw war der neue Mann – das Theater war immer ausverkauft«, erinnert sich Douglas Sirk. »Shaw und Wilde kamen mir sehr gelegen. Ich inszenierte sie mit großer Begeisterung. Mir liegt das Ironische an diesen Engländern.« Für die von Sierck so geschätzten Stücke von Wilde und Shaw liefert ihm sein aus Bremen stammender Freund, der Theaterkritiker, Schriftsteller und Übersetzer Karl Lerbs, dichterische Übersetzungen: Über Siercks Inszenierung am 14. Oktober 1927 von LADY WINDERMERES FÄCHER (Wilde) wird berichtet: »Sie funkelte von Leben und Geist« (S. 141). Siercks Hinwendung zu dieser Schauspiel-Gattung wird aus der folgenden Definition von Lerbs verständlich: »Die englischen Lustspiele haben es in sich. Sie loten weder ins Problematische, wie die deutsche Komödie, noch dreschen sie auf den Beschauer lediglich mit Situationswitzen und Kalauern los, wie die deutsche Posse...; ihr solider und grimmiger, aber sehr beweglicher Witz enthält stets eine Selbstironie, die schonungsloser Selbsterkenntnis zum Verwechseln ähnlich sieht.«[3]
Sierck inszeniert Shaws Komödie CAESAR UND CLEOPATRA (19. August 1925) und Shakespeares Schauspiel ANTONIUS UND CLEOPATRA (6. März 1924). Über die Inszenierung der HEILIGEN JOHANNA von Shaw in der Nachdichtung von Karl Lerbs schreibt die zeitgenössische Kritik, sie stehe der glanzvollen Reinhardt-Premiere nicht nach (Berner/Peters, S. 107). Eine eigene nachdichtende Übersetzung bringt Sierck mit seiner Inszenierung von Pirandellos Stück SECHS PERSONEN SUCHEN EINEN AUTOR, zu der ihn ein Gastspiel der Pirandello-Truppe anregt.
Über Siercks Inszenierung von Shakespeares selten aufgeführtem Schauspiel KÖNIG ZYMBELIN urteilt ein Kritiker: »Wenn uns alle Klassiker in solcher Liebe, Schönheit und Ehrfurcht so meisterhaft wieder zugänglich gemacht werden könnten, so wäre damit die ersehnte Erneuerung des gegenwärtigen Theaters da.«[4]
Neben der Tendenz, Klassiker zu aktualisieren, gibt es die Hinwendung

zum sogenannten Zeitstück, das aus einem aktualisierten Theater als politisches Drama entstand und Themen wie die Großstadtmoral oder die sexuellen Nöte von Jugendlichen behandelt. Eine Reihe solcher Zeitstücke gibt es zum ersten Mal in Bremen am SCHAUSPIELHAUS zu sehen.
Die Konkurrenz des Kinos bringt die Theater dazu, in der Werbung um die Publikumsgunst Schritt zu halten. Für die Spielzeit 1927/28 wird das SCHAUSPIELHAUS umgebaut und mit technischen Neuerungen versehen. Zudem werden auch Reißer ins Repertoire aufgenommen. So wird das am 7. September 1928 uraufgeführte Stück DER PROZESS MARY DUGAN mit Hilde Jary in der Titelrolle als »Trumpf in der Hand der Direktoren für ihren Hader mit den Filmproduzenten« bezeichnet. Das amerikanische Sittenstück BROADWAY (25. Januar 1927) bringt Sierck als »Jazzkomödie, Revue, Rührstück, Groteske, Kriminalfall, Girlparade, dramatisierte Akrobatik« auf die Bühne. Zwei Romanerfolge von Edgar Wallace, DER HEXER (5. Oktober 1927) und DER ZINKER (13. März 1929), inszeniert Sierck als »gut gebaute Stücke« (Berner/Peters, S. 164/65). Seine Bühnenbildner sind Hermann Fitger, Max Gschwind und Richard Lamey.
Als Hans Detlef Sierck 1923 die Position in Bremen übernimmt, engagiert er für das Ensemble neue Schauspieler, so Willy Fritsch und – von Jeßners Berliner Theater – Anneliese Born, die spätere Frau von Albrecht Schoenhals (Born/Schoenhals, S. 123/24). Auch Lydia Brinken, die mit Sierck am KLEINEN THEATER in Chemnitz gearbeitet hatte, kommt gleichzeitig mit dem Regisseur nach Bremen. Sie heiraten. 1925 wird ihr Sohn Claus Detlef geboren, der ab 1936 in einer Reihe von Filmen spielt und als schauspielerisches Talent gilt. Lydia Brinken wendet sich aus Überzeugung, wie auch Thea von Harbou, früh dem Nationalsozialismus zu und wird Parteimitglied, während Hans Detlef Sierck die Ideologie ablehnt. Ihre Wege trennen sich 1926.
In der Spielzeit 1925/26 gehört Erika Mann, frisch verheiratet mit Gustaf Gründgens, zum Ensemble. Als 1962 Richard Schweizer, Thomas Manns Freund, Douglas Sirk eine Verfilmung des Romans DER ZAUBERBERG vorschlägt, hat Erika Mann die Absicht, das Drehbuch zu schreiben.
Für den Winter 1926/27 engagiert Sierck über den gemeinsamen Berliner Agenten eine junge Schauspielerin, die ihre Laufbahn in Berlin bei Viktor Barnowsky als Elfe, dann als Rautendelein in Gerhart Hauptmanns Stück DIE VERSUNKENE GLOCKE begonnen hatte, schon für Carola Neher eingesprungen war und außerdem, als zweite Besetzung, in der Reinhardt-Inszenierung von Frank Wedekinds Stück FRÜHLINGS ERWACHEN aufgetreten war: die aus Berlin stammende Hilde Jary. Ihr erstes gemeinsames Stück ist Noel Cowards Lustspiel WEEK-END (8. August 1926). Fachlich und als Typ der Neher und der Bergner ähnlich, entwickelt sich Hilde Jary unter Siercks Regie während drei Spielzeiten in über zwanzig

Werbematerial für Siercks Inszenierung des Dramas DER PROZESS MARY DUGAN, mit Hilde Jary in der Titelrolle

Stücken, darunter FRÜHLINGSOPFER (Keyserling), KÖNIGIN CHRISTINE (Strindberg), DREIKÖNIGSNACHT – WAS IHR WOLLT (Shakespeare), DIE JÜDIN VON TOLEDO (Grillparzer), DER PROZESS MARY DUGAN (Veiller), TONI (Gina Kaus) und als »kindlich reine und ausdrucksstarke« Hedwig – so die Kritik 1928 – in Siercks bevorzugtem Schauspiel DIE WILDENTE, das er zu Ibsens 100. Geburtstag aufführt, zu einer überzeugenden Schauspielerin. Mehr als 20 Inszenierungen, mehr als 20 große Rollen: Für beide ist es eine bis zur Erschöpfung arbeitsintensive, dennoch kreative, erfolgreiche und beglückende Zeit.
Die Bremer Zeit ist für Hilde Jary und Hans Detlef Sierck reich an zusätzlichen kulturellen Ereignissen und Anregungen.
Gastspiele am SCHAUSPIELHAUS sind selbstverständlich.[5] So gastieren dort zwischen 1923 und 1929 das russische Kleinkunsttheater DER BLAUE VOGEL, Paul Wegener, ebenso wie Alexander Moissi mit dem BERLINER ENSEMBLE, Max Reinhardts GRÜNE FLÖTE, Leopold Jeßner mit dem Berliner Staatstheater. Weitere Theatergrößen, die in jener Zeit mit ihrem Ensemble nach Bremen kommen, sind Curt Götz, Albert Bassermann und Fritz Kortner, ferner Käthe Dorsch, Tilla Durieux, Maria Orska, Rosa Valetti und Elisabeth Bergner. Das Tänzerpaar Harald Kreutzberg und Elisabeth Gruber, die Tänzerinnen La Argentina, Mary Wigman und Tamara Karsawina geben ebenfalls Gastspiele im SCHAUSPIELHAUS. Auch eine Wiederbegegnung mit Siercks großer Leinwandliebe Asta Nielsen wird möglich: Am 2. und 3. Oktober 1926 tritt sie auf einer Tournee mit dem Stück RITA CAVELLINI von R. Sheldon als italienische Opernsängerin (vgl. Nielsen, S. 239) in Bremen auf.
1927 besuchen Hans Detlef Sierck und Hilde Jary in Hamburg die große Nolde-Ausstellung zum 60. Geburtstag des Malers. Die Liebe zur Malerei führt sie von Bremen aus nach Fischerhude, wo sich Maler und Literaten angesiedelt haben, und nach Worpswede, einem kleinen Ort am Südrand des Teufelsmoors, wo sich seit Ende des letzten Jahrhunderts eine Künstlerkolonie mit den Malern Karl-Jakob Hirsch, Hans am Ende, Otto und Paula Modersohn, Fritz Mackensen, Fritz Overbeck und Heinrich Vogeler entwickelt hat. Hans Detlef Sierck interessieren die Bilder der Worpsweder Maler – »Das war der Anlauf zur modernen Kunst. Heute sind sie unbedeutend« –, er will ein Gemälde, »in schweren worpswedischen Farben gemalt«, kaufen. Mit seinen eigenen Malereien ist er nicht zufrieden, findet sie nicht gut genug. Hilde Jary begleitet ihn an den Sonntagen, an denen sie keinen Nachmittagsauftritt im Theater hat. Einer der Künstler porträtiert sie mit einem großen Hut.
Hilde Jary und Hans Detlef Sierck heiraten 1929, bevor Sierck im gleichen Jahr Bremen verläßt, um am ALTEN THEATER in Leipzig Direktor zu werden.
Trotz aller inneren Skepsis hat der sensible Künstler – wie der zeitgenössi-

schen Kritik zu entnehmen ist – seine Tätigkeit als Oberspielleiter am Bremer SCHAUSPIELHAUS »mit der vollen, instinktiven Begeisterung der Jugend für die Jugend« ausgeübt (Berner/Peters, S. 115).
Die folgenden Auszüge aus Zeitungskritiken charakterisieren den Regisseur in einem Maße, das weit über die stückbezogene aktuelle Kritik hinausgeht. Die Fähigkeiten und besonderen Kennzeichen, die Vorlieben und Neigungen des Regisseurs, die hier in allgemeinen und in detaillierten Äußerungen herausgestellt werden, treffen nicht nur für den künstlerischen Leiter des Bremer Theaters zu, sondern sind Bestandteil seiner Persönlichkeit und gelten gleicherweise für den späteren Filmregisseur Douglas Sirk in Hollywood.

JUDITH (3. September 1926):
Wenn Hebbel diese, von Detlef Sierck mit geradezu unheimlichen Energien geladene Vorstellung seiner jüdischen Witwe gesehen hätte, dann wäre er verhüllten Hauptes in die Nacht geflohen, wir aber sind ketzerisch genug... uns dieser starken und eindringlichen Aufführung von Herzen zu freuen. Keine Frage, daß es nur ein Versuch ist, diese Judith als eine ganz und gar moderne, von vielfältigen Stimmungen krankhaft zerrissene Dame spielen zu lassen, aber auch keine Frage, daß sie uns so viel näher und menschlicher erscheint (K. N.).

DIE RÄUBER (15. Oktober 1926):
...Der stärkste Beweis für die innere Suggestionsfähigkeit des Spielleiters war aber die dichterisch geniale Kosinsky-Szene, in der die untergehende Sonne den Wald in sanft-rotes Licht taucht, aus dem auf das Stichwort »Amalia« aus Karls Phantasie heraus der Wald sich magisch in die Parkszene wandelt, wo Franz seine Amalia bedroht. Diese souveräne Herrschaft über das Szenenbild, das ganz frei dem dramatischen Hauptgedanken folgt und alle rationalistische Bühnentechnik über den Haufen wirft, ist ein genialer Einfall des Spielleiters.[6]

Georg Kaiser: OKTOBERTAG (19. Oktober 1928):
Die ganze vorgeführte Welt ist ein schöner, sehr vornehmer Traum. Geträumt von der besten Gesellschaft am Rande des Abgrunds. So etwas muß eingehen wie geschmolzene Butter. Und hat dabei noch den Vorzug, nicht im entferntesten kitschig zu sein. Detlef Siercks Aufführung war von erlesener Feinheit und Stilreinheit. Hilde Jarys Cathérine zeigte die schwärmerische Besessenheit des Mädchens in den zartesten und innigsten Tönen. Wo ihr gehauchtes Wort nicht mehr durchdrang, glaubte man ihrer Bewegung die tiefe Echtheit ihres Gefühls.[7]

Gina Kaus: TONI (4. März 1927):
Uraufführung des Schulmädchen-Dramas im Bremer SCHAUSPIELHAUS. Das Stück stellt den Spielleiter vor eine ganz ungewöhnlich schwere Aufgabe, wenn er trotz der notwendigen (oder für notwendig gehaltenen) Dämpfungen des Ausdrucks zu einer ungeschwächten Wirkung und einer unverzerrten Erfüllung des Sinnes gelangen will. Der begabte junge Regisseur Detlef Sierck hatte diese Aufgabe ehrenvoll und mit großem Verständnis gelöst. Die Aufführung war in ihrer stilistischen Einheitlichkeit und starken seelischen Spannung ausgezeichnet, Hilde Jary gab die Titelrolle mit aller Zartheit, nervös federnden Lebendigkeit und leidenschaftlichen Sprunghaftigkeit, die sie verlangt. Der Abend war für die (in Bremen mit dem Schauspielpreis ausgezeichnete) Dichterin und die Schauspieler ein großer Erfolg.[8]

Leipzig

Für die Spielzeit 1929/30 wird Sierck, der sich nun nur noch Detlef Sierck nennt, an das ALTE THEATER in Leipzig berufen, um dort als Nachfolger von Dr. Alwin Kronacher die Direktion zu übernehmen. Der Theaterkritiker Herbert Ihering schreibt hierzu: »In Leipzig ermöglichte eine linke Mehrheit dem Direktor Kronacher und vorerst auch dem neuen Direktor Sierck, sich im Alten (Stadt-)Theater für moderne Literatur einzusetzen. Das hatte Publikumszuwanderung und -abwanderung zur Folge« (Ihering, S. 123).
Zu Beginn der Spielzeit 1929/30 inszeniert Sierck in Bremen noch drei Stücke unterschiedlicher Kategorien: Shakespeares Tragödie OTHELLO (30. August 1929), das derbe Volksstück RIVALEN (WHAT PRICE, GLORY?) von Maxwell Anderson und Laurence Stallings in einer Nachdichtung von Carl Zuckmayer (13. September 1929) und die nostalgische Komödie IM BUNTEN ROCK (16. Oktober 1929). Hilde Jary hält ihre vertraglichen Verpflichtungen für die Spielzeit 1929/30 am Bremer Theater noch ein und wechselt dann an das ebenfalls private SCHAUSPIELHAUS in Leipzig. Einige Mitglieder des Bremer Ensembles folgen dem Regisseur nach Leipzig an das ALTE THEATER am Richard-Wagner-Platz.
In Bremen hatte sich Sierck als mutiger, moderner, ungewöhnlich begabter junger Regisseur etabliert und bewährt. Er hatte gelernt, mit den begrenzten finanziellen Mitteln und der beschränkten Schauspielerzahl eines auf sich selbst gestellten Theaters umzugehen und anspruchsvolle und doch publikumswirksame Stücke zu inszenieren – eine Fähigkeit an Flexibilität und Vielseitigkeit, die später auch Hollywood von ihm abverlangen wird. Als Oberspielleiter hat er in diesen sechs Jahren vor allem

die Erfahrungen gesammelt, die er braucht, um einen so verantwortungsvollen Posten wie den eines städtischen Theaterdirektors und zugleich Leiters der dazugehörigen Schauspielschule übernehmen zu können.
Es war ein großer Sprung von einem Privattheater – wenn auch mit ausgezeichnetem Ruf – in einer konservativen Patrizierstadt zu einem Stadttheater mit geschichtlich bedeutsamer Theatertradition in einer Weltstadt, deren Atmosphäre seit Goethe mit dem Flair von Paris verglichen wurde. Die Universitätsstadt Leipzig war damals Mittelpunkt des deutschen Buchhandels mit seinen bedeutenden Verleger-Persönlichkeiten wie Max Brockhaus, dem Musikverleger und Vorsitzenden der Gewandhausgesellschaft, wie Baedeker, Thieme oder Anton Kippenberg, dem Verleger der INSEL. Sie war gleichzeitig ein musikalisches Zentrum als Sitz der Thomaner und des Gewandhaus-Orchesters unter Bruno Walter.
Detlef Siercks vorbereitende Arbeit für die erste Inszenierung am ALTEN THEATER fällt mit dem Beginn der Weltwirtschaftskrise zusammen, die der New Yorker Börsenkrach am »Schwarzen Freitag«, dem 24. Oktober 1929, auslöst. Hitler und die Nationalsozialisten erhalten einen Zustrom von Anhängern aus der Masse von Kleinbürgern, Rentnern und nicht linksgerichteten Arbeitslosen, die sich eine Verbesserung ihrer Lage erhoffen. In Leipzig breitet sich der Nationalsozialismus zunächst verhältnismäßig langsam aus.
»Sierck war damals wohl der jüngste Theaterdirektor in Deutschland«, erklärt Guido von Kaulla, Klabund-Biograph, jetzt Schauspieler am Stadttheater in Konstanz und Augenzeuge jener Leipziger Zeit. »Ich war als Dramaturgie-Assistent dabei, von September 1932 bis Anfang 1934. Die hochrangigen Privat- bzw. Stadttheater waren die KAMMERSPIELE in München, das ALTE THEATER in Leipzig und die KAMMERSPIELE unter Erich Ziegel in Hamburg. Das ALTE THEATER mit seiner Enge noch aus der Zeit, da dort DIE BRAUT VON MESSINA uraufgeführt wurde! Mein erster Intendant war Detlef Sierck, den man nicht nur körperlich eine ›herausragende Erscheinung‹ nennen kann und muß. Alle ›Alten‹ jener Leipziger Zeit werden ihm sehr, sehr zugetan sein!«[9]
Die »Alten« jener Leipziger Zeit – das sind damalige Schauspielschülerinnen wie Alix Pilari oder Erica Balqué, die spätere Frau von Helmut Käutner und Tochter des Komikers Balqué, der als Chargenspieler am Leipziger SCHAUSPIELHAUS in jener Zeit Kollege von Hilde Jary ist. Das ist Hansi Knoteck, die später für die Ufa in Siercks Film DAS MÄDCHEN VOM MOORHOF als neuer Star aufgebaut werden soll. Das ist vor allem Kurt Meisel, den Sierck als ganz jungen Schauspieler zur Erneuerung des Ensembles an das ALTE THEATER holt und der ihn über viele Jahre begleiten wird: In den Filmen SCHLUSSAKKORD und DAS HOFKONZERT, später in A TIME TO LOVE AND A TIME TO DIE und schließlich nach der Rückkehr Sircks aus Amerika bei den Inszenierungen am Münchner RESIDENZTHEA-

TER. Das sind die Schauspieler Alexander Golling, Lisa Helwig, Ernst Sattler, Ruth Hellberg, Ruth Trumpp, Raimund Bucher, R. A. Krilla, der später als Regisseur die Theaterarbeit in Düsseldorf und Bochum in den Nachkriegsjahren maßgeblich beeinflußt, Max Nemetz und Max Noack, die von Bremen gekommen waren, und Martin Flörchinger – »damals schon ein sehr guter Schauspieler, heute ein erstklassiger«, wie Douglas Sirk es sieht, Lina Carstens – »ungewöhnlich gut, bei ihr war alles echt«, Peter Stanchina – »ein großartiger Schauspieler, einer der wichtigeren Schauspieler in Leipzig, der Kategorie nach ein Erster Held«, und Joachim Gottschalk – »der begabteste Schauspieler, den ich jemals gehabt habe«.

Sie alle haben von Siercks Regie profitiert. Dazu Martin Flörchinger über seinen »hochverehrten 1. Theaterchef«: »Für mich war die künstlerische Persönlichkeit, die stille Art seines Wirkens eine unvergeßliche Grundlage für mein Berufsleben. Wie er mit Erfolg versuchte, den Expressionismus der Endzwanziger Jahre zu einer neuen Theatersachlichkeit hinzuführen, das spürte ich damals deutlich.«[10]

Wie ein Programmheft des ALTEN THEATERS ankündigt, enthält das Repertoire Klassiker, Volksstücke, Lustspiele für die »gepflegte heitere Note, Gesellschaftsstücke und wertvolle Schauspiele«, zu denen Strindbergs Dramen gerechnet werden.

Sierck inszeniert in seiner ersten Leipziger Spielzeit Schillers DON CARLOS, bewährt sich zu Goethes 100. Todestag mit einer FAUST-Inszenierung (19. März 1932), bringt sein Calderon-Lieblingsdrama DER SCHULZE VON ZALAMEA und mehrere Shakespeare-Stücke auf die Bühne: Er läßt Lina Carstens die Lady MACBETH spielen und glänzt am 2. Februar 1934 mit einer grandiosen HAMLET-Aufführung. In derselben Spielzeit findet an zwei aufeinanderfolgenden Abenden die Premiere von Schillers WALLENSTEIN-Trilogie statt (27./28. März).

Alix Pilari erwähnt, daß Sierck »bei seinen Klassiker-Inszenierungen alles, was Beine hatte, beschäftigte«; auch die Schauspielschüler werden als Statisterie auf die Bühne geholt. In der Premiere von Schillers JUNGFRAU VON ORLEANS muß sie im Krönungszug als Page gekleidet Kurt Meisels – des Königs – Schleppe tragen.[11]

Sierck inszeniert Alfred de Mussets von Shakespeare beeinflußtes Renaissancedrama LORENZACCIO von 1841, die Tragödie des Tyrannenmörders, der seinem eigenen Doppelspiel zum Opfer fällt. Gut 50 Jahre später – 1985 – erregt eine LORENZACCIO-Inszenierung an den KAMMERSPIELEN in München Aufsehen.

Ein sogenanntes Zeitstück bringt Sierck in der ersten Spielzeit 1929/30 auf die Bühne mit dem Stück IM NAMEN DES VOLKES, in dem der schwäbische Autor Bernhard Blume den Fall der beiden Anarchisten Sacco und Vanzetti darstellt; der Justizmord in Amerika hatte Erich Mühsam bereits

1928 zu dem politischen Drama EIN DENKMAL FÜR SACCO UND VANZETTI inspiriert.
Siercks Inszenierung wird von der zeitgenössischen Kritik begutachtet: »...eines mehr oder weniger wahrheitsgemäßen, rein reporterhaft berichtenden Zeitstücks ohne jeden dichterischen Gehalt, von ganz kinoartiger Aufmachung. Es besteht aus 38 rasch aufeinanderfolgenden Bildern, die teils die Gerichtsverhandlung vorführen, teils Gespräche der Angeklagten, ihrer Anhänger oder Gegner, dazwischen auch solche mit ihren jammernden Frauen. Das alles ist vom Verfasser äußerst geschickt... gemacht, so daß es seine Wirkung auf die Galerie und weiche Frauenherzen nicht verfehlt. Zu dieser Wirkung trug allerdings auch die von Schauspieldirektor Detlef Sierck vorzüglich inszenierte Aufführung viel bei, und die treffliche Darstellung der einzelnen Rollen...«[12]
In Blumes Stück erscheint die Figur des Journalisten Devlin, der vor Gericht äußert, das Leben zweier Menschen müsse mehr gelten als das Kommunistische Manifest. Er wird Jahre später dem namenlosen Journalisten – »the reporter« – aus Faulkners Roman PYLON für Douglas Sirks Verfilmung THE TARNISHED ANGELS seinen Namen geben.
Noch kann Sierck am ALTEN THEATER unbehelligt Stücke von Shaw und Wilde aufführen. Er inszeniert PYGMALION, DER KAISER VON AMERIKA und LADY WINDERMERES FÄCHER. Lina Carstens und Kurt Meisel spielen in der Inszenierung des leichten Stückes REGEN UND WIND, das Sierck nach einem Studentenlustspiel des Engländers Thomas Hodge adaptiert hat.
Detlef Sierck regt den Generalmusikdirektor Gustav Brecher dazu an, am Leipziger Opernhaus Brechts AUFSTIEG UND FALL DER STADT MAHAGONNY mit der Musik von Kurt Weill herauszubringen. Die Premiere am 9. März 1930 wird – so Douglas Sirk – zum Theaterskandal der Saison.
Sierck inszeniert Molnars ungarische Volkslegende LILIOM, die Fritz Lang 1933/34 in Frankreich mit Charles Boyer in der Titelrolle verfilmt.
Am ALTEN THEATER arbeitet Sierck mit dem Bühnenbildner Hugo Steiner-Prag und einem bühnenbildnerisch interessierten jungen Mann namens Wolf Goette zusammen, dessen Arbeit als Bühnenbildner heute am wiederaufgebauten Theater in Leipzig allgemein Beachtung findet.
Ein guter Freund in der Leipziger Zeit ist Friedrich Forster, mit bürgerlichem Namen Waldfried Burggraf. Seine Schülertragödie DER GRAUE (1931), die darstellt, wie der Gymnasiast Hans Meyer unter Armut, sexueller Frustration, Tyrannei des Vaters und Zynismus des Lehrers leidet, ist Detlef Sierck gewidmet, unter dessen Leitung Forster auch die Uraufführung seiner Dramen ROBINSON SOLL NICHT STERBEN (1932) und ALLE GEGEN EINEN, EINER FÜR ALLE – 1933 mit Alexander Golling in der Rolle des Gustaf Wasa – erlebt. Alix Pilari, von 1932 bis 1934 an der Schauspielschule des ALTEN THEATERS, spricht eine Szene der Maud aus

Forsters Stück ROBINSON SOLL NICHT STERBEN für ihre Schauspielprüfung vor; Sierck unterschreibt als Vorsitzender am 16. März 1934 ihr Zeugnis. Forster-Burggraf hat später als Drehbuchautor Erfolg. Die Anregungen für die genannten Stücke und für einige Drehbücher gehen auf Detlef Sierck zurück, so DREIKLANG, das Sierck für die Ufa verfilmen sollte.
Freunde sind auch der Oberspielleiter des ALTEN THEATERS, Carl Huth, und sein Sohn Jochen Huth, der Schriftsteller und Drehbuchautor, der in späteren Jahren in Locarno zum engsten Freundeskreis von Hilde und Douglas Sirk gehören wird.
Zu den »Alten« der Leipziger Zeit, die Guido von Kaulla erwähnt, gehört auch Gerhart Scherler, bis 1934 Chefdramaturg des ALTEN THEATERS. Bevor er im September 1934 als »rechte Hand« von Dr. Schlösser, dem Leiter der Abteilung Theater, im Propagandaministerium eingesetzt wird und dort als »Vertrauensmann aller Anti-Nazis« fungiert (Zuckmayer, S. 55), ist Scherler Intendant des NEUEN THEATERS in Teplitz-Schönau. Er hätte – laut Guido von Kaulla – »für Sierck eine Auffangstelle bilden können für den Fall, daß er wegen Hilde Jary gestürzt würde. Diesen Tendenzen kam Sierck zuvor, indem er sich von Manfred von Killinger, seinem ehemaligen Torpedoboot-Kapitän, den Einsatz als Seekadett im Ersten Weltkrieg bestätigen ließ.« Detlef Sierck weiß, daß er und seine Frau in Leipzig in Gefahr sind, und sondiert Theatermöglichkeiten in der Tschechoslowakei, so Mährisch-Ostrau und Prag, wo Dr. Eger, der Siercks Regieanfänge am Schauspielhaus in Hamburg miterlebt hat, inzwischen als Direktor des Deutschen Theaters tätig ist. In Prag begegnet Sierck durch die Vermittlung des Schriftstellers Max Brod einem Dichter, dessen skeptische Sicht der Welt seiner eigenen nahesteht: Franz Kafka.
Sierck wird wegen seiner häufigen Reisen in die Tschechoslowakei denunziert, Devisen ins Ausland verlagert zu haben, erhält deswegen eine Vorladung von der Gestapo, und sein Paß wird einbehalten. Noch nimmt man ihm nur den Paß weg; Ende 1936 steht auf dem »Vergehen einer Vermögensverschiebung ins Ausland« die Todesstrafe. So notiert Erich Ebermayer am 4. Dezember 1936 in seinem Tagebuch: ». . . z. B. ein deutscher Schauspieler, Schriftsteller, Komponist oder Sänger läßt Honorare, die er im Ausland verdient hat, dort stehen, um sie gelegentlich bei Reisen zu verbrauchen: Kopf ab!« (Ebermayer 1966, S. 127). Eine Unkenntnis des Gesetzes schützt nicht vor Strafe.
Eine Rolle spielt auch der Shakespeare-Übersetzer Hans Rothe, der als Dramaturg am Leipziger Schauspielhaus und später als Dramaturg bei der Ufa mit Hilde und Detlef Sierck befreundet ist. Ein Freund Rothes, der Autor Erich Ebermayer, Sohn des ehemaligen Reichsgerichtspräsidenten in Leipzig, wird – bevor seine Bücher endgültig verboten werden und eine Theatertätigkeit unmöglich wird – im Winter 1933 Dramaturg und Regis-

seur am SCHAUSPIELHAUS, einem Privattheater von hohem Niveau, das unter der künstlerischen Leitung von Otto Werther und der geschäftsführenden von Wilhelm Berthold steht. Manchmal gibt es einen Wettlauf um neue Stücke zwischen dem SCHAUSPIELHAUS in der Sophienstraße und dem ALTEN THEATER am Richard-Wagner-Platz. DIE GOLDENE HARFE von G. Hauptmann kann – dank der Freundschaft Ebermayers mit dem Dichter – das SCHAUSPIELHAUS für sich gewinnen (Ebermayer 1959, S. 194). Dort gehört Hilde Jary zum Ensemble, da Sierck sie typischerweise – »Damit die Leute nicht sagen, ich bevorzuge meine Frau!« – nicht am städtischen Theater einstellt. Sie spielt nun viele Rollen, für die sie als »Fräulein Jary« in Bremen schon zustimmende Kritiken erhalten hat. »Regie brauchte ich keine mehr«, erklärt Hilde Sirk heute.
Ein Freund Erich Ebermayers ist Richard Billinger. Seine 1934 geschriebene romantische Komödie STILLE GÄSTE bringt Sierck mit dem gastierenden Otto Gebühr zur Uraufführung. In die Metropole Leipzig kommen die bedeutendsten Schauspieler jener Zeit zu Gastspielen: Elisabeth Bergner, Paula Wessely, Eduard von Winterstein, Alexander Moissi und – jedes Jahr in der Osterzeit – Albert Bassermann, bis seiner Frau, der Schauspielerin Else Schiff, als Nicht-Arierin im März 1934 ein Gastspielauftritt durch Stadtrat Dr. Hauptmann verweigert wird. Dieser Dr. Hauptmann wird auch bald danach für Sierck gefährlich werden. Nur noch kurze Zeit wird Sierck am ALTEN THEATER bleiben können.
Während der Tätigkeit am ALTEN THEATER wird Detlef Sierck im Sommer 1935 kurzfristig mit zwei Inszenierungen – LANZELOT UND SANDEREIN aus der Artussage des Mittelalters und DER ZERBROCHENE KRUG von Kleist – für die Festspiele auf der Thingstätte Heidelberg betraut, als der Spielleiter Laubinger, 1933 als Präsident der Reichstheaterkammer eingesetzt, überraschend stirbt. Im Jahr zuvor hatte Laubinger die Thingstätte eingeweiht (Wulf, S. 186).
Hilde und Detlef Siercks Schicksal ist eng verknüpft mit dem des Oberbürgermeisters von Leipzig, Dr. Carl Friedrich Goerdeler, den Douglas Sirk später als gebildeten und aufrichtigen Mann und Kantianer beschreibt und den Erich Ebermayer in seinen Erinnerungen als vornehmen, klar denkenden Mann, konservativ charakterisiert, aber auch als Freund der Musen und Freund der von seinen Söhnen besuchten Thomasschule. »Solange er sich als Oberbürgermeister in Leipzig halten kann, dürften der Thomanerchor und das Gewandhaus gesichert sein. Auch Detlef Sierck, den äußerst fähigen jungen Direktor des städtischen Schauspiels, will Goerdeler unter allen Umständen halten. Trotz seiner jüdischen Frau«, trägt Erich Ebermayer noch am 13. Februar 1933 in sein Tagebuch ein. Ein Eintrag vom 23. Juli 1934 lautet: »Noch ist Dr. Goerdeler Oberbürgermeister von Leipzig, obwohl er von den Nazis schwer angefeindet wird und man dauernd mit seinem Sturz rechnen muß. Hinden-

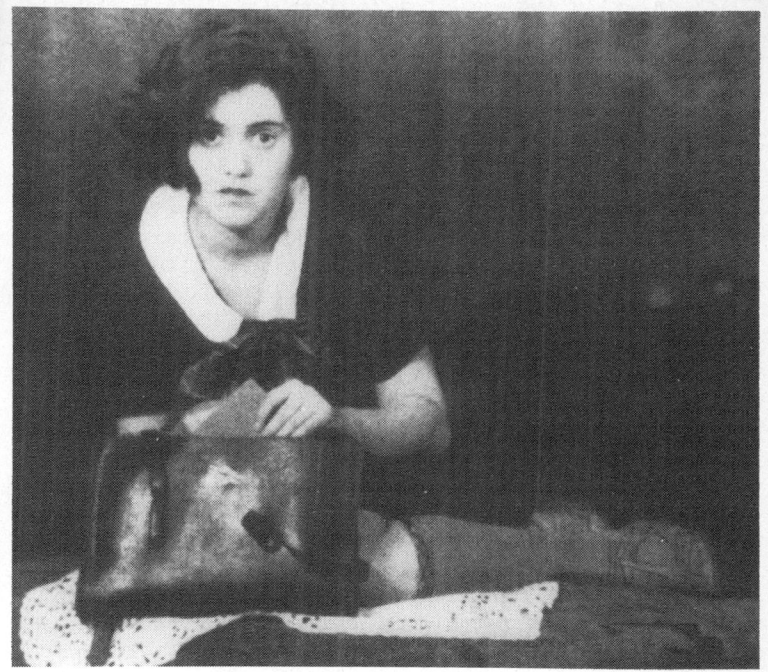

Hilde Jary in der Schulmädchentragödie TONI

burg, der ihn schätzt, hält ihn vorläufig, und vor allem hält ihn seine Tüchtigkeit, Lauterkeit und Sachkenntnis.« Hitler ernennt Goerdeler Ende 1934 zum Reichskommissar für Preisüberwachung. Am 21. September 1934 schreibt Ebermayer über ein Abendessen bei seinem Verleger Dr. Erdei in Berlin bereits: »Detlef Sierck, der bewährte Leipziger Schauspieldirektor, der wegen seiner nicht-arischen Frau wohl bald zurücktreten muß und nun hier in Berlin bei der Ufa, für die offenbar weniger radikale Gesetze gelten, Filmregie führt, sowie Herr Scherler mit Gattin, der frühere Leipziger Chefdramaturg des ALTEN THEATERS, waren zugegen.«

Zu Gerhart Hauptmanns Geburtstag am 15. November 1935 bereitet Sierck am ALTEN THEATER die Uraufführung von HAMLET IN WITTENBERG vor mit Raimund Bucher, Hansi Knoteck und Kurt Meisel. Am 18. November 1935 findet sich in Ebermayers Erinnerungen der Eintrag: »Um zwölf mit Gerhart Hauptmann ins Theater. Wieder endloses Warten. Aber diesmal zeigt sich wenigstens der neue Intendant, der für den kürzlich ausgeschiedenen Detlef Sierck das Amt übernommen hat: Dr. von Gordon. Er erklärt vorsichtigerweise, weder für Regie noch Besetzung dieser Uraufführung verantwortlich zu sein, das alles habe noch Sierck gemacht, der inzwischen wegen seiner nicht-arischen Frau von Stadtrat Hauptmann gestürzt und als Regisseur zur Ufa gegangen sei.« Detlef Sierck, zu dieser Zeit schon extrem gefährdet, kann nicht mehr durch den selbst gefährdeten Goerdeler geschützt werden. Detlef Sierck bzw. Douglas Sirk wird diesen Mann 1942 in seinem Film HITLER'S MADMAN als feinen, aufrichtigen Professor porträtieren, der in Lidice an der Universität über Kant lehrt und von Heydrich und seinen Leuten ermordet wird – zwei Jahre, bevor die Nazis Goerdeler nach seiner Teilnahme am Widerstand und am Attentat gegen Hitler vom 20. Juli 1944 hinrichten.

Das Fatale war, daß Hilde und Detlef Sierck nach Leipzig kamen, als die Weltwirtschaftskrise einsetzte mit Millionen von arbeitslosen Menschen, mit trostlos leerstehenden Wohnungen, Fabriken und Lagerräumen, und daß auch diese stabile Stadt vom Nationalsozialismus ergriffen wurde, der Sierck mit seiner jüdischen Frau zum Verhängnis werden sollte. Eine Scheidung von Hilde Jary aus Karriere-Gründen zieht Detlef Sierck nie in Erwägung. So wird die Leipziger Zeit, die ein Höhepunkt in Siercks Leben hätte sein können, in ihrer letzten Phase zu einer schrecklichen, zutiefst deprimierenden Zeit. Die Angst, die den jungen Sierck in den Tagen des Ersten Weltkrieges überfallen hat, die Angst vor dem Ungewiß-Bedrohlichen, die in dem Regisseur bei der Uraufführung von SILBERSEE hochsteigt, als SA-Leute die Stühle zusammenschlagen, wird in der abgeschwächten Form der Skepsis ein bleibender Bestandteil seines Wesens.

1933 gibt es am ALTEN THEATER einen ganz offiziellen Obmann der Nazis – Hans Zeise-Gött –, der Leute für die Partei anwirbt. Unter den Schauspielern ist er unter anderem erfolgreich bei dem jungen, hochbegabten Alexander Golling. Viel beklemmender als dieses offene Werben sind das allgemeine Mißtrauen, die Angst vor Denunziationen auf Grund von »Äußerungen«, die in der folgenden Zeit die Atmosphäre am Theater belasten. Hier sind Spitzel eingeschleust. Man ahnt manches, weiß aber nichts Genaues. Keiner traut dem anderen. 1933 darf der Name eines Denunzierten nur selten in den Theaterprogrammen auftauchen. Jüdische Schauspieler dürfen nicht mehr beschäftigt werden. Bald ist es nicht mehr der Intendant, der mit dem Dramaturgen zusammen die Wahl der Stücke trifft, sondern der von den Nazis als Kulturdezernent der Stadtverwaltung eingesetzte Dr. Hauptmann, ein ehemaliger Beamter bei der Stadtbücherei; er bestimmt nun in Leipzig die kulturellen Dinge. Im Februar 1934 fordert Hauptmann die Direktion des SCHAUSPIELHAUSES auf, sich von dem »Systemdichter« und »Judengenossen« Ebermayer zu trennen; er sei in Berlin ebenso untragbar wie in Leipzig (Ebermayer 1959,

S. 270/71). Am 14. März muß Ebermayer seine Stelle in der Sophienstraße aufgeben (S. 634). »Den Spielplan bestimmt Stadtrat Dr. Hauptmann«, notiert Erich Ebermayer erst am 18. November 1935. »Wer nicht vor ihm strammsteht, fliegt.« Doch lange vorher wird auch Sierck unter Druck gesetzt.
Noch im Februar 1933 wagt Detlef Sierck eine Inszenierung, mit deren Vorbereitungen er unter Mitwirkung von Leipzigs Generalmusikdirektor Gustav Brecher schon begonnen hat, bevor Hitler Reichskanzler wird: Es handelt sich um das sozialkritische Stück DER SILBERSEE – ein »Wintermärchen in drei Akten« – von Georg Kaiser mit der Musik von Kurt Weill. Sierck lehnt die Empfehlung Dr. Goerdelers und die Anordnung Dr. Hauptmanns ab, die für den 18. Februar festgelegte Uraufführung abzublasen. Gemeinsam mit Kaiser, Weill und dem Bühnenbildner Caspar Neher, der schon für Brechts DREIGROSCHENOPER in Bremen mit Sierck gearbeitet hatte, beschließt Detlef Sierck, das ihrer Meinung nach wichtige Stück zur Premiere zu bringen, obwohl er mit Demonstrationen der SA und einem Sprengen der Aufführung durch SS oder HJ rechnen muß.
Der mit Erich Ebermayer und Hans Rothe befreundete Wagnersänger und Schauspieler Peer Baedeker schildert – damals 22jährig – als Augenzeuge die Uraufführung am ALTEN THEATER: »Die Stimmung an diesem Premierenabend war eigentümlich. Viel Prominenz war aus Berlin angereist, hektische Nervosität lag in der Luft. Dichtung, Musik und Inszenierung beeindruckten mich sehr. Als der Hauptdarsteller Alexander Golling (später NS-Generalintendant in München) am Schluß über den silbrig schimmernden, zugefrorenen See in die Freiheit floh, war dies wie ein Menetekel. Mir stockte der Atem. Der Vorhang fiel – tiefe Stille. Dann setzte zögernder Applaus ein, sich langsam steigernd. Das war der Augenblick, wo ich meine so oft gestartete Applausleidenschaft starten mußte. Rasch hatte ich mit meinem rasanten Klatschen den Beifall angeheizt. Ich wußte, daß sich Georg Kaiser noch niemals bei Aufführungen seiner Stücke auf einer Bühne gezeigt hatte, das wollte ich nun durchsetzen: ›Kaiser‹, rief ich, ›Kaiser‹. Kurt Weill kam vor den Vorhang, Brecher, Sierck mit den Darstellern, der Dichter aber zeigte sich nicht. Unermüdlich klatschte und brüllte ich weiter. Das Parkett hatte sich schon ziemlich geleert, als ich schließlich mit einigen anderen Unentwegten den Eisernen Vorhang erzwang, der sich langsam, dumpf polternd, nach unten schob. Zwei kräftige Hände umklammerten plötzlich von rückwärts meine Arme, so daß ich nicht mehr applaudieren konnte. Eine Stimme zischte leise, nahe meinem linken Ohr: ›Wer hat dich bezahlt, du Schwein?‹ Jung und naiv wie ich war, glaubte ich, ein Freund oder Bekannter wollte mich einschüchtern. ›Warum sollte mich jemand bezahlen? Es war doch so herrlich, so phantastisch! Bravo, bravo ...‹ Die eisige

Umklammerung löste sich, ich schaute mich nicht einmal um nach dem, der mich bedroht hatte, denn jetzt wurde das Türchen vom Eisernen geöffnet, und alle Schauspieler, Brecher, Weill und Sierck in ihrer Mitte zogen Hand in Hand an die Rampe und verneigten sich ein letztes Mal.«[13]
Ein Kritiker – Mitglied des Theaters und von den Nazis gekauft, wie sich hinterher herausstellt – schreibt: »Wer hingegen das in abgeschmackter Wirkungsberechnung verkümmerte ›Denkdrama‹ Georg Kaisers durchschaut, wird sich auch durch den unehrlichen sozialen Unterton des ›Wintermärchens‹ nicht bluffen lassen, das mit seinem Sammelsurium äußerlich verknüpfter Szenen nichts anderes ist als gesprochenes Kino.« Er droht: »Detlef Sierck, der die Aufführung... in Szene setzte, hat dem Berliner Literatentum und seinen vorgestrigen intellektuellen Trabanten einen Dienst erwiesen, der ihm teuer zu stehen kommen kann.«[14]
Noch mehr als 30 ausverkaufte Vorstellungen folgen dieser SILBERSEE-Uraufführung vom 18. Februar 1933. Eine in Berlin geplante Aufführung des Stücks wird nach dem Skandal in Leipzig vom Spielplan zurückgezogen.
Nach der Bücherverbrennung auf dem Berliner Schloßplatz am 10. Mai 1933 wird eindeutig klar, was als deutsch und genehm gilt. Am 15. November eröffnet Joseph Goebbels mit einer Festrede die Reichskulturkammer mit ihren Zwangsorganisationen. Von da an werden alle Theaterspielpläne von Ministerialrat Dr. Schlösser kontrolliert. Detlef Sierck muß endgültig auf Autoren verzichten, deren Stücke er in Bremen mit Vorliebe aufgeführt hat: Oscar Wilde, G. B. Shaw, Schnitzler, Werfel, Strindberg.
Von Oktober 1933 an wird der »Deutsche Gruß« in den Theatern eingeführt. Ebermayer notiert am 30. Oktober, was ein Anschlag am Schwarzen Brett im SCHAUSPIELHAUS verkündet: »In diesem Betrieb gibt es nur den Gruß ›Heil Hitler‹!« (Ebermayer 1959, S. 195), und am 1. November: »Nie waren Spitzeltum, Neid und Rivalität in jeder Stadt, in jedem Betrieb größer als jetzt« (S. 197).
Die drei am 15. September 1935 von Göring auf dem Reichsparteitag in Nürnberg verkündeten Gesetze – darunter das »Gesetz zum Schutze des deutschen Blutes und der deutschen Ehre« mit dem § 1, der Eheschließungen zwischen Juden und Staatsangehörigen deutschen oder artverwandten Blutes verbietet und »trotzdem geschlossene Ehen« für nichtig erklärt – zwingen Detlef Sierck, für den eine Scheidung von seiner jüdischen Frau nicht in Frage kommt, die Direktion des ALTEN THEATERS im November 1935 aufzugeben. Der Opernintendant Dr. Schüler übernimmt die Leitung des Theaters. Die für Gerhart Hauptmanns Geburtstag geplante Aufführung von HAMLET IN WITTENBERG, die Ebermayer in seinen Erinnerungen erwähnt, findet am 19. November 1935 unter Jobst von Reihts Regie statt.

Baron von Reiht, der bisher als Talentsucher der Ufa sämtliche deutschsprachigen Bühnen und Schauspielschulen – einschließlich derer in Österreich, Ungarn, der Tschechei und der Schweiz – nach filmgeeigneten Gesichtern abgeklappert hat, kennt auch das ALTE THEATER unter der Direktion von Detlef Sierck gut. Sierck »war mir zugetan«, schreibt Jobst von Reiht, »weil er Interesse für den Film zeigte« (Von Reiht-Zanthier, S. 145 ff.) Er geht häufig zu Sierck und sieht sich Vorstellungen an. »Er hatte ein gutes Ensemble, und es wurde dort ausgezeichnet Theater gespielt. Lina Carstens, die in einem großen Radius bestes Charakterfach vertrat, wurde meine Freundin. Litten hatte ich von dort geholt, und ich holte auch von dort Hansi Knoteck, die – leider, möchte ich sagen – bei der Ostermeyr-Produktion Star in allen Ganghoferfilmen wurde.« Sierck gibt von Reiht zu verstehen, daß er Leipzig aufgeben und zum Film überwechseln wolle. »Ich durchschaute die tieferen Beweggründe nicht. Auf Geheiß von Goebbels wurden die großen Provinzbühnen durchgekämmt. Ein Intendantenwechsel aus verschiedenen Motiven war in Aussicht genommen. So wollte sich Sierck zunächst einen Platz im Film sichern.« Durch von Reihts Vermittlung bekommt Detlef Sierck Kontakt zum Ufa-Chef Corell, der inzwischen auch Gelegenheit hat, Siercks Berliner Inszenierung von WAS IHR WOLLT zu sehen. Detlef Sierck dreht bereits erfolgreich Filme für die Ufa, da wird zu Corells Bedauern 1935 dem Baron von Reiht überraschend gekündigt. »Es kamen Anrufe, es kamen Beileidsbesuche«, schreibt von Reiht in seinen Erinnerungen. »Bald meldete sich Sierck. Er sei im Begriff, seine Direktion gänzlich aufzugeben. Aber er habe vorgesorgt, ich solle noch gewissermaßen unter seiner Intendanz die Uraufführung von Gerhart Hauptmanns HAMLET IN WITTENBERG inszenieren. Und dabei legte er mir den Vertrag zur Unterschrift hin« (S. 178). Wenig später bittet Detlef Sierck den Ersatzregisseur dringend zu kommen. Er teilt diesem mit, daß er seine Intendantenstelle niedergelegt hat, weil seine Frau nach Amerika dränge. Er werde aber für die Hauptmann-Inszenierung Hilfestellung leisten und außerdem seinen Verpflichtungen bei der Ufa erst noch nachkommen (S. 186).
»Einmal kam noch Sierck aus Berlin herüber. Er saß während der Probe still hinter mir. Nachher gingen wir in sein Büro, das verwaist und ausgeräumt verstaubte« (S. 195).

Berlin

Die Kunde von dem fähigen jungen Leipziger Theaterleiter dringt schon früh nach Berlin zu Heinz Tietjen, dem Generalintendanten der PREUSSISCHEN STAATSTHEATER, das heißt der Staatsoper und des staatlichen

Schauspiels. Ihm steht bis Ende 1929 in Leopold Jeßner einer der bedeutendsten Regisseure für das Staatsschauspiel zur Seite. Da Max Reinhardt es ablehnt, an Stelle des aus Altersgründen zurücktretenden Jeßner die Staatstheater zu übernehmen, werden sie Tietjen unterstellt. Als künstlerischer Leiter fungiert ab Januar 1930 Ernst Legal, der Dramaturg Jeßners, im Schauspielhaus am Gendarmenmarkt. Die Bewährungsprobe, für Goethes 100. Todestag eine Inszenierung des FAUST herauszubringen, besteht er nicht. Das Kultusministerium droht 1932, das Staatsschauspiel zu schließen.
Detlef Sierck hat in Leipzig eine glänzende FAUST-Inszenierung zustande gebracht, deren Premiere schon am 19. März 1932, drei Tage vor Goethes 100. Todestag, stattfindet. Der von Siercks Fähigkeiten als Regisseur überzeugte Tietjen führt Verhandlungen mit dem an der Berliner Position als Intendant des Staatlichen Schauspiels durchaus interessierten, aber vertraglich vorläufig an das Leipziger Stadttheater gebundenen Sierck. Durch Hitlers Machtübernahme am 30. Januar 1933 werden alle derartigen Pläne, die eine Berliner Karriere für Sierck bedeuten könnten, zunichte. Der unter dem Eindruck des Ersten Weltkriegs expressionistische und pazifistische, jetzt linientreue Dramatiker Hanns Johst und der ebenfalls linientreue bisherige Weimarer Intendant Franz Ulbrich übernehmen am 1. März 1933 als gleichgestellte Intendanten die Büros des Staatstheaters in der Oberwallstraße. Als sie den Erwartungen nicht entsprechen, erhält schließlich Gustaf Gründgens, den Göring unter Müthels Regie als Mephisto erlebt hat, mit seiner eigenen FAUST-Inszenierung die große Chance als zunächst kommissarischer Intendant (vgl. Ebermayer 1959, S. 241 ff.). Kurz danach wendet sich Gründgens an Sierck, als es darum geht, Erich Ziegel und seiner jüdischen Frau Miriam Horwitz zu helfen. Gründgens hatte als junger Schauspieler in Hamburg unter Ziegels Leitung zum Ensemble der KAMMERSPIELE gehört.
Detlef Siercks Name taucht nach Hitlers Machtergreifung dennoch in der Berliner Theatergeschichte auf: Am DEUTSCHEN THEATER, in den Kammerspielen in der Schumannstraße, ist ab Januar 1935 unter Heinz Hilperts Regie REGEN UND WIND – Siercks Nachdichtung des Stücks THE WIND AND THE RAIN von Merton Hodge – für Wochen ein großer Erfolg. Dazu Sirk: »Den Merton Hodge hatte ich schon in Leipzig inszeniert. Ein reizendes Stück. Der Titel stammt aus Shakespeares TWELFTH NIGHT – WAS IHR WOLLT. ›With hey, ho, the wind and the rain – hopheißa, bei Regen und Wind‹, heißt es in dem Lied, das der Narr am Ende singt. Bei der Hilpert-Premiere war alles da, was überhaupt einen Namen hatte. Hilde hat sogar neben Goebbels gesessen. Das war sehr makaber. Er hat unaufhörlich geklatscht; das Stück gefiel ihm so gut.«
Direktor Heinz Hilpert, bisheriger Leiter der Berliner VOLKSBÜHNE, hat in der Spielzeit 1934/35 das DEUTSCHE THEATER übernommen und Bernhard

Graf Solms die künstlerische Leitung der VOLKSBÜHNE am früheren Bülowplatz überlassen (Braulich, S. 326). Am 13. September 1934 findet die Eröffnungsvorstellung mit dem Stück HAFENLEGENDE von Renate Uhl statt. »Eine qualvolle Aufführung«, schreibt Erich Ebermayer in sein Tagebuch, »tierisch unbegabte Schauspieler finsterster Provinz außer Alexander Golling und Carl Ballhaus« (Ebermayer 1959, S. 388).
Die Situation unter der neuen Intendanz verlangt nach Unterstützung von außerhalb. Detlef Sierck, der während dieser Zeit immer noch Direktor des ALTEN THEATERS ist, wird eingeladen, für die Berliner VOLKSBÜHNE Shakespeares Lustspiel WAS IHR WOLLT zu inszenieren. Schon in Bremen hatte Sierck diese Komödie der Liebesverwirrungen in einer von ihm bearbeiteten Fassung herausgebracht (24. August 1927), und auch dort ließ er »das romantische Element erst in zweiter Linie gelten. Hauptsächlich wollte er eine tolle Fasnachtslaune entfesseln; deshalb stellte er den Titel DREIKÖNIGSNACHT voran. Ein ›witziger Regieeinfall‹ jagte den nächsten, voll Geist und Temperament...« (Berner/Peters, S. 152/53). Karl Lerbs beschrieb die Bremer Inszenierung als »meisterlich zur urwüchsig quellenden Heiterkeit der Stegreifkomödie gestaltet und dennoch kräftig gebändigt«. In der Leipziger Inszenierung von 1932 ließ Sierck die Figur des lächerlich bigotten und eitlen Malvolio, des Haushofmeisters der reichen Gräfin Olivia, und die Figur des Narren besonders hervortreten.
Am 8. Oktober 1934 hat Siercks Berliner Inszenierung in der Übersetzung von Hans Rothe, der in all seinen Übertragungen den urwüchsigen elisabethanischen Shakespeare erhalten wollte, mit den Darstellern Benkhoff, Golling, Saal, Studt, Werner Finck, Ballhaus u. a. Premiere. Werner Finck, bis zur Schließung durch die Gestapo Leiter des Berliner Kabaretts DIE KATAKOMBE, spielt die Rolle des Narren. In der Hoffnung, daß talentsuchende Ufa-Leute in einer der Berliner Aufführungen sitzen würden, setzt Sierck vieles – gegen seinen eigenen, von der Neuen Sachlichkeit geprägten Inszenierungsstil – möglichst realistisch und filmgerecht in Szene.
Tatsächlich wird Sierck nach der erfolgreichen Shakespeare-Premiere ins Büro der Ufa in die Krausenstraße gebeten. Der bei der Ufa tätige Jobst von Reiht spielt hier die Rolle des Vermittlers.

3 Die Ufa und Zarah Leander

Drei Kurzfilme

Die Ufa, am 18. September 1917 unter dem Namen Universal-Film-AG formell gegründet als Zusammenschluß verschiedener Filmgesellschaften (darunter auch die UNION von Paul Davidson, der die Filmateliers in Tempelhof baute) mit einem Gründungskapital von 25 Millionen Mark, wird 1927 von der Hugenberggruppe übernommen. Hugenbergs Verlagsleiter Ludwig Klitzsch wird Generaldirektor der Ufa. Die Ufa hat Filmtheater im Ausland und Filialen und Büros in Prag, Wien, Budapest und Stockholm.
Mit Beginn der Hitler-Herrschaft gehen die Geschäfte der Ufa im Ausland zurück. Der Völkische Beobachter fordert, daß der deutsche Film »judenrein« werden solle. Klitzsch muß Kompromisse machen und sich mit dem Staat arrangieren, da er Kredite braucht. Dennoch spürt Goebbels, wie Curt Riess schreibt, »die Opposition innerhalb der Ufa, schickt seine Spitzel hin. Aber die können nicht viel ausrichten. Schon nach wenigen Tagen weiß man in der Ufa, in welches Lager einer gehört« (Riess 1956, S. 234). Generaldirektor Klitzsch und Produktionschef Corell halten zusammen gegen die Eingriffe des Propagandaministeriums, die seit dem »Lichtspielgesetz« vom 16. Februar 1934 mit der Einsetzung des Reichsfilmdramaturgen stattfinden. Als Goebbels Ende 1936 den Rücktritt des Produktionschefs Corell verlangt, weil dieser sein Vertrauen nicht mehr genieße, antwortet Klitzsch schriftlich, Corell sei für die Weiterführung der Ufa wichtig, sie müsse ohne Corell den letzten Rest des Auslandsgeschäfts verlieren (S. 39). So wird Corell, den Zarah Leander in ihren Erinnerungen als »versierten Fachmann und wirklichen Gentleman« bezeichnet, erst 1939 von seinem Posten entfernt (Leander, S. 131).
Als Detlef Sierck im Oktober 1934 in das Verwaltungsgebäude der Ufa am Dönhoffplatz tritt, wird er zu Ernst Hugo Corell geführt, der die gesamte Filmproduktion leitet und als Produktionschef nach der Direktion die höchsten künstlerischen und finanziellen Befugnisse besitzt. Corell bietet Sierck – wie in derartigen Fällen üblich – an, nach einem filmtechnischen »Schnellsiedekurs« zunächst einmal in einem Zehn-Minuten-Film, dann mit zwei weiteren Kurzfilmen seine Fähigkeiten als möglicher Ufa-Regisseur zu beweisen. Die Ergebnisse: ZWEI GENIES, DER EINGEBILDETE KRANKE und DREIMAL EHE (vgl. G. Knorr).

ZWEI GENIES, eine knapp zehn Minuten lange Posse u. a. mit Fritz Odemar, Hans Hermann Schaufuß, Mady Rasche, wird von der Zensur am 14. Dezember 1934 verboten.

DER EINGEBILDETE KRANKE – frei nach Molières gleichnamiger Komödie – ist ein 37 Minuten langer Streifen mit Erhard Siedel, Siercks Komiker vom ALTEN THEATER in Leipzig, in der Titelrolle. Der Film wird am 18. Februar 1935 als jugendfrei zugelassen.

DREIMAL EHE – nicht zu verwechseln mit ZWEIMAL LIEBE (Fritz Kortner und Willi Forst) – ist ein knapp 15 Minuten langer Film u. a. mit Harald Paulsen, Elisabeth Lennartz und Hans Leibelt. Detlef Sierck benutzt darin – vermutlich zum ersten Mal in der Filmgeschichte – die Methode, eine Episode aus verschiedenen Gesichtswinkeln zu erzählen.

Das frischverheiratete junge Paar Fritz und Käthe gerät wegen einer belanglosen Angelegenheit in Streit. Käthe, die sich daraufhin scheiden lassen will, geht zum Rechtsanwalt und schildert ihm den Vorfall, der als Rückblende im Film erscheint. Fritz geht ebenfalls zum Anwalt und schildert ihm seine Version der Geschichte, die als zweite Rückblende gebracht wird. Der Anwalt Dr. Gerlach, den beide aufsuchen, stellt nun dar, wie er die Sache sieht.

Dr. Gerlach entspricht in der Anlage schon der Figur des Arztes, der in Douglas Sirks Filmen die Gesellschaft vertritt und manchmal positiven, meist aber negativen Einfluß auf die unschlüssigen, zweifelnden Sirk-Figuren ausübt.

Die Komödie DREIMAL EHE wird am 18. März 1935 als jugendfrei zugelassen.

Bei den Probefilmen bereits werden Siercks Qualitäten als Filmregisseur deutlich: die Fähigkeit, schwache Drehbücher zu verändern und Rollen und Figuren filmwirksam umzugestalten, sein sicherer Sinn für Ausstattung und Kostüm, sein Blick dafür, die Darsteller richtig in Szene zu setzen – ins richtige Licht. Sein Kameramann bei den Kurzfilmen ist Willi Winterstein. Mit ihm wird Sierck auch in den ersten drei Spielfilmen zusammenarbeiten.

Dr. Peter Paul Brauer hat die drei Kurzfilme produziert und ist später der Produzent von Siercks ersten Spielfilmen APRIL, APRIL! und DAS MÄDCHEN VOM MOORHOF.

Aus politischen Gründen bleibt Sierck bei der Ufa, die sich in jener Zeit noch relativ wenig um die politische Einstellung ihrer Mitarbeiter kümmert. Was zählt, ist Begabung.

Die Leute bei der Ufa, die nach der beginnenden Emigration ihrer besten Kräfte froh sind über jeden fähigen Mann, ignorieren Siercks »Unerwünschtsein« in Leipzig.

Da die Regisseure Herbert Maisch und Karl Ritter genügend Filme im Sinne des Propagandaministeriums herstellen, kann sich Detlef Sierck

unbehelligt auf eine andere Sparte konzentrieren: den großen Gesellschaftsfilm und das sogenannte Leidenschaftsdrama.
Die Herstellungsgruppe von Bruno Duday, die ab 1936 für die Produktion von Siercks Ufa-Filmen SCHLUSSAKKORD, DAS HOFKONZERT, ZU NEUEN UFERN und LA HABANERA verantwortlich ist, kann sich meist aus Propagandaprodukten heraushalten und noch 1940 für sich selbst die Herstellung von JUD SÜSS abwehren.
Der Deutsche Film hat in den 20er Jahren und in den frühen 30er Jahren mit seinen Stummfilmen und frühen Tonfilmen Weltgeltung. Zu Beginn des Tonfilms beliefert die Ufa, die zu jener Zeit in Neubabelsberg ebenso moderne Filmateliers wie Hollywood und damit die modernsten Europas besitzt, Länder, für die sich eine aufwendige eigene Filmindustrie nicht lohnt – wie Holland und Frankreich, Spanien und Südamerika –, mit entsprechenden fremdsprachlichen Versionen.
Auch Siercks Filmographie weist solche fremdsprachlichen Ufa-Fassungen auf: eine holländische und eine französische.

APRIL, APRIL!

Detlef Sierck erhält 1935 als erste Regieaufgabe für einen langen Spielfilm eine Komödie in holländischer Fassung mit dem Titel 'T WAS ÉÉN APRIL, die er mit einem holländischen Co-Regisseur und holländischen Darstellern realisiert.
Im gleichen Jahr dreht er unter dem Titel APRIL, APRIL! die deutsche Version, für die er eine Reihe von Schauspielern aus seiner Theaterzeit herbeiholt: den aus der Leipziger Zeit bewährten Komiker Erhard Siedel, der für Sierck in dem Kurzfilm DER EINGEBILDETE KRANKE den Titelhelden spielte, und Lina Carstens; dazu Werner Finck, der in Berlin als Narr zum Erfolg von Siercks Shakespeare-Inszenierung VON WAS IHR WOLLT beigetragen hatte. Albrecht Schoenhals, Ehemann der Schauspielerin Anneliese Born aus Siercks Bremer Ensemble, hat bereits Filmerfahrung und Erfolg in einem 1934 gedrehten Streifen als Fürst Woronzeff; bei Sierck wird er in STÜTZEN DER GESELLSCHAFT wieder eine Hauptrolle spielen. Hubert von Meyerinck, eigentlich Charakterschauspieler, bestätigt seine Filmkarriere als Komiker mit der Rolle des falschen Prinzen, der bei der Fabrikbesichtigung die hübschen Mädchen tätschelt und alles auf unnachahmliche Weise mit »sehr nett!« kommentiert. Trotz des B-Film-Charakters hat APRIL, APRIL! also eine erstklassige Besetzung.
Wie der Titel andeutet, geht es in dieser musikalischen Komödie um einen Aprilscherz. Der zum reichen Nudelfabrikanten aufgestiegene Bäckermeister Lampe (Erhard Siedel) und seine Frau Mathilde (Lina Carstens) werden von Herrn Finke (Paul Westermeier) in den April ge-

schickt. Finke ärgert sich darüber, wie die renommiersüchtigen Neureichen auf einem Fest in ihrer Villa vor den Gästen damit protzen, daß das Sekretariat des Prinzen von Holsten-Böhlau für seine Afrika-Expedition ein Angebot von tropenfesten Nudeln der Firma Lampe erbeten hat. Während Lampes Tochter Mirna (Charlott Daudert) zur Klavierbegleitung ihres Verehrers Leisegang (Werner Finck) singt und die Festgesellschaft am Einschlafen ist, schleicht sich Finke davon, und die Geschichte nimmt ihren Lauf.
Der vom Münchner Filmmuseum wieder ausgegrabene Film ist trotz des Prinzen (Albrecht Schoenhals), der sich in eine Sekretärin (Carola Höhn) verliebt, kein echter Prinzenfilm wie die in der Weimarer Republik beliebten, bei denen die Liebesgeschichte eines Prinzen den Film ausfüllt. Bei Sierck steht die Aufsteiger-Familie Lampe im Vordergrund. Der Zuschauer stellt fest, daß die Lampes ohne ihr Getue viel sympathischer wären, daß die trampelige Mathilde als tatkräftige Bäckersfrau brauchbar wäre, daß der neureiche Nudelfabrikant ehrlich-naiv geblieben ist, daß Mirna eigentlich recht intelligent und großherzig ist, kurzum, daß Reichtum und Adel gar nicht nötig sind. Eine Erkenntnis, die das Publikum auch in HAS ANYBODY SEEN MY GAL? haben wird.
Die in APRIL, APRIL! gezeichneten Figuren des echten und des falschen Prinzen benutzt Sierck, um zu zeigen, wie gründlich Menschen sich in der Beurteilung irren können, wie die Karikatur überzeugender wirkt als das unscheinbare Echte. Sierck prangert in seiner Farce den Hochmut und die Dummheit der Snobs an, macht das Verhalten lächerlich, mehr scheinen als sein zu wollen. Amüsante Einfälle, gekoppelt mit einem witzigen Dialog, zeigen dies Schlag auf Schlag in einem »Lustspiel, das Tempo, Witz und Schärfe hat, also im deutschen Filmbereich eine selten erreichte Leistung darstellt«.[15]
Als schöne Geste zu Sirks offiziellem 85. Geburtstag strahlten das bayerische und das österreichische Fernsehen die Komödie am 1. April 1985 aus.

DAS MÄDCHEN VOM MOORHOF

Als nächsten Filmstoff hält die Ufa ein Drehbuch nach Selma Lagerlöfs Roman TÖSEN FRAN STORMYRTORPET (DAS MÄDCHEN VOM MOORHOF) bereit, den die schwedische Nobelpreisträgerin bereits 1913 geschrieben hatte. Von Victor Sjöström existiert eine Verfilmung aus dem Jahr 1917, die Detlef Sierck allerdings nicht kennt.
Selma Lagerlöfs Glauben an den endgültigen Sieg des Guten übernimmt Sierck, versucht jedoch die moralisierende Tendenz des Originals in Grenzen zu halten. Den Versuch, die Verbundenheit der Dichterin mit

der Landschaft und der hochentwickelten bäuerlichen Kultur der Gutshöfe in Värmland nachzugestalten, macht er nicht. Sierck verlegt die Handlung ins ebenfalls strenge und protestantische Norddeutschland in die Nähe von Bremen. Gedreht wird an Originalschauplätzen des im Teufelsmoor gelegenen Worpswede, das Detlef Sierck von den sechs Jahren seiner Bremer Theaterzeit her als Künstlersiedlung vertraut ist. Die Moor- und Heidelandschaft mit den reetgedeckten Fachwerkhöfen, die Worpsweder Kirche mit ihrem Doppelhelmtürmchen, integrierte Festtagsbräuche und typische Arbeitsabläufe wie das Torfstechen bilden einen authentischen Hintergrund für die bäuerliche Erzählung, die Sierck mit dem Kameramann Willi Winterstein ins Bild setzt.

Typisch für Siercks visuellen Stil sind die liebevollen Detailaufnahmen von Händen, die an Leibls Frauen erinnern, oder von einem zerlöcherten Emaille-Eimer, der auf die Bescheidenheit des Dittmarhofes hinweist, die Schatten von Karsten (Kurt Fischer-Fehling) und Helga (Hansi Knoteck) an den Wänden und auf dem Kirchplatz statt der wirklichen Personen, und Spiegelungen am Bach, als Karsten und Gertrud sich küssen, oder das Spiegelbild des Knechts, der sich über ein Brückengeländer beugt – durch einen Stein zerstört er sein Spiegelbild, und als Überblendung ist danach das im Wasser schaukelnde Bild der Kirche zu sehen.

Als Karsten und Gertrud (Ellen Frank) sich am Bach treffen, fallen dem Zuschauer angesichts der – wie die beiden Menschen – hoffnungsfrohen Natur die Löns-Verse ein – »Alle Birken grünen in Moor und Heid...«; die Magd Helga steht einsam und traurig abseits, einsam wie die Moorlandschaft, in die sie hinausschaut. Gemütsbewegungen werden immer wieder mit Hilfe des Dekors ausgedrückt: Wolken, ein wogendes Kornfeld, eine Sense, die schneidend hart ins Korn saust, ein vom Wind gebeutelter kleiner Busch auf einem Felsen, ein geöffnetes oder ein geschlossenes Gatter, eine Axt, die in den Spaltklotz fährt. Auch viele Worte haben einen Hintersinn.

Die Kamera beobachtet häufig die Reaktion der betroffenen Figur auf die Aussage oder das Verhalten eines anderen Menschen.

Hansi Knoteck, zu Siercks Ensemble am ALTEN THEATER in Leipzig gehörend und von Jobst von Reiht nach Berlin zur Ufa geholt, soll in der Titelrolle als neuer Star des dramatischen Heimatfilms aufgebaut werden. H. Holba schreibt über sie, daß sie dem Rollenklischee des »Seelchens« nicht auf Dauer entgehen konnte und daß nur Detlef Sierck es verstanden habe, »ihr facettenreiches Ausdruckspotential... richtig auszunützen. Als Helga Christmann verzichtet K. auf jegliche sentimentale Attitüde und demonstriert mit berührender Schlichtheit die ungebrochene Zuneigung und Treue zu einem Mann, der erst spät ihre charakterliche Größe erkennt« (Holba/Knorr/Spiegel, S. 207). Wie von diesem Kritiker in Siercks frühem Film, so wird auch in den späteren Filmen seine

Schauspielerführung gelobt werden. In den Nebenrollen setzt er so bedeutende Schauspieler ein wie Eduard von Winterstein, Theodor Loos und Lina Carstens.

Einige Kritiker rechnen diese Verfilmung nordischer Literatur zu den Produkten der »Blut-und-Boden«-Ideologie des Hitler-Regimes, eine Zuordnung, die Douglas Sirk rückblickend ablehnt und allenfalls für die Auswahl des Stoffs gelten läßt.

DAS MÄDCHEN VOM MOORHOF ist der erste Sirk-Film, in dem ein »falsches Paar« auseinandergeht und das »richtige« am Schluß des Films gemeinsam weggeht. Eine Gerichtsverhandlung hat – wie später in SCHLUSSAKKORD, ZU NEUEN UFERN, SUMMER STORM oder WRITTEN ON THE WIND – eine wichtige dramatische Funktion und gibt zugleich Aufschluß über den Charakter der Filmfiguren. Eine kritische Situation bewirkt bei Karstens zurückhaltendem Vater (Franz Stein), daß er dem Sohn seine Gefühle der Zuneigung zeigt und gegen die feindliche Umwelt zu ihm steht; eine fast stumme Rolle läßt Sierck hier zu einer hilfreich aktiven, beredten werden.

Ähnlich wie Karsten Dittmar wird sich Gloria Vane in ZU NEUEN UFERN entscheiden, wenn sie den Menschen, der sie in einer schwierigen Situation im Stich gelassen hat, nicht mehr lieben oder akzeptieren kann, als er reumütig zurückkehrt.

Wie Gertrud und ihre Eltern wollen auch die Pennocks in HAS ANYBODY SEEN MY GAL? eine Heirat ihres Sohnes mit Millicent nur, wenn bestimmte Voraussetzungen erfüllt sind. Sobald die Bedingungen nicht mehr gegeben sind, ist der ungeschriebene Vertrag hinfällig. Nicht der Mensch wird geheiratet, sondern der Status oder der Reichtum.

Knapp eine Woche nach der Komödie APRIL, APRIL! wird DAS MÄDCHEN VOM MOORHOF mit der Berliner Premiere am 30. Oktober 1935 ein Erfolg, Hansi Knoteck als Darstellerin der Titelheldin ein Publikumsliebling.

STÜTZEN DER GESELLSCHAFT

Bei Siercks drittem Spielfilm – Ibsens Drama STÜTZEN DER GESELLSCHAFT – sind sich die Ufa-Leute seines Könnens schon so sicher, daß sie ihm einen Star wie Heinrich George anvertrauen, dessen Interpretation des Franz Biberkopf in BERLIN – ALEXANDERPLATZ 1931 überzeugt hatte. In einer Anspielung auf die Rolle in Siercks Film schreibt H. Holba, daß Georges Entwicklung zum kritisch-realistischen Filmdarsteller durch Hitlers Machtübernahme unterbunden worden sei und George, den offiziellen Richtlinien der Nazi-Kulturpolitik entsprechend, »in der Auswahl seiner Filmfiguren immer stärker zu klein- bis großbürgerlichen ›Stützen der Gesellschaft‹ tendierte« (Holba, S. 112).

1923 hatte Sierck bei den internationalen Sommerfestspielen im Ostseebad Zoppot in der Danziger Bucht Ibsens 1877 uraufgeführtes Drama schon einmal inszeniert: mit einem ebenso bedeutenden Konsul Bernick – dem Schauspieler Albert Bassermann.
Konsul Bernick, ein angesehener Bürger, gehört – wie es scheint – zu den Stützen der Gesellschaft in der norwegischen Hafenstadt. In Wirklichkeit hat er in seiner Vergangenheit unmoralisch gehandelt: Er hat ein Mädchen verführt und dann den nach Amerika auswandernden Bruder seiner Frau dazu gebracht, das Vergehen auf sich zu nehmen. Eine Unterschlagung hat er dem Schwager Tönnesen ebenfalls angelastet, obwohl Bernick sie selbst auf dem Gewissen hat. Als Tönnesen aus Amerika zurückkommt, behandelt ihn die Gesellschaft wie einen Verfemten. Er fordert Rechenschaft von Bernick. Diesem gelingt es jedoch, den Schwager zur Rückkehr nach Amerika zu bewegen. Um Tönnesen zu vernichten und damit seine eigene Vergangenheit endgültig auszulöschen, läßt Bernick den Schwager an Bord eines seeuntüchtigen Schiffes gehen. Er weiß nicht, daß sein halbwüchsiger Sohn als blinder Passagier auf dem Schiff mitfahren wird.
Sierck hält sich in seiner Literaturverfilmung nicht an die spezielle Ibsensche Dramaturgie, Auswirkungen einer Jahre zurückliegenden Vorgeschichte darzustellen und sie dann Schritt für Schritt analysierend aufzudecken, bis die Wahrheit ans Licht gekommen ist und die Schuld sich rächt. Das entspräche gewissermaßen einer Rückblende mit Suspense. Gerade diese dramaturgische Besonderheit des Ibsenschen Stücks hebt Sierck – ähnlich wie schon bei Selma Lagerlöfs Erzählung DAS MÄDCHEN VOM MOORHOF – wieder auf: Er will für den Zuschauer nicht Gefühlsanspannung, sondern die direkte Gefühlsregung des Mitfühlens.
Er ändert die literarische Vorlage auch noch auf anderen Ebenen. Während der literarische Bernick durch eine Katastrophe geläutert wird – er bricht zusammen in dem Glauben, sein 13jähriger Sohn Olaf sei auf dem seeuntüchtigen Schiff dem Tode geweiht, doch seine Frau bringt den Jungen zurück – und nach einem Eingeständnis seiner Schuld ein neues Leben ohne Lüge beginnen will, läßt Sierck seinen Film-Konsul bei einem Sturm umkommen.
Ibsens Thema von der Lebenslüge, der pharisäerhaften Gesellschaftsmoral mit ihrer Verlogenheit und Scheinheiligkeit – hier zwar die der Bürgerklasse des 19. Jahrhunderts – nimmt das große Thema der amerikanischen Filme von Douglas Sirk vorweg.
Den Blick für bildwirksamen Kontrast durch Skurriles, Unbürgerliches beweist Sierck mit den Zirkusleuten, die er in das Drehbuch einführt. Der Film enthält die berühmte, vielfach kopierte Überblendung der norwegischen Flagge des Auswanderers Tönnesen in Amerika zur Flagge in seinem Heimatort in Norwegen.

Den Bruder von Bernicks Frau, Johannes Tönnesen, spielt Albrecht Schoenhals, ein wie George beim Publikum sehr beliebter Schauspieler, mit dem Sierck schon in APRIL, APRIL! gearbeitet hat. Die Betty Bernick spielt Maria Krahn, die Frau des Regisseurs Hans Hinrich; ihm überläßt Detlef Sierck die Regie für den Film DREIKLANG, als er aus Deutschland flieht.

SCHLUSSAKKORD

Ein Lustspiel mit Gesangseinlagen (APRIL, APRIL!), ein ländliches Gesellschaftsdrama mit glücklichem Ausgang – das Gute siegt über das Böse (DAS MÄDCHEN VOM MOORHOF) – und ein bürgerlich-städtisches Gesellschaftsdrama einer vergangenen Epoche (STÜTZEN DER GESELLSCHAFT) sind die drei Filme, in denen Sierck als Filmregisseur verschiedene Genres kennenlernt und bei denen er in allen technischen und künstlerischen Bereichen Erfahrungen sammeln kann. Durch den Kameramann Willi Winterstein entdeckt Detlef Sierck bereits seine Vorliebe für Stimmungen, Spiegelungen – in Spiegeln, im Wasser –, Sternbergartige Lichtführung, Bildkontinuität durch eine bewegliche Kamera mit Kamerafahrten, die Bedeutung von Einstellung und Kamerawinkeln.
Jahrelanges Training als Theaterregisseur, der Stücke bearbeitet und umgeschrieben hat, macht es ihm leicht, als Filmregisseur die literarischen Vorlagen und Drehbücher wirksam zu verändern und eine klare Struktur herauszuarbeiten.
So ist Detlef Sierck für die Realisierung eines aufwendigen Leidenschaftsdramas mit dem Ufa-Produzenten Bruno Duday vorbereitet.
Der Film wird mit dem Publikumsliebling Willy Birgel, dem Star Lil Dagover und Bruno Dudays Frau, Maria von Tasnady, in den Hauptrollen und mit so hervorragenden – aus Siercks Theaterzeit stammenden – Schauspielern wie Theodor Loos, Maria Koppenhöfer, Kurt Meisel und Ernst Sattler in den Nebenrollen besetzt.
Lil Dagover schreibt in ihrem Erinnerungsbuch, in dem sie ein ganzes Kapitel Detlef Sierck widmet, über SCHLUSSAKKORD: »Eine große, leidenschaftliche Geschichte, in der ich eine reizvolle Charakterrolle hatte.« Sie meint, die Geschichte »hätte einem weniger kultivierten Mann aus der Hand gleiten können. Daß daraus keine pathetische ›Kintopp‹-Geschichte wurde..., ist immerhin Detlef Siercks Verdienst.« Lil Dagover betont, daß es damals ein Vergnügen und bereits eine Ehre war, mit Willy Birgel zu filmen, der »mit nur wenigen Rollen eine kometenhafte Karriere begonnen« hatte. Die Arbeit mit Sierck bezeichnet Lil Dagover als sehr angenehm, »weil wir die gleiche Sprache sprachen. Ich mag keine undisziplinierten Schauspieler, er mochte sie auch nicht. Ich konnte un-

Lil Dagover und Willy Birgel in SCHLUSSAKKORD

ausgegorene Szenen nicht leiden, d. h. Auftritte, deren Sinn und Zweck fürs Ganze nicht ausreichend genug in Proben erläutert und ausgereift waren. Sierck liebte dies ebenfalls nicht. Kurz: Er war ein guter, ein gründlicher Regisseur.« Für genial hält sie seine Filme nicht, gönnt ihm aber den »späten Ruhm«, denn »ich mag ihn und habe gern mit ihm gearbeitet« (Dagover, S. 197ff.).

Ganz bewußt gestaltet Detlef Sierck in dem Film SCHLUSSAKKORD ein Melodrama mit allen Mitteln des Genres, wie er es als Kind im Kino in den Leidenschaftsdramen und Gesellschaftsfilmen der Asta Nielsen erlebt hatte, befreit sich von den letzten Hemmungen des intellektuellen Theaterleiters und unterwirft sich den Forderungen eines publikumswirksamen Kinos, allerdings ohne je banal zu werden. Die großen Gemütsbewegungen der Handlung untermalt er mit ebenso großen musikalischen Gefühlsbewegungen durch Beethovens Neunte Symphonie. Wie Ätherwellen transportieren Meereswellen die Musik von einem Kontinent zum anderen.

Sierck läßt den Film mit einer Silvesterparty in Berlin beginnen, bringt eine Überblendung von der Wanduhr zur Turmuhr in New York, die Mitternacht, 12 Uhr, anzeigt. Feuerwerkskörper krachen und zischen auf, Sirenen pfeifen, und Glocken läuten das neue Jahr ein. Es ist wie eine aufdringliche Ouvertüre als Gegenpol zum Schlußakkord der Schlußszene. – Gut 30 Jahre später wird Sirk eine Sylvesternacht im Österreich Schnitzlers als atmosphärischen Hintergrund für einen Kurzfilm an der HFF in München benutzen.

Im Central Park torkelt ein dicker, mit Luftschlangen geschmückter Betrunkener auf eine Bank zu, wo reglos ein Mann sitzt, und ruft: »He, old boy, hast du Feuer?« Er hat einen Toten vor sich. In der Wohnung des Toten findet die Polizei die junge Deutsche Hanna (Maria von Tasnady). Sie erklärt, daß sie nach einem Versicherungsbetrug ihres Mannes ohne ihr Kind nach Amerika geflohen sind.

Die junge Frau bricht zusammen. Erst als über Radio Beethovens Neunte Sinfonie als Konzert des Dirigenten Garvenberg aus der Berliner Philharmonie an Hannas Bett dringt, wird nach wochenlanger Apathie ihr Lebenswille wieder geweckt – Freude, schöner Götterfunken. Sie wird mit dem nächsten Schiff nach Deutschland zu ihrem Kind fahren.

In Berlin lebt der Dirigent Garvenberg (Willy Birgel) in einem palastartigen Haus mit weißen Säulen, das an die Villa der Hadleys in WRITTEN ON THE WIND erinnert. Seine Frau Charlotte (Lil Dagover) ist ein Luxusgeschöpf ohne großes Interesse an ihrem Mann und seiner Musik. Wie die Hadleys führen sie ein üppiges Leben, in dem das Glück fehlt.

Professor Obereit (Theodor Loos) rät Garvenberg, Charlotte einen sinnvollen Lebensinhalt zu geben und den kleinen Jungen in Obereits Sanatorium zu adoptieren. Es ist Hannas Sohn Peter (Peter Bosse). Obereit empfiehlt Hanna, die inzwischen in Berlin eingetroffen ist, als Pflegerin für das Kind, verschweigt aber, daß sie Peters Mutter ist. Der Kleine liebt seine echte Mutter, und auch Garvenberg hegt Zuneigung zu Hanna.

Peter führt dem Adoptivvater und der Mutter und all seinen Spielzeugtieren als Publikum auf einer Papptheaterbühne eine Szene von Schneewittchen und der bösen Königin vor. Die Erwachsenen können diese deutliche Parallele nicht ertragen, und so ruft der Junge schnell, daß alles gut ausgeht und Schneewittchen gar nicht tot sei.

Maria von Tasnady mit Willy Birgel in SCHLUSSAKKORD

In einer weiteren »Schneewittchen-Szene« betrachtet sich Charlotte Garvenberg im Spiegel, und Frau Freese (Maria Koppenhöfer), ihre Wirtschafterin und Vertraute, sagt beschwörend: »Du bist doch viel hübscher.«
Als Charlotte Garvenberg tot aufgefunden wird, verdächtigt das Gericht Hanna, die Frau des Dirigenten getötet zu haben. Frau Freese schweigt, bis sie den verbrecherischen Hellseher Carl-Otto Gregor (Albert Lippert) im Gerichtssaal entdeckt. Sie erklärt im Zeugenstand, daß Charlotte aus Angst vor Carl-Otto selbst nach dem tödlichen Morphium gegriffen habe.
Während Garvenberg in der Schlußszene in einer prächtigen Barockkirche Händels Oratorium JUDAS MAKKABÄUS dirigiert und der Solist »Tochter Zion, ... jauchze laut« singt, sitzt Hanna mit dem Kind hoch oben über dem Chor neben einer Madonnenstatue, als wäre sie selbst eine solche. Von der reingewaschenen »Frau mit Vergangenheit« schwenkt die Kamera zu drei Engelsfiguren mit Fanfaren. Ähnlich wird in ZU NEUEN UFERN Gloria Vane, die Zuchthäuslerin Nummer 218, beinahe heiligge-

sprochen, als im Schlußbild in der Kirche der Knabenchor »Gloria... in excelsis« singt.

In SCHLUSSAKKORD lassen sich mehrere typische Sirk-Motive finden: der Kontrast von allgemeiner Fröhlichkeit zum individuellen Unglück oder zum Tod; eine Maske, die auf den Boden fällt und zertreten wird; Maskenfiguren, die – wie in THE TARNISHED ANGELS – plötzlich zur Tür hereinkommen und in die Privatsphäre eindringen; ein Clown, der Mundharmonika spielt; Aaronstab-Blüten, die Carl-Ottos sexuelle Gier symbolisieren, vergleichbar den Anthurium-Blüten in WRITTEN ON THE WIND; Bühnenaufführungen – hier Ballett, Kindertheater und eine Oper – bieten Parallelen zur Filmhandlung: In Hannas Traum wiederholt sich die Opernszene, in der der Nebenbuhlerin ein Schierlingsbecher gereicht wird, und sie wacht mit dem Schrei auf: »Ich habe es nicht getan!«

Die Gerichtsverhandlung dient – wie in den Filmen DAS MÄDCHEN VOM MOORHOF, ZU NEUEN UFERN, SUMMER STORM und WRITTEN ON THE WIND – zur Enthüllung von Fakten und vor allem von Charakteren.

Sierck verarbeitet die Tatsache, daß in jener Zeit der Spiritismus in Mode war und Hellseher und Astrologen großen Zulauf aus dem Bürgertum erhielten. Die Thematik wird ihn auch für ein Cagliostro-Projekt und später für seinen Film SLEEP MY LOVE interessieren.

SCHLUSSAKKORD gehört 1936 neben den Filmen DER KAISER VON KALIFORNIEN, TRAUMULUS, AVE MARIA, DER BETTELSTUDENT und anderen zu den deutschen Beiträgen für die Filmkunstausstellung in Venedig. Im offiziellen Programmheft der Reichsfilmkammer, DEUTSCHE FILME – VENEDIG 1936, sind sämtliche Filmateliers, Hitler, Goebbels und der Reichsfilmminister Lehnich abgebildet; es gibt Fotokollagen zu jedem Film und neben der deutschen eine italienische, englische und französische Inhaltsangabe, aber – mit Ausnahme von TRAUMULUS, wo die Darsteller (Emil Jannings, Hilde von Stolz usw.) genannt werden – keine Angabe von Mitwirkenden, weder Regisseur noch Schauspieler werden erwähnt.

SCHLUSSAKKORD wird in Venedig als »bester musikalischer Film« mit dem Pokal der Generaldirektion für das Schauspielwesen prämiiert.

Der Film ist für den Regisseur, für die Darsteller und die Ufa ein Riesenerfolg beim Publikum und wird »sogar von der Kritik gnädig aufgenommen« (Dagover, S. 199).

Der Filmproduzent Bosser, Chef der Wiener Mondial Internationalen Filmindustrie, hatte versucht, Sierck unmittelbar nach der Berliner Premiere von SCHLUSSAKKORD am 24. Juli 1936 für die Verfilmung von Erich Ebermayers Roman und Drehbuch BEFREITE HÄNDE zu gewinnen (Ebermayer 1966, S. 90 ff.). Die Gestalt der Magd Maria, die sich von der bäuerlichen Holzschnitzerin zur anerkannten Bildhauerin entwickelt, soll darin

mit dem Publikumsliebling Käthe von Nagy und die Rolle der großstädtischen Kunstgewerblerin mit der zu jener Zeit auf dem Gipfel ihres Ruhms stehenden Sybille Schmitz besetzt werden. Sierck gefällt das Treatment von Ebermayer, den er aus der Leipziger Zeit kennt, und er interessiert sich grundsätzlich für das Projekt. Außerdem ist ihm daran gelegen, sich abzusichern. Zwar findet sich bei Ebermayer eine Tagebuchnotiz vom 26. Juli 1936, Sierck habe sich wegen seiner jüdischen Frau »unter das vorläufig noch schützende Dach der Ufa begeben. Vorläufig duldet ihn Goebbels, denn so dicht sind die Könner unter den Regisseuren nicht gesät.« Doch Sierck versucht, außerhalb Deutschlands Geldreserven anzulegen. Aus diesem Grund wird er auch 1937 für die Mondial am Drehbuch zu LIEBLING DER MATROSEN, verfilmt mit dem achtjährigen Wiener Kinderstar Traudl Stark, mitarbeiten. Zudem hätte er gern diesen Film mit einem Kind in der Hauptrolle gedreht. Seine Vorliebe, Geschichten zu verfilmen, in denen Kinder größere Rollen haben, wird während seiner gesamten Filmarbeit erhalten bleiben; in Hollywood wird er viele Projekte nur annehmen wegen der Kinder, mit denen er filmen möchte.
Die Verhandlungen Bossers mit Sierck über das Projekt BEFREITE HÄNDE zerschlagen sich, da Sierck erst zu einem späteren Zeitpunkt als vorgesehen die Regie übernehmen könnte. Der Film wird einige Jahre später, 1939, von der Bavaria produziert und von Schweikart als nazistisch verändertes Künstlerdrama mit Brigitte Horney, Olga Tschechowa und Ewald Balser gedreht.

DAS HOFKONZERT

Dank des großen Erfolgs von SCHLUSSAKKORD stehen Detlef Sierck alle finanziellen Mittel zur Verfügung für den nächsten Film, eine musikalische Romanze, die mit den besten Stars für dieses Genre besetzt wird: mit der berühmten Sopranistin Mart(h)a Eggerth, der Frau des Sängers Jan Kiepura, und mit dem charmanten Johannes Heesters, den Talentsucher Jobst von Reiht in Wien entdeckt hat. In den Nebenrollen sind bekannte Schauspieler eingesetzt, darunter Kurt Meisel, Alfred Abel als Poet Knips – laut Reclams Deutschem Filmlexikon seine wichtigste Nebenrolle (S. 13) –, Hans H. Schaufuß als Bücherwurm, Rudolf Platte, Rudolf Klein-Rogge. Die Ausstattung übernimmt Fritz Maurischat, einer der besten Bühnenbildner der Ufa. Erstmals filmt Sierck mit dem Kameramann Franz Weihmayr, mit dem er in den folgenden Jahren seine beiden Zarah-Leander-Filme drehen wird.
Als Originalschauplatz für Siercks beschwingte, humorvolle musikalische Romanze DAS HOFKONZERT dient Veitshöchheim, ein sieben Kilometer unterhalb von Würzburg im unterfränkischen Rebgelände am Main gele-

Detlef Sierck während der Dreharbeiten zu DAS HOFKONZERT

Siercks mobile Kamera in DAS HOFKONZERT

gener malerischer Ort mit dem ehemals fürstbischöflichen Schloß, an dem Balthasar Neumann gebaut hatte, und seinem nach dem Vorbild von Versailles angelegten Rokokogarten. »Es war das Jahr 1936, in dem der Sommer nicht aufhörte«, schreibt Jobst von Reiht in seinen Erinnerungen. »In Würzburg im Russischen Hof stießen wir an auf die Ufaproduktion des lieben dicken Major Duday. Er machte Außenaufnahmen in Veitshöchheim. Wir sahen eine Weile zu, unterhielten uns nett und verliebten uns in die Putten des Parks« (von Reiht-Zanthier, S. 202).
Die Handlung des Films basiert auf dem Theaterstück DAS KLEINE HOFKONZERT von Paul Verhoeven und Toni Impekoven. Paul Verhoeven selbst dreht 1944 ein Remake in Farbe mit Elfi Mayerhofer, Hans Nielsen und Erich Ponto.
Das kleine Hofkonzert findet am Hof des Landesfürsten Serenissimus (Otto Tressler) in Immendingen jeden Sommer zur Erinnerung an die Sängerin Angelika Cavallieri statt. Die aus München engagierte Sängerin Belotti heißt im bürgerlichen Leben Christine Holm (Marta Eggerth), was zu Mißverständnissen führt. Sie ist auf der Suche nach dem unbekannten Vater. Der Leutnant von der Grenzwache, Walter von Arnegg (Johannes Heesters), kontrolliert die Reisenden des Postwagens und verliebt sich sogleich in Christine. Leutnant Florian Schwälbe (Kurt Meisel), Walters Freund, hat das Nachsehen.
Von ihrer Mutter, der Sängerin Angelika Cavallieri, weiß Christine, daß ihr Vater in Immendingen lebt. In einer Dachkammer findet sie – in einer perfekten Nachempfindung von Spitzwegs Gemälde »Der arme Poet« – Cölestin Knips (Alfred Abel), der das Konzertlied ihrer Mutter damals gedichtet hat. Als das Hofkonzert beginnt, singt sie wehmütig das Lied der Mutter: »Denkst Du nie daran, was kommen kann? Eines Tages vergißt Du mich...«
Gerührt erkennt der Fürst, daß seine Tochter vor ihm steht, das Kind seiner Jugendliebe.
Stimmungsvolle Spaziergänge in der Dämmerung, eine lichtdurchflutete Szene am offenen Fenster, ein Volksfest, zu dem die verliebten jungen Leute gehen, zeigen Siercks Handschrift. Marta Eggerth steht in der Schiffschaukel – in der die Kamera trickreich eingebaut ist und mitschaukelt – und singt: »Fröhlichkeit, Seligkeit, alle Tage Sonnenschein, so gehen Verliebte durchs Leben... dürfen immer glücklich sein, weil sie dem Alltag entschweben.«
Unter dem Titel LA CHANSON DU SOUVENIR dreht Sierck im gleichen Jahr eine französische Version, in der Marta Eggerth ebenfalls die Hauptrolle spielt.

Zarah Leander

Die Produzenten der Ufa haben neue Pläne für Sierck. Außerdem sind sie auf der Suche nach einer Darstellerin, die als Konkurrenz für Greta Garbo und Marlene Dietrich dienen könnte, nachdem sich die Ufa die Chance mit der Dietrich selbst verpatzt hatte. Neben den Identifizierungsfiguren der patenten jungen Frauen wie Lilian Harvey oder Renate Müller braucht die Ufa den interessant und erfahren wirkenden Typ der »Dame von Welt«.

Von Zarah Leander hat man in diesen Jahren schon gehört – nicht nur in Schweden. Berichte über ihre Parodien von Greta Garbo und ihren großen Erfolg am 1. September 1936 in Wien in der Welturaufführung des musikalischen Lustspiels AXEL AN DER HIMMELSTÜR von Ralph Benatzky dringen bis nach Berlin. Sierck und der Ufa-Produktionschef Corell fahren nach Wien, um sich die schwedische Sängerin in Max Hansens Inszenierung in einer der 100 Aufführungen im THEATER AN DER WIEN unter der Direktion von Arthur Hellmer anzuschauen.

Sierck ist überrascht von Zarah Leanders Stattlichkeit, die für den Film nicht unproblematisch sein würde – sie ist größer als ihr Partner Max Hansen –, aber beeindruckt von ihrer ungewöhnlichen Stimme und ihrer Ausstrahlung in der Rolle der Gloria Mills in Benatzkys Musikkomödie. Die Sängerin Gloria Vane wird ihre erste Ufa-Rolle sein, für die Ralph Benatzky auf Zarah Leanders Wunsch die Lieder schreibt.

Corell führt freundliche Verhandlungen mit Zarah Leander. Sie schreibt über Ernst Hugo Corell in ihren Erinnerungen, er »besaß eine Eigenschaft, die für einen Chef unschätzbar ist: Er gab einem das Gefühl, von Bedeutung und Wert zu sein. Wenn er mit einem sprach, hielt man sich für die wichtigste Person der Welt.« Der Vertrag wird »an einem der letzten Oktobertage 1936 in Wien abgefaßt und unterzeichnet« (Leander, S. 131/32).

Ende des Jahres beginnt die Ufa, Zarah Leander durch ihren Werbechef Opitz als Star aufzubauen; in Hunderten von Zeitungen und Illustrierten wird für Zarah Leander als der »neuen Garbo« Reklame gemacht. Die Erwartungen des Publikums werden gesteigert durch den in den ersten Frühlingstagen 1937 in Berlin anlaufenden, österreichischen Film PREMIERE (Bolvary, 1936).

ZU NEUEN UFERN

Im Februar 1937 trifft Zarah Leander in Berlin ein. Ehe die Dreharbeiten für den ersten Ufa-Film beginnen, liest sie eine Reihe von Manuskriptentwürfen. Die Entscheidung fällt auf eine Filmgeschichte, die Kurt Heuser frei nach dem in Hugenbergs Scherl-Verlag erschienenen Roman

von Lovis H. Lorenz verfaßt hat. Alle für den Film Verantwortlichen treffen sich bei Zarah Leander: »Irgend jemand las aus dem ›Buch‹ vor, und jeder äußerte sich frei von seinem Standpunkt aus... Diese Durchsicht dauerte stundenlang, aber erst bei dieser Gelegenheit erhielt der Film seine endgültige schriftliche Fassung. Was noch zu tun blieb, war, dem Werk sein pulsierendes Leben, Gefühl und möglicherweise auch Geist einzuflößen.« Als letztlich für das Drehbuch verantwortlich zeichnet der Regisseur Detlef Sierck, Zarah Leanders erster Regisseur bei der Ufa. Sie bezeichnet ihn in ihren Erinnerungen als »kenntnisreichen und warmherzigen Kollegen« (Leander, S. 149).
Sierck versteht es, durch Tricks die eher wuchtige Erscheinung der großen, breitschultrigen Frau zurückzudrängen. Sierck »erhöht« ihre Partner durch Holzblöcke. Mit vorteilhafter Kleidung, viel Schmuck und dekorativen Hüten lenkt er von Zarah Leanders Figurproblem ab. Er läßt ihr das Hoheitsvolle ihrer klassisch-theatralischen Schönheit und betont ihre Weiblichkeit, fügt aber, wo immer es die Handlung erlaubt, viel Glamour hinzu und verleiht Zarah Leander so die attraktive, mondäne Sinnlichkeit einer vergangenen Zeit.
Sierck zieht die Konzentration des Zuschauers auf ihre faszinierende Gesangsstimme und den starken Ausdruck ihres ruhigen, großflächigen Gesichts mit dem melancholischen Blick. In porträthaften Groß- und Nahaufnahmen versteht Siercks Kameramann Franz Weihmayr, Zarah Leanders Charme einzufangen. »Franz Weihmayr zauberte oft mit mir, denn so schön wie auf seinen Filmbildern bin ich in Wirklichkeit nie gewesen«, schreibt Zarah Leander in ihren Erinnerungen. »Ich sagte ihm, ich sei halbblind und schiele, wenn ich müde werde. Ihn faszinierte dieser Blick, der auf dem Bild lockend und zugleich unergründlich sein kann – so ist es nämlich mit kurzsichtigen Augen... Stundenlang konnte er sich damit beschäftigen, einer einzigen Nahaufnahme den richtigen Lichteffekt zu geben. Ich war geduldig und stand während der Beleuchtungsproben unbeweglich da, wie er es wünschte« (S. 137).
Als eine »Goldtruhe für die Ufa« und eine geduldige, unermüdlich arbeitende, zuverlässige und liebenswerte Darstellerin sieht Douglas Sirk, der selbst ein Leben lang intensiv arbeitete, Zarah Leander bis zuletzt. »Meine Arbeitswochen waren wie die einer beliebigen Werkstatt oder Fabrik genau festgelegt«, schreibt Zarah Leander. »Vom Montagmorgen 5.45 Uhr an, wenn der Wecker schrillte, bis zum Samstagmittag 15 Uhr gehörte ich der Ufa. An einigen Abenden in der Woche fanden regelmäßig Aufnahmen bis Mitternacht statt... Um 9 Uhr, auf die Sekunde genau, wurde zur Aufnahme im Studio getutet. Um 12 Uhr kam die halbstündige Mittagspause wie eine Befreiung aus meinen prachtvollen, aber oft enorm schweren und warmen Gewändern« (S. 143/44).
In dem ersten Ufa-Film, ZU NEUEN UFERN, den Sierck mit ihr dreht, darf

Zarah Leander in ZU NEUEN UFERN

sie als erfolgreiche Sängerin Gloria Vane in London zurückhaltend frivol und zugleich triumphierend auffordernd mit dem Chanson auftreten: »Man nennt mich Miß Vane, die berühmte, bekannte, yes, Sir« und in Australien im Sydney-Casino vor einer Handvoll Menschen, die etwas anderes erwarten, traurig und ergreifend singen: »Ich steh' im Regen und warte auf Dich!« – Lieder von Benatzky, die zu Evergreens werden.

Das puritanische England »im Jahre des Herrn 1846«, streng, prätentiös und – als Kontrast und als Ergebnis weltanschaulicher Zwänge – vergnügungssüchtig, bildet den Hintergrund.

Lina Carstens beschreibt als Bänkelsängerin, neben Paul Bildt an der Drehorgel stehend, die Ereignisse auf den Moritatentafeln. Die ganze Geschichte des Films wird zur Moritat.

Gitterartiges und echte Gitter sind häufig im Bild. Spiegel spielen eine Rolle: Ein kleiner Scherben ist wichtig für Zarah Leanders Zuchthausgefährtin Nelly. Ein schöner Spiegel in verziertem Holzrahmen bedeutet die Liebe zu Gloria für den Farmer Henry, der ihr den Spiegel zur Hochzeit kauft.

Zarah Leander tritt als dezenter Vamp auf, aber im Grunde ist sie die zu Opfern bereite, liebende Frau. So hat das Kinopublikum zwei Idole in einer Figur. Zarah Leander ist als Gloria Vane – wie Hansi Knoteck als Helga Dittmar in DAS MÄDCHEN VOM MOORHOF, Ann Sheridan als Vermillion O'Toole in TAKE ME TO TOWN und Barbara Stanwyck als Naomi Murdoch in ALL I DESIRE – die »Frau mit Vergangenheit«, die eigentlich die gute, im Innern unverdorbene Frau ist.

Gloria ist das Opfer der doppelbödigen Moral. Zwei Kräfte der Gesellschaft arbeiten zusammen: die Aristokratie einschließlich ihrer Rechtsvertreter, die nicht an die Öffentlichkeit dringen lassen, daß einer der Ihren eines Vergehens schuldig ist, und die puritanisch-bürgerlichen Vertreter der Gesellschaft, die England vor verderblichen Einflüssen retten wollen. Die braven Bürger Londons sprechen nicht nur Gloria Vane, sondern ihren die Sängerin vergötternden, leichtlebigen Söhnen das Urteil. Der Emporkömmling Wells, der seinen Sohn bewahren will, arbeitet der Aristokratie in die Hände. Selbst Gloria, das Opfer, kollaboriert, indem sie Finsbury aus Liebe deckt und die Doppelmoral akzeptiert. Obwohl die andern es tun müßten, muß sie sich schämen und sich erniedrigen – vor dem Gericht, bei der Brautschau im Zuchthaus, im Casino in Sydney –, so daß man Mitleid mit ihr hat.

An den neuen Ufern erwartet Gloria Vane die alte Welt: Australien ist englische Kolonie, und der englische Gouverneur, seine Tochter und die restlichen Engländer sind so elitär und scheinheilig wie die Puritaner im alten Land. Die Tragödie beginnt erst richtig. Gloria Vane steht verloren – wie später Naomi Murdoch in ALL I DESIRE – außerhalb der Glastüren und hört die Ankündigung der Verlobung des geliebten Mannes mit einer andern.

Carola Höhn, die in APRIL, APRIL! den Prinzen heiratet, spielt hier die Tochter des Gouverneurs. Wir sehen zwei Theaterregisseur-Kollegen von Detlef Sierck: Ernst Legal als den »Weiberfeind« Stout und Erich Ziegel in der Rolle des Arztes Magnus Hoyer. Der 22jährige Curd Jürgens, der 1935 als junger Kaiser Franz Joseph in Kaiserwalzer vielversprechend begann, hat eine kleine namenlose Rolle. Eine imponierende Darbietung gibt Lina Lossen als Gefängnisaufseherin.

Zarah Leander zur Seite stehen zwei männliche Hauptfiguren, der adlige Schurke Finsbury (Willy Birgel) und der Ehrenmann Henry Hoyer (Viktor Staal). Sir Albert Finsbury ist ein an Luxus und Vergnügen interessierter, scheinbar skrupelloser Mann und zugleich eine von jenen nichteindeutigen zweifelnden Sirkschen Figuren. Der erfolgreiche Theaterschauspieler Willy Birgel hatte als Gouverneur Fürst Abarow in dem Gesellschaftsdrama SCHWARZE ROSEN (P. Martin, 1935) eine ähnliche Rolle gespielt. Die Kombination Birgel/Leander findet sich wieder in DER BLAUFUCHS (Tourjansky, 1938), und Zarah wird singen »Kann denn Liebe Sünde sein«, komponiert von Lothar Brühne, getextet von Bruno Balz, die sich gemeinsam im Jahr davor schon die einprägsame HABANERA haben einfallen lassen. Brühne, Balz und Benatzky werden die Lieder auch schreiben für Zarah Leanders letzten Ufa-Film DAMALS (Rolf Hansen, 1942), in dem Rossano Brazzi und Karl Martell ihre Partner sind.

Zarah Leanders Filmehepartner von ZU NEUEN UFERN, Viktor Staal, ist als kontrastierender Gegenspieler zur gebrochenen Identität der Finsbury-Figur Birgels der natürliche und charmante positive Typ, der 20 Jahre später in Hansjörg Felmy im deutschen Film wieder auftauchen wird, und ein Vorläufer des sympathischen, aufrichtigen, stabilen »heilen Charakters«, den Rock Hudson in Sirks Universal-Filmen verkörpert.

Auch andere Elemente von ZU NEUEN UFERN lassen erkennen, daß Detlef Sierck – neben Kurt Heuser – am Drehbuch beteiligt war: der Aufbau des Films, die Bedeutung von Motiven und Themen, Parallelen zu anderen Sirk-Filmen, die gekonnte Einführung von Personen, die indirekte Charakterisierung der Figuren, die ironische und die humorvolle Komponente entsprechend Sirks Auffassung vom notwendigen Kontrapunkt, die Einflechtung von Schlüsselsätzen und die Stichwort-Überleitungen für die Anschlußszene. Brigitte Jeremias erwähnt die »rasante Schnitt-Technik«: Tempo und Rhythmus des Films seien für die damalige Zeit ungewöhnlich.[16]

Sie könne nicht behaupten, daß ihr erster Ufa-Film besonders gut gewesen sei, schreibt Zarah Leander. »Aber dem Publikum gefiel er, das war schon bei der Gala-Premiere im Ufa-Palast am Zoo am 31. August 1937 zu spüren. Carl Opitz hatte dieses Pseudoereignis beinahe wie einen Staatsakt inszeniert... Die Premieren in den großen Berliner Kinos waren immer fabelhaft pompöse Shows. Daß riesige Häuser damals mühelos zu füllen waren, kann man sich angesichts des heutigen Kinosterbens kaum noch vorstellen. Die weiträumigen Straßen um die Gedächtniskirche und am Bahnhof Zoo, wo der ›Gloria-Palast‹ und der ›Ufa-Palast am Zoo‹ lagen, waren an solchen Abenden schwarz vor Menschen« (S. 150/51).

Nach der Premiere des Films ZU NEUEN UFERN, in dem die Leute im Zuschauerraum schluchzten, wenn es der Hauptdarstellerin auf der Leinwand schlecht ging, wird Zarah Leander in Berlin stürmisch gefeiert. Mit seinem Kameramann Franz Weihmayr ist es Sierck gelungen, Zarah Leander als schöne und gefühlvolle Frau von intensiver Ausstrahlung ins Bild zu setzen und als Star interessant erscheinen zu lassen. »Mit der Garbo hatte sie die Melancholie und den Akzent, mit der West Figur und Gang gemeinsam; und wie die Dietrich spielte sie Sängerinnen und Kurtisanen«, erklärt Enno Patalas und vergleicht den »zweideutigen Mythos der Zarah Leander« mit dem von Asta Nielsen, die »Wunschbild und warnendes Schreckbild zugleich« war (Patalas, S. 95 und S. 32).
Auch bei der internationalen Filmkunstausstellung von 1937 in Venedig hat der Film Erfolg: ZU NEUEN UFERN erhält einen ersten Preis – einen geschliffenen Kristallpokal.
»Zu neuen Ufa'n« wird eine beliebte Berliner Anspielung.

LA HABANERA

Sierck dreht seinen folgenden Film mit Zarah Leander in der Hauptrolle der schönen Schwédin Astrée, die sich auf Puerto Rico in den von Ferdinand Marian gespielten despotischen Großgrundbesitzer Don Pedro verliebt. Der südländisch wirkende Wiener Marian, ausgestattet mit großem schauspielerischem Können und einer intensiven erotischen Ausstrahlung, versteht es, der negativen Rolle als Don Pedro in LA HABANERA sympathisch-menschliche Züge zu verleihen, wie auch später der ihm aufgezwungenen Rolle als Süß-Oppenheimer in Harlans Film. Karl Martell, der Zarah Leander als schwedischer Arzt und wiedergefundene Jugendliebe zur Seite steht, ist auch ihr Partner in dem 1936 von Bolvary gedrehten Film PREMIERE, in dem sie die von vielen geliebte Diva eines Revuetheaters spielt.
Sierck wählt als Drehort für LA HABANERA die geographisch zu Afrika, politisch zu Spanien gehörende Insel Teneriffa, die dem Filmschauplatz Puerto Rico von den Menschen, die dort leben, vom Klima und von der Vegetation her gleichkommt. Hilde und Detlef Sierck und das ganze Team verbringen hier mitten in einer scheinbaren Idylle mehrere Wochen, während Schießereien und Kanonenboote in den Häfen die Auswirkungen des Spanischen Bürgerkriegs bedrohlich ins Gedächtnis rufen.
Wie schon ZU NEUEN UFERN hat auch der Film LA HABANERA eine sozialpolitische und eine private Ebene; beide Ebenen vermischen sich. Sierck übt Gesellschaftskritik – allerdings ohne erhobenen Zeigefinger.
In den Mittelpunkt der Filmhandlung stellt das Drehbuch von Gerhard

Menzel den neuen Ufa-Star Zarah Leander, die für die Filmemacherin Helma Sanders-Brahms in LA HABANERA eine »singende Spinatwachtel« ist und zugleich »auf ganz ähnliche Weise rührt wie die Garbo« (Sanders-Brahms, S. 169).
Ähnlich eindringlich wie die Habanera der CARMEN von Bizet durchzieht als spanisch-kubanischer Tanz im Zweiviertel-Takt die Habanera »Der Wind hat mir ein Lied erzählt« von Lothar Brühne den ganzen Film – am Anfang und am Schluß des Films als Tanzdarbietung am Hafen – und zeigt, vor allem in der wehmütig-intensiv gesungenen Version von Zarah Leander, deutlich die Wirkung und die Bedeutung des musikalischen Elements im Melodram.
In unnachahmlicher Weise interpretiert Zarah Leander mit traurigem Gesichtsausdruck Astrées innere Einsamkeit und trägt mit dunkler Stimme das Lied mit dem berühmten Ach vor:
Allein bin ich in der Nacht,
meine Seele wacht
und lauscht.
Oh Herz, hörst du, wie es klingt,
in den Palmen singt
und rauscht?
Der Wind hat mir ein Lied erzählt,
von einem Glück, unsagbar schön!
Er weiß, was meinem Herzen fehlt,
für wen es schlägt und glüht!
Er weiß, für wen. Komm! Komm!
Ach! Der Wind hat mir ein Lied erzählt,
von einem Herzen, das mir fehlt!

Die desillusionierende Entstehungsgeschichte des Liedes, das ihr größter Schlager werden sollte, schildert Zarah Leander in ihren Erinnerungen: Auf neun Uhr morgens ist das Orchester für eine Musikaufnahme nach Babelsberg bestellt. Am Abend vorher, als Detlef Sierck und Zarah Leander das Studio verlassen, fehlen noch Melodie und Text des Liedes, das als Hauptmotiv für den Film dienen soll, und der Star ist deswegen beunruhigt. Am Ausfahrtstor steht Lothar Brühne, der Korrepetitor von Ralph Benatzky. »Du mußt wissen, Zarah«, sagt Detlef Sierck beruhigend und hält bei dem Musiker an, »der Junge ist ein Genie. Der hat garantiert eine Idee.« Bis Mitternacht soll Brühne für Sierck eine Habanera schreiben. Regisseur und Star warten in der Dahlemer Villa. Um elf Uhr nachts erscheint Brühne mit einer Melodie, die Zarah Leander gefällt. Sie ruft Bruno Balz an, er soll die Worte dazu schreiben, Brühne wird gleich bei ihm vorbei kommen. Wovon der Text handeln soll? »Sierck hat gesagt, von unerfüllter Sehnsucht.« Etwa eine halbe Stunde später klingelt bei Zarah das Telefon und Balz singt ihr vor: »Der Wind...« Der Kommentar von Produktionschef Corell am nächsten Tag im Ufa-Studio: »Liebe Frau Leander, welch eine Logik in diesem Lied... Nehmen Sie es mir nicht übel, aber der Wind kann bestimmt kein Lied erzählen« (Leander, S. 155/56).

Die Texte der beiden Lieder, die Astrée/Zarah Leander für ihr Kind singt – »Kinderlied« (ABCDEFG – der ganze Garten ist voll Schnee) und »Du kannst es nicht wissen« –, hat Sierck selbst geschrieben; sie drücken verstärkend die Beziehung Mutter – Kind und die Fremdheit im südlichen Land aus.

Zehn Jahre sind seit Astrées Ankunft auf der Insel vergangen. Don Pedro hat seine Frau wie eine Gefangene in einem goldenen Käfig gehalten. Das Inselparadies ist für Astrée zur Hölle geworden. Sie empfindet Angst und Haß ihrem Mann gegenüber, und umgekehrt hat die Entfremdung zu seiner Frau Don Pedro herrisch und höhnisch werden lassen. Immer noch liebt er sie leidenschaftlich, haßt sie aber zugleich, weil er darunter leidet, wie sie ihm mehr und mehr entgleitet. Sie klammert sich immer stärker an ihr Kind (Michael Schulz-Dornburg), vermittelt ihm ihre Sehnsucht nach der nördlichen Heimat. Der neunjährige Juan hat sich einen Holzschlitten bauen lassen, und die Mutter und er singen zusammen: »ABC DEFG – der ganze Garten ist voll Schnee.« Aber er weiß nicht, was das ist. »Schnee«, erklärt ihm die Mutter, »das sind Millionen und Milliarden von gefrorenen Engelstränen.« Auf Juans Aufforderung singt Zarah Leander mit Detlef Siercks Worten: »Du kannst es nicht wissen, wie der Schnee sich dreht in weißen Wirbeln, kannst es ja nicht wissen, wie Winterwind das stille Haus umweht...«, und begleitet sich in bartokschen Tönen selbst auf dem Klavier. Als Juan fragt, warum denn die Engel überhaupt weinen, gibt sie zur Antwort: »Weil die Mitleid haben mit uns Menschen. Die sind traurig über uns.«

Die Fieberepidemie hat bisher jährlich Hunderte von Menschen hinweggerafft, wird aber geheimgehalten, um den Obsthandel der Insel und – wie Don Pedro argumentiert – die Existenz von Tausenden, die davon leben, nicht zu gefährden.

Zwei Ärzte, Dr. Nagel (Karl Martell) und Dr. Gomez (Boris Alekin), haben den Erreger der Seuche identifiziert und ein Serum hergestellt.

Die beiden Ärzte sind einer Einladung in Don Pedros Haus gefolgt. Der kleine Juan rutscht auf dem Schlitten die Treppe hinunter und direkt auf die frühen Gäste zu. Dr. Nagel, als potentielle ideale Vaterfigur, und Juan sind sich auf Anhieb sympathisch.

Als Don Pedro während des Festes zusammenbricht, stellt Dr. Nagel die Symptome des Inselfiebers fest und will in seinem Hotelzimmer das Serum holen. Doch das hat Don Pedro durch seine Leute vernichten lassen. Der Inselherr hat sich sein eigenes Grab gegraben.

Detlef Sierck gibt Zarah Leander Regieanweisungen für LA HABANERA

Der Film, der mit Astrées Ankunft im Hafen beginnt, endet in einer parallelen Szene mit ihrer Abreise.
Einige Kritiker interpretieren den Inhalt des Films als nazistisch, weil das Bübchen blond ist, weil die Heldin in den hohen Norden zurück will, weil der böse Held ein finsterer Südländer ist. Vermutlich sind sie jedoch beeinflußt von der Tatsache, daß sowohl der Drehbuchautor Gerhard Menzel als auch der Star Zarah Leander sich in den Jahren nach Siercks Emigration immer stärker in den propagandistischen Nazi-Film involviert sahen und Ferdinand Marian 1940 in Veit Harlans gleichnamigem Film den Jud Süß spielte.
»Der Durchbruch«, schreibt Curt Riess, »kam mit MADAME BOVARY. Vielleicht noch einschneidender für Marians Filmkarriere war der Film LA HABANERA...« (Riess 1956, S. 116). Nach dem Erfolg als Don Pedro wird Ferdinand Marian mit Veit Harlan ins Propagandaministerium bestellt. Goebbels setzt Marian derart unter Druck, daß er die Rolle des Jud Süß nicht ablehnen kann.
Zarah Leander, die es 1942 ablehnte, die deutsche Staatsbürgerschaft anzunehmen, hat sich nie direkt mit dem Nationalsozialismus verbündet.

Man könne ihr höchstens vorwerfen, meint ihr Freund und Biograph Paul Seiler, daß sie ihre Chance, »ihre Zeit«, genutzt hat: »Ihr Ehrgeiz traf sich mit der Bestimmung, die die Nazis ihr zugedacht hatten. Für sie war Zarah Leander die offiziell erlaubte Sünderin, die stellvertretend für die Abgründe und Sehnsüchte der eigenen Seele auf der Leinwand die großen Leidenschaften erlebte« (Seiler, S. 42/43). Als der Film am 18. Dezember 1937 bei seiner Premiere im Berliner Gloria-Palast die Zuschauer begeistert, hat dieses gleiche Publikum, das Zarah Leander als Star feiert, den Schock durch den obskuren Tod eines anderen Idols noch nicht überwunden: den von Renate Müller am 7. Oktober.

Im gleichen Jahr, in dem Detlef Sierck die beiden Filme mit Zarah Leander dreht, spielt sein zwölfjähriger Sohn Claus Detlef – auch Klaus Detlef – in STREIT UM DEN KNABEN JO (Erich Waschnek, 1937) den Filmsohn von Lil Dagover und Willy Fritsch neben Maria von Tasnady, Hubert von Meyerinck und Rudolf Klein-Rogge, und in SERENADE (Willi Forst, 1937) ist er neben Hilde Krahl, Fritz Odemar, Lina Lossen und Eduard von Winterstein zu sehen. 1938 hat er eine Rolle in dem nach einem Hörspiel von Hans Rothe entstandenen Harlan-Film VERWEHTE SPUREN neben Kristina Söderbaum. Auch in den folgenden Jahren spielt er häufig mit Schauspielern, deren Namen in den Filmen seines Vaters auftauchen, so in SCHATTEN ÜBER ST. PAULI mit Harald Paulsen, Maria Koppenhöfer und Theodor Loos, in DAS RECHT AUF LIEBE – Drehbuch Erich Ebermayer – mit Viktor Staal, in AUS ERSTER EHE mit Ferdinand Marian und Paul Bildt; mit Albrecht Schoenhals und Eduard von Winterstein spielt der Fünfzehnjährige 1940 in KOPF HOCH, JOHANNES unter der Regie von Victor de Kowa die Hauptrolle eines Jugendlichen, der in einer Nationalpolitischen Erziehungsanstalt auf den rechten Weg geführt wird (Wulf, S. 402). In dem Ufa-Film KADETTEN (Karl Ritter, 1941) gehört er zu dem Kadettenkorps des Siebenjährigen Krieges.

Eine Verwechslung des Regisseurs Detlef Sierck mit dem jungen Schauspieler Claus Detlef Sierck ist durch Mißverständnisse aufgrund der Verknüpfung mit Sierck-Schauspielern und allem Anschein nach durch einen Druckfehler in Dr. Bauers Deutschem Spielfilmalmanach[17] gefördert worden, so daß – vor allem in ausländischen Zeitschriften – zu lesen ist, der Name des Regisseurs sei Hans Detlef oder Klaus Detlef Sierck, und er habe in dem Film SEHNSUCHT NACH AFRIKA (Bengt Berg, 1939), einer 1938 gedrehten Tier- und Natur-Filmerzählung mit Spielfilmhandlung, als Darsteller mitgewirkt. Bei dieser Tobis-Produktion handelt es sich möglicherweise um den Film mit dem Arbeitstitel WILTONS ZOO, für den Sierck Drehplätze in Afrika ausfindig machen wollte, um so wieder in den Besitz eines Passes zu gelangen.

Klaus Detlef Sierck mit Franziska Kinz in Paul Verhoevens Film
AUS ERSTER EHE (1940)

Nach dem Tobis-Film DER GROSSE KÖNIG (Veit Harlan, 1942), in dem Claus Detlef Sierck als Prinz Heinrich der Jüngere mitwirkt, wird der 17jährige zum Militär eingezogen und an die Ostfront geschickt. Als Douglas Sirk nach Kriegsende bei der Eröffnungsvorstellung der KAMMERSPIELE in München den Leipzigern Peer Baedeker und Erich Ebermayer begegnet, erfährt er durch sie, daß sein Sohn im Mai 1944 gefallen ist.[18]

Nach LA HABANERA bereitet Sierck – komplett mit Drehorten, Kulissen, Kostümen und Besetzung – für die Ufa ein neues Projekt vor, dessen Drehbuch er zusammen mit dem seit langem mit ihm befreundeten Friedrich Forster-Burggraf nach zwei Erzählungen von Turgenjev und Puschkin geschrieben hat: DREIKLANG, mit Lil Dagover, Paul Hartmann, Rolf Möbius. Sierck siedelt dieses Gesellschaftsdrama wieder im musikalischen Milieu an und übernimmt die Duell-Situation aus Puschkins Geschichte DER SCHUSS. Der Titel DREIKLANG soll an SCHLUSSAKKORD anknüpfen und ist ebenso doppeldeutig. Die Hauptdarstellerin Lil Dagover, seit 1926 verheiratet mit dem Produzenten des Films, Georg Witt, wundert sich, weshalb die Aufnahmen plötzlich verschoben werden und Hans Hinrich die Regie übernimmt für den angeblich erkrankten Sierck. »Bei den Schauspielern hatte sich inzwischen herumgesprochen, daß Detlef gar nicht krank war. Vielmehr hielt er sich im Ausland auf und ließ bald erkennen, daß er nicht mehr daran dachte, dem Nazi-Deutschland künstlerisch zur Verfügung zu stehen« (Dagover, S. 199).

4 Emigration – Zürich, Paris und Rotterdam

Detlef Sierck fliegt von Rom nach Zürich, um von dort nach einer kurzen Zwischenstation nach Paris weiterzureisen, wo er hofft, filmen zu können wie andere Emigranten auch. Der mittellose Sierck ist auf Einkünfte angewiesen, vor allem im Hinblick auf die geplante Überfahrt nach Amerika.
In Zürich nimmt er die Einladung eines Bekannten zu einem großen Empfang an, weil er auf jeden Kontakt angewiesen ist, der ihm in seinen existentiellen Schwierigkeiten nützlich sein könnte. Auf dieser Party spricht ihn Chiel Weissmann, der Besitzer und Direktor der Produktions- und Verleihgesellschaft Emelka AG in Zürich, an. Dessen Schwager Ignacy Rosenkranz – Geschäftsführer der Emelka, verheiratet mit der Pianistin Tamara Baj – möchte einen Film drehen, hat aber keine Erfahrung. Weissmann bittet Detlef Sierck, den Film seines Schwagers zu betreuen. Als Regisseur ist Detlef Sierck für den Verleiher Weissmann ein Begriff, denn er hat durch Emelka den Vertrieb von SCHLUSSAKKORD in der Schweiz.
Detlef Sierck bleibt ein paar Tage in Zürich, um das Projekt zu besprechen, und fährt dann mit C. Weissmann nach Paris, wo sie I. Weissmann treffen, einen Sohn aus erster Ehe des Züricher Verleihers und im gleichen Metier tätig wie sein Vater. Um vor der Produktion des Films einen Verleiher für Frankreich zu haben, wird Kontakt mit Georges Lourau aufgenommen und die France-Suisse-Film gegründet. Lourau sagt den Verleih durch die Firma Filmsonor zu unter der Bedingung, daß die Filmarbeiten unter der Obhut eines erfahrenen Filmers vor sich gehen. Für diese »collaboration technique« und »supervision« wird Detlef Sierck verpflichtet (Pithon, S. 10 und S. 24).
Sierck verlangt, daß sein Name aus Sicherheitsgründen nicht im Vorspann des Films genannt wird. Er ist noch unter Vertrag bei der Ufa und will sich weder gerichtlichen Verfolgungen ausliefern, noch seinen Aufenthaltsort preisgeben.
Aus dem einige Seiten langen Entwurf von Ignacy Rosenkranz entsteht mit Hilfe des Skriptautors Max Kolpe und des Dialogspezialisten Jacques Natanson ein Drehbuch. Sierck hat die Idee, aus den jungen Leuten des Entwurfs Musikstudenten an einem Konservatorium zu machen, so daß die Musik besser integriert werden könne. Die Musikauswahl trifft Rosenkranz, der als sehr musikalisch und künstlerisch interessiert gilt.

Mitte September 1938 können die Dreharbeiten am Genfer See in der Umgebung von Montreux beginnen. Bald zeigen sich die Probleme: Die Beleuchtung stimmt nicht mehr, da der Sommer dem Ende zugeht. Die finanziellen Mittel sind begrenzt. Dazu kommt die unsichere politische Situation. Seit dem 24. September wird die französische Armee teilweise mobil gemacht. Von Tag zu Tag wird der Ausbruch des Krieges befürchtet. Einige Techniker und Schauspieler ergreifen die Flucht. Das Team ist zwar in der Schweiz noch in Sicherheit, aber Sierck, Rosenkranz und Weissmann dürfen als Emigranten die Situation für sich nicht verharmlosen. Nach einer Woche der Angst und Unruhe scheint die Situation durch das Münchener Abkommen beruhigt. Die Dreharbeiten werden wie geplant in den Studios in Epinay bei Paris Anfang Oktober fortgesetzt. Im Dezember ist der Film fertig geschnitten. Weissmann besteht auf dem Titel ACCORD FINAL.

ACCORD FINAL

Obwohl der Titel auf französisch soviel wie SCHLUSSAKKORD bedeutet, hat der Film nichts mit dem Melodrama aus Sirks Ufa-Zeit zu tun. Bei ACCORD FINAL handelt es sich um eine komödienhafte leichte Romanze, in der es um eine Wette und um die folgenreiche Verwechslung zweier Mädchen geht. Was SCHLUSSAKKORD und ACCORD FINAL von der Handlung her gemeinsam haben, ist nur das Musiker-Milieu – hier wie dort spielen Orchester-Konzerte eine Rolle – sowie Beethovens Musik und Beethovens Büste.

Die beiden Hauptfiguren sind der Geigenvirtuose Georges Astor, dargestellt von dem Argentinier Georges Rigaud, den René Clair 1933 als jungen Star in seinem Film LE QUATORZE JUILLET einsetzte, und die Musikstudentin Hélène Vernier, verkörpert von Kate de Nagy. Diese Ungarin ist in Deutschland als Käthe von Nagy bis zum Ausbruch des Zweiten Weltkrieges als Star so populär wie Lilian Harvey; in Frankreich hat sie durch ihre Mehrsprachigkeit bereits seit den frühen 30er Jahren Karriere gemacht.

In den Nebenrollen treten bekannte französische Schauspieler auf: Jules Berry als der redliche Baron Larzac, André Alerme als Georges Astors Agent, Aimos als Taxichauffeur, Gaston Modot als Polizist, Bernard Blier als junger Konzertorganisator Mérot und Michel Vitold als Musikstudent.

Der Film bringt Sirksche Überblendungen wie die vom Bild des Kronleuchters, das von der Orchesterprobe zur Aufführung überleitet, und endet – wie SCHLUSSAKKORD und DAS HOFKONZERT – mit einer grandiosen

Konzertaufführung. Originalschauplatz ist der alte Saal des Konservatoriums in Paris. Diese elegant in Szene gesetzten letzten Sequenzen mit ihren genau geregelten Kamerabewegungen, dem Wechsel – durch geschickten Schnitt – von Musikern zu Konzertbesuchern, von Großaufnahmen einzelner Zuhörer zur Hand des Sologeigers beim letzten Satz der »Symphonie espagnole« von Édouard Lalo seien weit von der französischen Tradition entfernt und stünden statt dessen dem deutschen Film sehr nahe, schreibt Rémy Pithon. Bei der Handlung stellt Pithon Ähnlichkeiten mit musikalischen Komödien aus dem Hollywood der 30er Jahre fest und vergleicht mit GOLD DIGGERS OF 1933 (Mervyn Le Roy), einem Film, der auch in Frankreich zu mehreren Nachahmungen geführt habe (Pithon, S. 6).

ACCORD FINAL ist »niemals langweilig, nie vulgär« und immer statt auf die Darstellung auf das Bild und die Musik hin konstruiert, weist eine gute Schauspielerführung und ein erstaunlich zurückhaltendes Spiel der arrivierten Darsteller wie Jules Berry oder Aimos auf. Die Musikszenen wirken niemals aufgesetzt, sondern sind geschickt und logisch – von der Inszenierung und der Kamera her – in die Geschichte integriert (S. 22 ff.).

Was Pithon über ACCORD FINAL schreibt, ist in gleichem Maß die Stärke von Sirks deutschen »Musikfilmen« SCHLUSSAKKORD ODER DAS HOFKONZERT.

Pithon findet die Übergänge von Schweizer Landschafts- und Pariser Studioszenen einfallsreich, die Studiodekors allerdings bescheiden und einfallslos. Daß ACCORD FINAL im Vergleich mit amerikanischen musikalischen Komödien und mit zeitgenössischen Ufa-Produktionen des gleichen Genres unscheinbar wirkt, führt Pithon auf die Bescheidenheit der verfügbaren finanziellen Mittel zurück. Beim Vergleich mit entsprechenden französischen Filmen hält er ACCORD FINAL für einen der besten, wenn nicht gar den besten aus jener Zeit.

Außerhalb der französischen Schweiz läuft der Film unter dem kompakten Titel ACCORD FINAL AU LAC LÉMAN OU SYMPHONIE AM GENFER SEE. Der Verleihtitel in Deutschland heißt: DIE ZEHNTE SOLL ES SEIN.

In der Werbung angekündigt als »filmisches Ereignis« und als ein Film, der »im schönsten Rahmen der Welt gedreht« wurde, hat ACCORD FINAL am 30. Dezember 1938 seine Welturaufführung gleichzeitig in zwei Städten des Genfer Sees: im Capitole in Lausanne und – in Anwesenheit von I. Rosenkranz – im Rialto in Genf (S. 16/17).

BOEFJE

Auf der Suche nach weiterer Filmarbeit hält sich Detlef Sierck mit seiner Frau in Paris auf. Der Produzent Pierre Braunberger bietet ihm an, Jean Renoirs unvollendeten Film UNE PARTIE DE CAMPAGNE von 1936 auf normale Spielfilmlänge zu bringen. Jean Renoir selbst hatte dieses Ansinnen abgelehnt: »Das hätte bedeutet, gegen den Geist Maupassants und gegen den meines Drehbuchs zu verstoßen« (Renoir, S. 98). Sierck beschäftigt sich eingehend mit der nach einer Maupassant-Novelle gedrehten Geschichte einer enttäuschten Liebe und eines gescheiterten Lebens. Bald schließt er sich der Meinung Renoirs an – mit dem er allerdings nie zusammentrifft – und gibt das Projekt auf.

Am 2. März 1939 schlendern Carl Zuckmayer und Detlef Sierck in Paris abends den Boulevard St. Michel entlang und reden über einen holländischen Filmstoff (Zuckmayer, S. 144). Es geht um ein Drehbuch nach dem in Holland erfolgreichen Roman BOEFJE VON M. J. Brusse. Während Detlef Sierck noch in Paris in der Rue Pierre I wohnt, erhält er das Angebot, den Roman in Rotterdam zu verfilmen. Sierck hat Holland-Erfahrung: Sein allererster Ufa-Spielfilm, die Komödie 'T WAS ÉÉN APRIL, war 1935 mit holländischen Darstellern gedreht worden.

Sierck und Zuckmayer schreiben das Drehbuch gemeinsam. Sierck fährt zu den Dreharbeiten nach Rotterdam.

Der Film handelt von dem 16jährigen Boefje, der sich zusammen mit seinem Kumpel Pietje Puck (Guus Brox) im Hafen von Rotterdam herumtreibt und sich durch Gelegenheitsdiebstähle über Wasser hält.

Die Hauptrolle des Boefje spielt Annie van Ees, eine junge Schauspielerin, die in der Jungenrolle bereits in der Bühnenfassung überzeugt hatte.

Ein Priester (Albert van Dalsum) versucht, den verwahrlosten Jungen aus dem Milieu herauszulösen, und steckt ihn in ein Erziehungsheim. Boefje – ein Vorgänger des Waisenknaben Tad Bayliss aus MEET ME AT THE FAIR – hält es dort nicht aus und läuft weg. Er plant, nach Amerika zu fliehen. Das für die Reise benötigte Bargeld und eine Landkarte nimmt er sich mit Pietje zusammen aus dem Haus des Priesters.

Boefje wird geschnappt. Allerdings ist es wegen eines Diebstahls, den er gar nicht begangen hat. Als er freigelassen wird, söhnt er sich mit dem Priester aus und beschließt, mit dessen Hilfe ein neues Leben zu beginnen.

Während der Dreharbeiten erhält Sierck ein Telegramm von Warner Brothers mit dem Angebot für ein Hollywood-Remake seines Ufa-Films ZU NEUEN UFERN, der in New York gerade mit großem Erfolg gezeigt wurde.

Die kritische politische Situation zwingt zu raschen Entscheidungen. Am letzten Drehtag von BOEFJE, bevor der Film geschnitten und fertiggestellt ist, gehen Hilde und Detlef Sierck an Bord der Staatendam, des letzten Schiffs, das Holland vor der Invasion der Nazis verläßt.

5 Douglas Sirk in Hollywood

»Zu Beginn und Mitte unseres unfroh und schuldig seinem Ende entgegengehenden Jahrhunderts ergoß sich eine Flut europaflüchtiger Emigranten über die Küsten Amerikas hinaus bis in die Städte und Staaten des großen Kontinents«, schreibt Douglas Sirk in der unveröffentlichten Erzählung DIE STIMME, »besonders in das sonnenheitere Kalifornien, um dort eine neue Heimat zu finden. Was ja auch für mich und für alle gilt, die wir uns hier im Nacht- und Nebelglanz dieses kalifornischen Canyons, der den Namen des Heiligen Benedictus trägt, um einen von Kerzen beleuchteten Tisch zusammengefunden haben... Denn tagsüber sind wir ja alle tätig mit dem Versuch zu überleben.«
Für viele Emigranten bedeuten die Exiljahre nur eine Zwischenphase in der Meinung, Hitlers Herrschaft würde nach kurzer Zeit beendet sein. Douglas Sirk – er hat seinen Namen angepaßt – betrachtet das gewählte Exil Amerika nicht als Übergang, sondern als neue Heimat, als neue Existenzmöglichkeit – als seine neuen Ufer. Es ist verlockend, dieses neue Leben in einem Land, dessen Idole Jugendlichkeit und Vitalität sind, jung, als Mensch unter 40 Jahren, zu beginnen. Die Publicity-Legende macht mit Rücksicht auf amerikanische Klischee-Vorstellungen und auf die Deutschlandfeindlichkeit jener Jahre aus Sirk einen »mit dem Jahrhundert geborenen« Dänen, der in Kopenhagen und Heidelberg studiert hat. Das Jahr 1900 wird als offizielles Geburtsjahr in alle Publikationen übernommen.
Douglas Sirk kommt nach Kalifornien in einer Zeit, als Hollywoods goldene Jahre schon vorbei sind. Die Filmhauptstadt der Welt, aus einer Siedlung in den Hügeln nördlich von Los Angeles entstanden, als aus den Orangenhainen nach und nach Studio-Anlagen wurden, beherbergt in den späten 30er Jahren eine Kolonie von deutschen Einwanderern. Mit einigen hat Douglas Sirk trotz seiner Zurückgezogenheit näheren Kontakt – mit Franz Werfel und seiner Frau Alma Mahler, mit Hanns Eisler und seiner Frau Lou, mit Leopold Jeßner und Ernst Deutsch, mit Rudolph und Albrecht Joseph, mit Fritz Kortner und seiner Frau Johanna Hofer.
Anders als die schon anfangs der 30er Jahre nach Hollywood geholten deutschen Regisseure und Schauspieler, und abgesehen von wenigen, schon vor der Emigration in Amerika mit ihren Romanen erfolgreichen Deutschen wie die Schriftsteller Erich Maria Remarque und Lion Feucht-

wanger, die ein üppiges Leben in Kalifornien führen können, sind die Emigranten aus dem Hitler-Deutschland mittellos. Besonders schlecht geht es solchen, die so spät kommen wie Sirk.
Häufig werden die Frauen der Emigranten aktiv und sorgen für eine Existenzmöglichkeit, wie es Hilde Sirk mit dem Verkauf von Eiern aus ihrer Hühnerfarm bewerkstelligt. Hilde und Douglas Sirk nehmen ihr Leben aktiv in die Hand: »Wir sind auf die Farm gegangen und haben auf der Farm gelebt. Und der Detlef, der noch nie einen Hammer in der Hand gehabt hatte, der hat versucht, da solche Hühnerbatterien zu zimmern. Wir sind kolossal busy gewesen und haben unser Leben gestaltet und haben gefunden, daß – wenn wir Amerikaner waren – wir auch mit der amerikanischen Erde zu tun haben wollten, mit dem Boden und mit der Natur. Und Detlef hat Englisch gelernt, weil er eigentlich nie mehr Deutsch gesprochen hat – mit Emigranten kamen wir ja fast nie zusammen. Die einzigen Emigranten, mit denen wir öfters zusammenkamen, waren Curt Götz und seine Frau Valérie von Martens, die sich dann auch eine Farm angeschafft haben.« Die Zeit auf der kleinen Farm im Fernando Valley ist eine glückliche Zeit: »Sie war voller Hoffnungen und Entwürfe. Man war sehr lebendig da«, sagt Douglas Sirk.
Douglas Sirk kommt mit einer positiven Einstellung in die Vereinigten Staaten. Sein Amerikabild erweitert er durch die Lektüre von Werken amerikanischer Autoren; schon in Europa hat er viel amerikanische Literatur gelesen, die er zunächst durch seinen Vater, später durch den mit ihm befreundeten Übersetzer Karl Lerbs kennengelernt hat – »alle großen Schriftsteller, Faulkner und Hemingway, Sherwood Anderson, Thoreau und Emerson, Henry James und Thomas Wolfe, alle ohne Ausnahme, Melville – ganz besonderer Liebling von mir« – und in seine Theaterarbeit und in eine Reihe von Ufa-Filmen integriert hatte. Es gelingt ihm, die Sprachbarrieren zu überwinden, die für die meisten Emigranten in Amerika ein unüberwindliches Hindernis sind.
Douglas Sirk erinnert sich: »Ich habe sehr rasch versucht, Englisch zu lernen. Für die meisten Emigranten war es zu schwierig, Englisch zu lernen. Es sind immer *language barriers*, die dann plötzlich da sind. Im Grunde waren die Emigranten eine große Familie, die unter sich auch sehr viel zankten, wo einer das Brot des anderen mißtrauisch ansah. Nicht bei mir – gar nicht. Ich bin aber ein sehr abgeschlossener Mensch, bin überhaupt ein sehr zurückhaltender Mensch. Ich habe immer in Amerika eigentlich außerhalb des Emigrantenkreises gelebt. Man kannte dann genügend Leute, aber das war keine wirkliche Zusammenkunft von Menschen. Es war nicht so, daß durch die Verhältnisse, die ja sehr schlecht waren in Amerika, die Emigranten nun zu einer Gemeinsamkeit zusammenrückten. Das durchaus nicht. Sie beneideten einander, sie verleumdeten einander. Alles das ist aber nichts Ungewöhnliches. Ich glaube, in

der Russischen und in der Französischen Revolution ist es nicht anders gewesen.«

Hilde Sirk ergänzt: »Die Leute haben nie einen Zusammenhalt gehabt, sondern jedem ging es um *to survive*. Um zu überleben, haben sie die Ellbogen benutzt. Und wir hatten es besonders schwer – er war kein Jude. Und es war hauptsächlich so: Die Studios haben sich verpflichtet gefühlt, für die Juden, die in Deutschland schlecht behandelt und rausgeschmissen worden waren, zu sorgen, daß die irgendwie unterkamen. Da haben sie solche Mindestverträge gemacht, den untersten Zahlenbetrag also eingesetzt. Aber die Leute waren dann doch wenigstens angestellt und hatten einen Halt. Und bei ihm – er hätte in Deutschland bleiben können, der Goebbels wollte ihn durchaus behalten. Und den Juden paßte das nicht, und manche haben das aus Konkurrenzgründen hochgespielt und gesagt: Was will der hier? Der kann zurückgehen nach Deutschland.«

Dem beklemmenden NS-Staat entflohen, ersehnt Douglas Sirk den weiten Atem des freien Amerika. Im Filmland Amerika und in Hollywood erhofft er sich als Regisseur Möglichkeiten, die sich über die einschränkenden Studiobedingungen einer Ufa hinwegsetzen und die Manipulationen und Restriktionen eines terroristischen Staates nicht kennen würden. Um so größer ist sein Erstaunen, eine von Gewerkschaften durchorganisierte Filmindustrie, ein kapitalistisches Studiosystem mit einer weit strengeren Hierarchie als bei der Ufa, kurzum eine von einigen großen Film-Gesellschaften beherrschte, weitgehend kommerzialisierte Filmkunst vorzufinden.

Douglas Sirks Karriere als Filmregisseur in Hollywood beginnt zunächst hoffnungsvoll, nach dem Telegramm von Warner Brothers, die an einem Remake des Ufa-Films ZU NEUEN UFERN interessiert sind. Er verwendet einige Zeit auf die Umarbeitung des Drehbuchs. Das Projekt zerschlägt sich, als sich die politische und wirtschaftliche Lage in Amerika verschlechtert. Die weitere politische Entwicklung verhindert die Realisierung von deutschen Projekten generell, als die USA mit dem japanischen Angriff auf den Flottenstützpunkt Pearl Harbour Ende 1941 in den Krieg eintreten. Daran scheitert auch ein Vertrag für eine durch Jan Kiepura vermittelte Tätigkeit Sirks an der Oper in San Francisco (Halliday, S. 62).

In Süd-Kalifornien existieren für die Emigranten Solidaritätsmaßnahmen: Liesel Frank, die Tochter von Fritzi Massary, hat den European Film Fund organisiert, für den jeder, der bereits Geld verdient, spendet und dessen Aufgabe darin besteht, deutsche Emigranten aus der Film- und Theaterwelt zu unterstützen. Ernst Lubitsch und Paul Kohner engagieren sich dafür, bei den Studios entsprechende Jobs zu besorgen. Rund zwei Dutzend »sehr namhafter« deutscher Schriftsteller sind bereits nach Hollywood gekommen; sie werden gnadenhalber für 100 Dollar pro Wo-

HOLLYWOOD

che – »kaum mehr als ein Trinkgeld nach Hollywooder Maßstäben« – ein Jahr lang als Drehbuchautoren bei den großen Filmfirmen angestellt, »Hundert-Dollar-Sträflinge« genannt (Riess 1977, S. 283). In der Regel schreiben sie gar keine Drehbücher, oder diese sind nicht brauchbar, und falls je eines für die Verfilmung in Frage kommt, macht ein zusätzlich benötigter, englisch sprechender Co-Autor die Sache für das Studio wieder teurer und damit uninteressant.

Leo Rosten, Autor bzw. Co-Autor bei Douglas Sirks Filmen LURED und SLEEP, MY LOVE, stellt in seinem Buch THE MOVIE MAKERS die Lohnabrechnungen von Warner Brothers, Twentieth Century-Fox und Columbia aus dem Jahr 1938 zusammen, wonach 93 von 228 Autoren ein Wochengehalt von unter 250 Dollar, 52 unter 500 Dollar und vier Autoren 2000 und mehr Dollar ausgezahlt wurde. Als Douglas Sirk im Sommer 1942 als Writer bei Columbia angestellt wird, gehört er mit 150 Dollar Wochengehalt zur untersten Gruppe. Auch von seinen Drehbüchern, darunter DER RING DES GENERALS nach Selma Lagerlöf und DARK LAUGHTER nach Sherwood Anderson, wird keines verfilmt. Seine Mitarbeit an weiteren Drehbüchern wird in keinem Vorspann erwähnt.

Die Anfänge in Hollywood sind also bescheiden: »Ich war restlos glücklich, wenn ich in der Commissary gewesen bin – in der Kantine –, wenn ich meinen Hollywood-Reporter aufgeschlagen habe – das einzige Blatt, das es morgens gab und das nur über Film berichtete –, und ich fand darin meinen Namen und es stand irgendeine Notiz über mich darin. Das ging jedem so. Das war ganz banal, vollkommen banal«, sagt Douglas Sirk. »Ich habe um diese Zeit ja auch das Landleben auf der Farm gehabt. Ich habe mich nicht dazu gedrängt, einen Film zu machen, oder vermißt, daß es so schnell nicht ging. Ich war eigentlich in der Beziehung anders, zu meinem Nachteil anders. Mit einem Sich-Drängen und Mit-den-Ellenbogen-zur-Seite-Schieben kommt man tatsächlich weiter.«

Auf der Farm schreibt Douglas Sirk eine Reihe von Drehbüchern, darunter verschiedene Fassungen von SUMMER STORM. »Ich bin bis zum Schluß eigentlich ein Intellektueller geblieben. Ich war eigentlich an intellektuellen Dingen immer mehr interessiert als an der Farm.«

HITLER'S MADMAN

Im Sommer 1942 wird Douglas Sirk von zwei alten Bekannten aus der Filmwelt angesprochen: von Edgar G. Ulmer und von Rudolf Joseph, der in Deutschland mit Georg W. Pabst gearbeitet hatte. Sein Bruder Albrecht Joseph, vor der Emigration als Opern- und Schauspielregisseur tätig, hat zusammen mit dem ebenfalls zur deutschen Emigranten-Kolonie von Hollywood gehörenden Schriftsteller Emil Ludwig einen aktuellen Zeitungsbericht über ein brisantes Ereignis als Filmstoff aufgegriffen: das tschechische Attentat auf Heydrich und die Vernichtung von Lidice als Vergeltungsmaßnahme der SS. Die Geschichte über Hitlers Henker hatte ursprünglich Eleanor Roosevelt in MY DAY angeregt, wo sie schrieb, der Frevel von Lidice solle in einem Buch festgehalten werden. Offensichtlich wandte sich Seymour Nebenzal daraufhin an Emil Ludwig.[19]

Das Treatment ist fertig. Der Geldgeber ist auch gefunden: Brettauer, ein emigrierter wohlhabender Österreicher. Er ist bereit, sechs Drehtage zu finanzieren, eine damals durchaus übliche Zeit für Low-budget-Produktionen. Der tüchtige und bis zum Geiz sparsame Seymour Nebenza(h)l, dessen Firma Nero-Film – von Brettauer finanziert – vor der Emigration in Berlin Fritz Langs Filme M – EINE STADT SUCHT EINEN MÖRDER (1931) und DAS TESTAMENT DES DR. MABUSE (1933), davor G. W. Pabsts Filme DIE BÜCHSE DER PANDORA mit Louise Brooks und DIE DREIGROSCHENOPER produziert hatte, will mit Rudolf Joseph die Produktion des Heydrich-Projekts übernehmen. Die neugegründete Angelus Pictures fungiert als Produktionsfirma für United Artists, eine 1919 von Charles Chaplin, D. W. Griffith, Mary Pickford und ihrem 1939 verstorbenen ersten Ehemann Douglas Fairbanks gegründete Produktions- und Verleihfirma.

Edgar Ulmer will Douglas Sirk die Regie übertragen. Ulmer selbst, als Produzent, Dekorateur und Regisseur ein filmisches Allround-Talent, ist zu sehr bei der Producer Releasing Corporation (PRC) mit mehreren Filmen involviert, so mit der Regie von TOMORROW WE LIVE, einem Film, dessen Credit-Liste überraschende Übereinstimmung mit der des Heydrich-Films aufweist. Produzent Seymour Nebenzal; Drehbuch Bart Lytton; Kamera Jack Greenhalgh; Künstlerische Leitung Fred Preble;

Schnitt Dan Milner. Als Ulmer ihm die Regie für den Film anbietet, zögert Douglas Sirk zunächst. Der mit Ausstattung und Mitteln verwöhnte, erfolgreiche Ufa-Regisseur hatte sich in Hollywood einen anderen Einstieg erträumt als ausgerechnet mit einem Film, der von den finanziellen Mitteln her weniger als ein B-Film sein sollte. Dennoch sieht er eine Chance, und er greift zu, zumal das Treatment ihn interessiert.
Inhalt des Films: das Attentat auf Heydrich am 27. Mai 1942, an dessen Folgen er eine Woche später stirbt, und der Racheakt der Nazis, die Vernichtung eines Dorfes. Schauplatz: Lidice, ein Dorf mit knapp 500 Einwohnern, eine halbe Autostunde westlich von Prag an einem Nebenfluß der Moldau gelegen.
Geschichtlicher Hintergrund: Nach der Besetzung von Mährisch-Ostrau durch Hitler-Truppen am 14. März 1939 war die Tschechoslowakei (ČSR) als »Reichsprotektorat Böhmen und Mähren« annektiert worden. Von Anfang an gab es in der Tschechoslowakei massiven Widerstand unterschiedlichster Formen gegen die Nazis mit Protestversammlungen, Arbeitsniederlegungen und Studentendemonstrationen, nach denen 1200 Studenten ins KZ Oranienburg kamen und die Hochschulen geschlossen wurden. Sabotagehandlungen hatten Konsequenzen für die Familie des Saboteurs oder für die Bewohner des Dorfes oder der ganzen Region.
Auf dieser Grundlage wuchs im Untergrund ein erbitterter Widerstand gegen die Nazis und die »Säuberungsmaßnahmen« Heydrichs. Reinhard Heydrich, ehemaliger Seeoffizier, als »rechte Hand« Himmlers Leiter der Gestapo, Chef der Sicherheitspolizei und treibende Kraft für die »Endlösung der Judenfrage«, löste im März 1942 als »Stellvertretender Reichsprotektor« in Böhmen und Mähren den im September 1941 beurlaubten »schwachen« Freiherrn von Neurath ab. Das Attentat auf Heydrich, über das Untergrundkreise Bescheid wußten, es aber unterschiedlich einschätzten, ist nicht ganz geklärt. Erwiesen ist, daß tschechische Widerstandskämpfer, darunter zwei Männer namens Kubiš und Gabčik, aus britischen Flugzeugen mit Fallschirmen in die Tschechoslowakei absprangen. Am 27. Mai 1942 richtete Gabčik seine Maschinenpistole auf Heydrich, der sich mit dem Auto in der Nähe von Lidice aufhielt. Als die Maschinenpistole versagte, warf Kubiš eine Handgranate gegen das Auto und verletzte Heydrich schwer, so daß er eine Woche nach dem Attentat starb. Drohungen gegen die Dorfbewohner, entweder die Attentäter auszuliefern oder selbst liquidiert zu werden, blieben erfolglos. Verdächtigt, die Attentäter unterstützt zu haben, wurden die männlichen Einwohner des Dorfes sowie 56 Frauen erschossen, die übrigen Frauen in Konzentrationslager abgeführt, die Kinder in Anstalten gebracht und Lidice am 9. Juni von der SS niedergebrannt.
HITLER'S HANGMAN (Hitlers Henker) soll der Filmtitel lauten – im Anklang an die für das Drehbuch benützte Geschichte HANGMAN'S VILLAGE

von Bart Lytton. Die Kamera wird kein Geringerer führen als Eugen Schüfftan, dessen Bild-Sprache in MENSCHEN AM SONNTAG (Siodmak/Ulmer, 1930) und QUAI DES BRUMES – HAFEN IM NEBEL (Carné, 1938) wegweisend wurde für einen poetischen Realismus. Wegen der Schwierigkeiten mit der amerikanischen Gewerkschaft wird er allerdings nur als technischer Assistent geführt – unter seinem französisch-amerikanisierten Namen Eugene Shuftan.

Als Darsteller gibt es keine Stars, aber eine Reihe von guten Schauspielern, die in B-pictures zu finden sind, und einige Emigranten, darunter der schon bei der Ufa als Chargendarsteller tätige Ludwig Stössel, und Johanna Hofer, die Frau des Schauspielers und Theaterregisseurs Fritz Kortner. Die zwanzigjährige Schönheitskönigin Ava Gardner – in einer kleinen Rolle als tschechische Studentin, die lieber aus dem Fenster in den Tod springt, als sich von den Nazis mißbrauchen zu lassen – wird, wie andere MGM-Starlets, erst später hinzugefügt.

Als Heydrich setzt Sirk John Carradine ein, Shakespeare-Schauspieler und Charakterdarsteller aus GRAPES OF WRATH. Die Sterbeszene des von Carradine gespielten Toreros Sebastian in Rouben Mamoulians Film THE MARK OF ZORRO hat Sirk inspiriert, John Carradine als sterbenden Heydrich zu sehen.

Nach den Vorstellungen Sirks soll der Film vorwiegend dokumentarischen Charakter haben und ganz der personalistischen Geschichtsauffassung Emil Ludwigs entsprechen. Ulmer hält allerdings nicht viel von Ludwigs Drehbuchkünsten und setzt zur Verstärkung für ein gutes Script den jiddischen Schriftsteller Hirschbein ein, der bereits mehrfach mit Ulmer gearbeitet und kurz zuvor schon bei PRISONER OF JAPAN (Ulmer/Nebenzal) Emil Ludwigs Drehbuch zu einem brauchbaren umgeschrieben hatte. Edgar E. Ulmer selbst hat nach Angaben in einem Interview am Drehbuch und an den Dekorationen für HITLER'S MADMAN, ohne genannt zu werden, mitgearbeitet (Bogdanovich, S. 26).

Für den unvoreingenommenen europäischen Kinobesucher, der die großenteils gegen den Typ besetzten Schauspieler nicht automatisch in ihren gewohnten Rollen vor Augen hat, wirken Film und Darsteller glaubwürdig: So als Pfarrer von Lidice der Emigrant Alfred Schoenberg, in Amerika als Varieté-Künstler Al Shean bekannt; als Dvorak der in Komödien von Preston Sturges spielende Jimmy Conlon; oder als Nepomuk Edgar Kennedy, neben Laurel und Hardy in manchem Kurzfilm zu sehen und als Slapstik-Komödiant zur Truppe der Keystone Kops gehörend.

Es entsteht ein Film, dessen Bescheidenheit und Einfachheit der Mittel zur Intensität der Wirkung beitragen: einer der wenigen ehrlichen Anti-Nazi-Filme und zugleich ein über den »authentischen Fall« hinausgehender Film gegen Gewalt, der Sirks skeptisch-anarchisches Weltbild demonstriert.

Der Film HITLER'S HANGMAN / HITLER'S MADMAN geht von der Existenz eines einzelnen tschechischen Widerstandskämpfers aus. Karel Vavra (Alan Curtis), der aus einem englischen Flugzeug abspringt, kehrt in sein Heimatdorf Lidice zurück, um die Bewohner zum Widerstand gegen die Nazis anzutreiben. Unterstützung bekommt er nur von Jarmila, die ihn liebt (Patricia Morison). Ihr Vater ist der pazifistisch eingestellte Dorfälteste Hanka (Ralph Morgan), der versucht, mit dem von den Nazis eingesetzten Bürgermeister – Mayor Bauer (Ludwig Stössel) – Zugeständnisse auszuhandeln. Karel hält sich in einer Höhle versteckt. Nepomuk (Edgar Kennedy), den die Leute als Dorftrottel ansehen, hält zu ihm.
Heydrichs Auto bricht staubaufwirbelnd in eine archaische Welt der Kornfelder und Kiefernwälder und der christlich-vorchristlichen bäuerlichen Tradition ein. Der Naziterror bedroht die Freiheit des Willens und die Existenz des moralischen Gesetzes – verkörpert durch einen Philosophieprofessor, der Kant lehrt, und die Studentin (Ava Gardner), die nach Kants kategorischem Imperativ lebt. In Nahaufnahme immer wieder der brutale, provozierende Stiefel Heydrichs, der alles tritt, der nichts achtet, weder Mensch noch Natur, weder Philosophie, Geistigkeit, Universität, Professor – Heydrich unterbricht an der Prager Universität die Vorlesung über Kant, indem er mit seinem Stiefel auf eine Ausgabe von Kants Werk »Zum ewigen Frieden« tritt – oder Tugend, Sitte, junge Mädchen – Heydrich schickt die Studentinnen zur Prostitution für die deutschen Soldaten –, noch Religion, Kirche, Geistlichkeit, Pfarrer: Heydrich fährt brutal in die Flurprozession der Dorfgemeinde hinein und provoziert die Bevölkerung und den verehrten, alten Pater Semlanik (Al Shean) bis zum Unerträglichen damit, daß er das geweihte Altartuch zerreißt, um den Staub von seinen Stiefeln zu wischen. Als sich der empörte Priester gegen Heydrich wendet, wird er von einem Nazi-Wachsoldaten erschossen.
Den bisher in innerem Konflikt zögernden Hanka bringt eine Information zum Handeln: Von der Frau des Nazi-Beamten Bauer (Johanna Hofer), die für ihre gefallenen Söhne betet, erfährt er, daß Heydrich am nächsten Morgen auf dem Weg zurück nach Berlin an Lidice vorbeifahren wird. Hanka plant mit seiner Tochter Jarmila und Karel das Attentat. Als Heydrichs Wagen sich der Kurve nähert, wo der Anschlag stattfinden soll, stellt sich Jarmila in den Weg. Hanka wirft eine Handgranate, Karel zielt mit dem Maschinengewehr. Jarmila wird bei der Flucht erschossen, Karel wird verwundet, kann aber entkommen.
Die Todesszene des schwer verwundeten Heydrich verblüfft. Hier kommt – neben Schüfftans Kameraführung – Carradines Schauspielkunst, auf die Sirk gesetzt hatte, zum Tragen. Im Todeskampf gewinnt der bestialische Mörder menschliche Züge. Könnte Heydrich vielleicht human sein, wenn er nicht durch die Nazi-Ideologie verblendet wäre? Während der Zu-

schauer betroffen ist, reagiert der im Sterbezimmer anwesende Film-Himmler (Howard Freeman) mit Genugtuung auf den in der Todesstunde sich vergessenden, menschlich schwach gewordenen Heydrich. Nach stummen, dennoch beredten Gesten – Himmler zündet sich eine Zigarette an und kämmt sich vor dem Spiegel – teilt er Hitler telefonisch mit, Heydrich sei mit dem Namen des Führers auf den Lippen gestorben. Dann veranlaßt er die angedrohten Exekutionen.

Die Todesszene der Einwohner von Lidice auf dem Kirchhof hat die Würde und Größe, die Himmler dem Führerhauptquartier über die letzten Minuten des Reichsprotektors vortäuscht. Die Bilder von Kindern, die von den Eltern weggerissen werden, sind eindringlich. Die Kamera schwenkt zur Statue des Heiligen Sebastian: der von Pfeilen durchbohrte Märtyrer als Symbol für das Martyrium der massakrierten Dorfbewohner.

Gewitterwolken, durch die eine kraftvoll strahlende Sonne bricht, und Kirchenglocken, die einsetzen, als die tschechische Nationalhymne mit dem Fallen des letzten Erschossenen verstummt, das sind Bilder und Symbole, die aufdringlich wirken könnten, in Sirks Film aber eindringlich und ohne jede Spur von Lächerlichkeit sind.

Ein politischer Film? Durchaus. Ein Film, der zwar nicht den offenen Sieg von Menschlichkeit und Solidarität über die Brutalität zeigt, aber die ausdrückliche Existenz von Menschlichkeit und Menschenwürde, die in ihrer wahren Überlegenheit den Stiefelterror überdauern wird.

E. Ludwig und A. Joseph sind nicht die einzigen, die von der Zeitungsmeldung über das Attentat auf Heydrich zu einem Filmprojekt angeregt werden. Auch Fritz Lang ist fasziniert von der Idee und arbeitet mit dem im Juli 1941 nach Hollywood gekommenen Bert Brecht an einem Drehbuch, das von Brecht in seinem Arbeitsjournal als »Geiselstory« bezeichnet wird (Brecht, S. 478 ff.). Lang ist erfreut, dem ihm aus Europa bekannten Produzenten Arnold Pressburger einen interessanten Filmstoff liefern zu können. NEVER SURRENDER nach Langs Vorstellung, mit Bezug auf einen von Eisler komponierten Song mit den gleichen Worten, oder – nach Brechts Wunsch – TRUST THE PEOPLE soll der Titel heißen. In Langs Film stehen nicht wie bei Sirk das Attentat und die Situation unmittelbar davor und danach im Mittelpunkt, sondern die Geiselnahme durch die Gestapo, die Jagd auf den mit Hilfe eines Mädchens entkommenen Attentäter und der Widerstand der tschechischen Bevölkerung gegen die Nazis. Die Dreharbeiten für das Projekt mit dem Arbeitstitel SILENT CITY beginnen am 2. November 1942. Drehtage: 52.

Sirks Film ist schon längst abgedreht; von Langs Plänen hat er keine Ahnung und erfährt davon erst, als es um den endgültigen Titel für seinen eigenen Film geht. Im amerikanischen Begleittext zu Brechts Arbeits-

journal findet sich eine Notiz über die Titelkonflikte zwischen den beiden Filmen.[20] Langs Film heißt schließlich HANGMEN ALSO DIE als Ergebnis eines Titelwettbewerbs im Studio – der 1. Preis von 100 $ für diesen Titel geht an eine Sekretärin – und kommt am 26. März 1943 zur Uraufführung.
Bereits im Spätsommer 1942 ist Sirks Film, mit dichtgedrängtem Drehplan und begrenzter Drehzeit von einer Woche, fertig. Nebenzal, der 1940 WE WHO ARE YOUNG mit Lana Turner für Metro-Goldwyn-Mayer (MGM) produziert hatte, bringt den MGM-Boss Louis B. Mayer dazu, sich Sirks Film anzuschauen. Mayer ist beeindruckt und bereit, den Film zu übernehmen – ein erstmaliges Ereignis, daß MGM einen außerhalb produzierten Film kauft. Sirk soll einige Szenen nachdrehen – nach Hilde Sirks Meinung, »damit die ihren Namen und den brüllenden Löwen hinsetzen können«. Nach Meinung Douglas Sirks hat der Film durch die Veränderung nicht gewonnen. Nach Dreharbeiten in den MGM-Studios – im Oktober und November 1942 – kommt der Film schließlich im Juli 1943 heraus. Da Langs Film schon längst in den Kinos läuft, wird Sirks Filmtitel abgeändert in HITLER'S MADMAN, also Hitlers Wahnsinniger.
So schildert Douglas Sirks erster Spielfilm in Hollywood eine Welt, deren Terror er fünf Jahre zuvor entkommen ist.
Douglas Sirk, seit Mai 1942 durch seinen Agenten Paul Kohner als *writer*, d. h. Drehbuchautor bei Columbia unter Vertrag, hat keine Möglichkeit, dem Angebot Louis B. Mayers zu folgen, nach HITLER'S MADMAN als Regisseur zu MGM überzuwechseln. Harry Cohn, schikanöser Boss der Columbia, besteht, obwohl nie eines der Sirkschen Drehbücher verfilmt wird, auf Einhaltung des Vertrags: »Listen, Sirk, I own you!« (Schaub, S. 28). Für die Regie von Filmen fremder Produktionen wie HITLER'S MADMAN, SUMMER STORM und A SCANDAL IN PARIS wird Douglas Sirk gegen Geld »ausgeliehen«.[21] Bei Columbia arbeitet Sirk an verschiedenen Drehbuch-Projekten. Wie schon in der Ufa-Zeit bearbeitet er z. B. Nabokovs LAUGHTER IN THE DARK, einen für mehrere Regisseure als Vorlage reizvollen Roman: So plante in der Folge unter anderem Stanley Kubrick dessen Verfilmung nach einem Drehbuch von Carlo Fiore; der Engländer Tony Richardson, bekannt durch TOM JONES, verfilmte den Roman tatsächlich 1969. Sirks Drehbuch MALTA über die britische Kolonie und ihre Verteidigung durch drei Flugzeuge, die von den Maltesern »Glaube, Liebe und Hoffnung« genannt wurden, kommt nicht zum Zug, da es mit dem von John Wexley für MGM geschriebenen Script MALTA »in Konflikt« gerät. Im Frühjahr 1943 arbeitet er an einem Drehbuch über CHOPIN.[22]
Die alte Welt läßt ihn nicht los: Douglas Sirk dreht, nachdem der Vertrag mit Harry Cohn abgeändert ist und ihm ein Film pro Jahr zugebilligt wird, in den drei folgenden Jahren drei weitere »europäische« Filme, und zwar

mit dem in Rußland aufgewachsenen Engländer George Sanders in den Hauptrollen: SUMMER STORM nach Anton Tschechow, A SCANDAL IN PARIS nach den Memoiren von Eugène François Vidocq und LURED/PERSONAL COLUMN, ein von Paris nach London verlegtes Remake von PIÈGES (Siodmak, 1939).
Die beiden auf diese unabhängigen Produktionen folgenden Columbia-Filme SLIGHTLY FRENCH und SHOCKPROOF weisen schon zaghaft auf eine Auseinandersetzung mit amerikanischen Zuständen hin.

SUMMER STORM

Der sichere Job des Drehbuchautors mit dem Sieben-Jahres-Vertrag bei Columbia stellt sich jetzt als Hindernis heraus. Ohne ihn könnte Douglas Sirk im Anschluß an die ergänzenden Dreharbeiten für HITLER'S MADMAN im Oktober/November 1942 in den MGM-Studios als Regisseur weiterarbeiten. Harry Cohn, Präsident der Columbia, weiß dies zu verhindern, indem er sich auf den Vertrag beruft.
Nach der späten New Yorker Premiere von HITLER'S MADMAN am 27. August 1943 hat Douglas Sirk die Absicht, mit Nebenzal als Produzent ein eigenes, altes Lieblingsprojekt nach Tschechows einzigem Roman, DIE JAGDPARTIE, zu verwirklichen. Harry Cohn sagt nein, bis er sich im Winter 1943 auf Drängen von Hilde Sirk und durch Vermittlung von B. B. Kahane schließlich darauf einläßt, seinen »Writer« als Regisseur für einen Film pro Jahr freizustellen. Der Realisation von SUMMER STORM, einem psychologisch fundierten Leidenschaftsdrama, steht nichts mehr im Wege. Nebenzal, daran interessiert, den Tschechow-Film zusammen mit Rudi Joseph zu produzieren, hat erneut Brettauer als Financier.
Das Script – Arbeitstitel GOODBYE, MY LOVE – läßt Sirk zunächst von dem Romanschriftsteller und Drehbuchautor James M. Cain schreiben, dem Verfasser von DOUBLE INDEMNITY, MILDRED PIERCE und THE POSTMAN ALWAYS RINGS TWICE, muß dann aber mit Bedauern feststellen, daß Cain die Geschichte zu stark amerikanisiert hat. »Man hätte denken können, Tschechow habe über Milwaukee geschrieben« (Halliday, S. 67). So verfaßt er das Drehbuch selbst mit Hilfe des Engländers R. Leigh. Der neue Arbeitstitel THE MOON, THEIR MISTRESS kollidiert mit dem Titel THE MOON AND SIXPENCE und wird aufgegeben. Die Dreharbeiten beginnen im Dezember 1943.
Bei SUMMER STORM handelt es sich um die Adaption des Romans DIE JAGDPARTIE von Anton Tschechow, der die Dekadenz der Aristokratie im zaristischen Rußland, mit einem von Leere und tragischer Zwecklosigkeit bestimmten Leben, zu Beginn dieses Jahrhunderts darstellt – ein nicht realisiertes Ufa-Projekt von Detlef Sierck, für das Willy Birgel in der

George Sanders (sitzend) in SUMMER STORM

Hauptrolle vorgesehen war. Sirk läßt die Geschichte erst einige Zeit nach der Revolution von 1917 enden und kann so kontrastierende Zeiten und – durch seine beiden Helden – den Untergang der Aristokratie schildern.
Die Kamera übernimmt – wie schon bei HITLER'S MADMAN – Eugen Schüfftan, der wegen der strengen Vorschriften der Gewerkschaft im Titelvorspann nur als technischer Berater geführt wird.
Für die Hauptrolle des willensschwachen und skrupellosen Provinz-Richters Fedor Petroff gewinnt Douglas Sirk einen Darsteller, der die Situation dieser Figur nachempfinden kann: George Sanders, ein in St. Petersburg geborener Engländer, hat 1917 als 11jähriger mit seiner Mutter Rußland verlassen, um den Revolutionsunruhen zu entkommen (Sanders, S. 13). In seiner gesamten Schauspielerlaufbahn glänzt er als Darsteller von Schwindlern und Schurken, so daß er 1960 seine persönlichen Erinnerungen als »Memoirs of a Professional Cad«, als die eines professionellen Schufts, betitelt.
In SUMMER STORM liest George Sanders als Fedor Petroff bald nach der Russischen Revolution aus seinem Tagebuch, in dem er die Geschehnisse

um 1910 festgehalten hat. Diese Beichte eines dekadenten, korrupten Helden bildet als Rückblende – mit Kommentaren von Fedor Petroff – die eigentliche Handlung des Films.

Fedor, verlobt mit der intelligenten Nadina, verfällt Olga, einem ungebildeten, einfachen Bauernmädchen, das gern in die Kirche geht, weil es dort so viel Schönes zu sehen gibt. Voll Überdruß und zugleich voller Sehnsucht sieht er in ihr das unverfälschte, ursprüngliche Weibliche im Gegensatz zu den eleganten Frauen seines bisherigen Lebens. Mit Olga will er ein neues Leben in einer neuen Welt beginnen. Bald weiß er, daß diese Frau ihn zerstören wird und er sie zerstören muß. Denn Olga liebt Fedor nicht, und sie ist nur scheinbar naiv. Sie kostet den Triumph aus, alle Männer verführen zu können. Fedor bringt Olga um, als er die fatale Situation erkennt, in die seine eigene Blindheit gegenüber Olgas Verhalten ihn gebracht hat, das heißt, als er erfährt, daß sie Volsky heiraten – und nicht nur für einen symbolischen Moment in das Hochzeitskleid der verstorbenen Gräfin schlüpfen will – und trotzdem an ihrer Beziehung zu Fedor festhalten wird. Er wehrt sich mit dem Mord gegen seine Abhängigkeit, ja geradezu Hörigkeit, die sie ihm auf den Kopf zusagt.

Der aufrichtige bäuerliche Urbenin wird des Mordes an seiner Frau, die er geliebt hat, beschuldigt. Die Magd Clara (Lori Lahner) weiß, daß Fedor Olga getötet hat, verschleiert aber bei der Gerichtsverhandlung den Tatbestand. In diesem Moment überkommt den hin- und hergerissenen schwachen Fedor eine Anwandlung von Menschlichkeit und Entschlußkraft. Er steht auf, um auszusagen, wird jedoch von der Hand einer Frau, der Fedors massige Gestalt im Weg ist, auf die Bank niedergedrückt. Immer wieder ist es ganz bildlich die Hand des Schicksals, die eine Entscheidung trifft.

In der Konstruktion ähnlich wie WRITTEN ON THE WIND, wo auch zu Beginn des Films ein Teil des Schlusses vorweggenommen wird, bringt SUMMER STORM nach der Rückblende das eigentliche Ende von Fedors Geschichte. Er ist dabei, seine verräterischen Aufzeichnungen in den Briefkasten zu stecken. Als er zögert, schubst die Hand eines Unbekannten das Päckchen hinein. Das Schicksal nimmt seinen Lauf. Ironischerweise versucht der verarmte Volsky die Aufzeichnungen als »Autobiographie über die alten Zeiten« an Nadina, die inzwischen Verlegerin geworden ist, zu verkaufen. Bei dem Versuch, sein Tagebuch zurückzuholen, wird Fedor als Einbrecher erschossen.

Linda Darnell spielt das verhängnisvoll-verführerische Bauernmädchen, das zur Gräfin aufsteigen möchte. Sie ist in ihrer Rolle als *femme fatale* für die drei männlichen Hauptfiguren, den Richter Fedor Michailovitch Petroff, den Grafen Volsky und dessen Verwalter Urbenin, raffinierter und wollüstiger, als sie es in Rouben Mamoulians Film THE MARK OF ZORRO (König der Toreros, 1940) – als unschuldige junge Frau des Toreros Juan Gallardo (Tyrone Power) im Kontrast zu der Verführerin Rita Hayworth – oder mit unbeweglich schönem Gesicht als Mutter Gottes in THE SONG OF BERNADETTE (Henry King, 1943) sein konnte oder später als Lehrerin Evelyn Warren in Sirks Universal-Film von 1951, THE LADY PAYS OFF, sein wird. Linda Darnell ist – entsprechend dem schönen Essay von Hans Schifferle – »Hure oder Heilige« (Arnold/von Berg, S. 46). Eine Kritik von 1944 bezeichnet Linda Darnells Spiel in SUMMER STORM als »Offenbarung« und nennt den Film ihr Debut als wirkliche Schauspielerin; Douglas Sirk verstehe es, die wahren Begabungen der Darsteller hervorzulocken.[23]

Edward Everett Horton, mit seinem aus eleganten Komödien wie TROUBLE IN PARADISE (Ärger im Paradies, Lubitsch 1932) oder THE GAY DIVORCEE (Scheidung auf Amerikanisch, Sandrich 1934) bekannten Mienenspiel, ist hier gegen den Typ als dekadenter Adliger des zaristischen Rußland eingesetzt und spielt den Grafen Volsky. Über seine ungewöhnliche Rolle und die Zusammenarbeit mit Sirk bei SUMMER STORM äußerte sich Horton enthusiastisch.

Olgas Mann Urbenin, den bäuerlichen Aufseher des Grafen, spielt der ausgezeichnete tschechische Charakterspieler Hugo Haas, in den 50er Jahren dann Regisseur, Drehbuchautor und Produzent seiner eigenen Melodramen.

In weiteren Nebenrollen spielen die Engländerin Anna Lee als Nadina, der schwergewichtige Ukrainer Mike Marzurki, und Frank Orth wie gewohnt als Café-Besitzer. Der deutsche Emigrant Sig Ruman ist wie E. E. Horton aus Lubitsch-Komödien bekannt.

In der Eingangsszene, die in der Zeit nach der Revolution spielt, verfolgt die Kamera zwei Füße, die zögernd auf einer gepflasterten Straße laufen. Michael Stern macht darauf aufmerksam, daß in vielen Sirk-Filmen die Kamera zuerst die Füße oder eine Bewegung, dann die Situation oder Richtung und die Figur zeigt, so daß wir vom ersten Augenblick an SUMMER STORM als einen Film über die menschliche Unberechenbarkeit und Ungewißheit und als Ergebnis von Sirks »fatalistic romanticism« sähen (Stern, S. 42 ff.). Fedor möchte seine Augen schließen und den Regenbogen der glücklichen Zeiten wieder sehen. Wie Kyle und Marylee zum Fluß und der unschuldigen Vergangenheit, so möchte er zum See und zum Regenbogen – und damit zu Nadina – zurückkehren. Die unwiederbringliche Vergangenheit herbeiholen, wiedergutmachen, was aus Unentschlossenheit oder Skrupellosigkeit Übles begangen wurde – das möchte Fedor, und er zeigt Züge von Reue und Humanität wie Willy Birgel als Sir Albert Finsbury, der ebenso willensschwache und dekadente Held in ZU NEUEN UFERN, als es zu spät ist: Der Adjutant des Gouverneurs von Australien erschießt sich, Gloria Vane wird an der Seite des unverdorbenen Farmers eine bessere Existenz finden. Wie in den Ufa-Filmen ZU

NEUEN UFERN oder STÜTZEN DER GESELLSCHAFT, wo Konsul Bernick beim Sturm umkommt, ohne die Chance der Läuterung wie bei Ibsen zu erhalten, und LA HABANERA, wo der Inselherr Don Pedro de Avila an der Seuche stirbt, deren Existenz er vertuscht, zeigt Sirk in SUMMER STORM den Untergang einer durch ihre Korruptheit lebensunfähigen Klasse. Was in SUMMER STORM von Fedor und seinen Gefühlen übrigbleibt, wird zum Abfall gekehrt: Eine Tanzkarte, auf der »I love you« steht. Was von den dekadenten Hadleys in WRITTEN ON THE WIND übrigbleiben wird, ist eine vom Winde verwehte Totenschleife.

Es finden sich weitere typische Sirk-Elemente: Spiegel – Fedor zerschmettert als Zeichen seiner Machtlosigkeit und zugleich seiner Verachtung sich selbst gegenüber sein Spiegelbild. Statuen als Symbole für Gefühlszustände – wie Cupido oder eine nackte Frauengestalt in Verbindung mit den Männerwünschen gegenüber Olga. Gerichtsverhandlungen, wo der (die) Falsche beschuldigt wird und durch plötzliche gute Anwandlungen des Wissenden – hier in SUMMER STORM nur beinahe – der Ausgang sich ändert.

SUMMER STORM führt einerseits die Tradition der europäischen Schicksalsdramen oder auch Leidenschaftsdramen fort und wäre, wie von Sirk als Ufa-Film in den 30er Jahren geplant, ohne Bedenken mit Willy Birgel in der Hauptrolle als Gesellschaftsdrama vorstellbar. Andererseits liegt die Verwendung eines anspruchsvollen literarischen Stoffs wie Tschechow auf der Linie seiner selbstgewählten deutschen und amerikanischen Literatur-Adaptionen.

SUMMER STORM wird ein Erfolg und erhält nach der Premiere in New York am 22. Oktober 1944 positive Kritiken. Die Stimmung und Atmosphäre sei von Douglas Sirk so gekonnt erzeugt, schreibt Virginia Wright, die Schauspielerführung so feinfühlig, die Charakterisierung der Figuren so sorgfältig, daß sich der an mittelmäßige, oberflächliche Produkte gewöhnte Zuschauer ungläubig die Augen reibe.[24] Der »Hollywood Reporter« beschreibt Douglas Sirks Regie als ungewöhnlich brillant, lobt die Fähigkeit, aus den Schauspielern das Beste herauszuholen, reiht den Regisseur in die Zahl der Spitzenkräfte der Filmindustrie ein und bezeichnet den Film als Meisterwerk.[25]

BLACK MAGIC / CAGLIOSTRO

Nachdem SUMMER STORM in den Kinos angelaufen ist und die Sirks längst vom Benedict Canyon an den Hollywood Boulevard umgezogen sind, erhält der Regisseur 1944 durch den Produzenten Edward Small, dessen Filme – wie auch Sirks SUMMER STORM – im Verleih von United Artists sind, die Chance für einen weiteren Film. Er soll nach der Vorlage der

MÉMOIRES D'UN MÉDECIN von Alexandre Dumas d. Ä. das Leben von Giuseppe Balsamo alias Alexander Graf von Cagliostro darstellen.
Giuseppe Balsamo, am 8. Juni 1743 in Palermo als Kind sizilianischer Zigeuner geboren, schlug sich zunächst als Jahrmarktgaukler durch, beschäftigte sich mit der Alchimie und dem Spiritismus und fand als Goldmacher und Magier bald Eingang an allen Fürstenhöfen. Durch seine Kontakte als Freimaurer war er in allen Hauptstädten Europas zu finden, wo er sich als Hypnotiseur und Wunderheiler im Besitz des »Lebenselixiers« betätigte. Als Graf Cagliostro wurde er überall der Liebling der Damen. In der »Halsbandgeschichte« am französischen Königshof spielte er eine Hauptrolle. Unter Mitwirkung von Cagliostro veranlaßte die Gräfin Lamothe-Valois durch gefälschte Briefe der Königin Marie-Antoinette den Kardinal Rohan zum Ankauf eines Diamanthalsbandes. Die Gräfin unterschlug das Geschmeide, verdächtig blieb in der öffentlichen Meinung jedoch die schuldlose Marie-Antoinette. Wegen dieser Skandalaffäre wurde Cagliostro 1786 aus Frankreich ausgewiesen. In Rom verurteilte die Inquisition den Freimaurer Cagliostro wegen Ketzerei zum Tode. 1791 von Papst Pius VI. zu lebenslänglicher Haft begnadigt, starb Cagliostro 1795 in der Festung San Leone.
Schon Zeitgenossen fühlten sich angeregt, die Figur des Cagliostro dichterisch zu verwerten, so Goethe in dem Lustspiel »Großkophta« (1791) und Schiller in »Geisterseher« (1798), später Johann Strauß d. J. in seiner Operette »Cagliostro in Wien« (1875).
Die Lebensgeschichte Cagliostros wurde 1929 in Frankreich von dem vielseitigen Richard Oswald, der in Berlin mit Nebenzal die Nero-Film gegründet hatte, schon einmal verfilmt. Oswald, der – inzwischen zur Emigrantenkolonie gehörend – 1941 in Hollywood I WAS A CRIMINAL und 1942 ISLE OF MISSING MEN drehte, hatte sich nicht zu einem Remake von CAGLIOSTRO entschließen können.
Es reizt Sirk, Cagliostro als schillernde, hochbegabte Persönlichkeit in einem Film darzustellen. Von Cagliostro hatte er sich schon für die Figur des gerissenen Magiers Carl-Otto Gregor in seinem Film SCHLUSSAKKORD inspirieren lassen. Douglas Sirk bereitet den Film vor und setzt in seiner Version andere Schwerpunkte als Oswald. Als Hauptdarsteller sieht Sirk George Sanders vor, als kontrastreichen Gefährten den Russen Akim Tamiroff, der – in den 30er Jahren vom Moskauer Kunsttheater kommend – in Hollywood bei der Small-Produktion THE CORSICAN BROTHERS mitgewirkt hatte und für SUMMER STORM eingeplant, aber nicht verfügbar war.
Das Projekt zerschlägt sich, wird allerdings – weitgehend auf Sirks Plänen basierend – als BLACK MAGIC 1947 von Gregory Ratoff mit Orson Welles in der Hauptrolle realisiert.
Douglas Sirk übernimmt für seinen nächsten Film – A SCANDAL IN PARIS –

Elemente aus seinem Cagliostro-Projekt und behält aus der Besetzung das ungleiche Gespann Sanders und Tamiroff als eine Art Don Quijote und Sancho Pansa, dazu Gene Lockhart in einer wichtigen Nebenrolle.

A SCANDAL IN PARIS

Wie SUMMER STORM wird auch A SCANDAL IN PARIS deutlich erkennbar als ein von einem literarisch gebildeten Regisseur gestalteter Film. Diesmal muß Douglas Sirk erfahren, daß das amerikanische Publikum – naiv im besten Sinn – mit seiner Ironie, mit seinen Allegorien und Metaphern nichts anfangen kann.

Hatte Sirks unglücklich liebender und hoffnungslos untergehender aristokratischer Held von SUMMER STORM noch die Sympathie der Zuschauer, so lehnt das Publikum den aus der Gosse zur selbsterworbenen Aristokratie aufsteigenden Gauner, der die Gesellschaft zum Narren hält, entschieden ab, obwohl Petroff und Vidocq jeweils von George Sanders verkörpert werden, der in beiden Filmen in Ich-Form die Geschichte seiner Figuren erzählt. In A SCANDAL IN PARIS sind es geistreiche Sprüche, mit denen Sanders-Vidocq sein Leben kommentiert: »Like most brave men I came from a poor, but honest family – a little poorer than honest.«

Aus den Memoiren des am 23. Juli 1775 geborenen Mannes, der sich den Namen François Eugène Vidocq zulegte und zum Chef der Pariser Sicherheitspolizei aufstieg, hat Sirk für seinen Film einige Episoden herausgegriffen und mit der Musik von Hanns Eisler untermalt. Eisler schrieb auch die Musik für den Lang-Film HANGMEN ALSO DIE (1943), wurde im Zuge der Verfolgungen durch McCarthy gezwungen, die USA zu verlassen, und ging im Anschluß an Sirks Film 1945 nach Ostberlin und vertonte dort die Nationalhymne der DDR.

A SCANDAL IN PARIS ist ein ausgesprochen europäischer Film. Er hat die Eleganz und Ironie der frühen Lubitsch-Filme und – betont durch die Kamera Eugen Schüfftans – den Charme und die Atmosphäre eines Ophüls-Films. Nicht umsonst kommt Jean-Loup Bourget zu dem Schluß, Sirks Filme seien zwischen Lang und Ophüls angesiedelt – »Conclusion: entre Lang et Ophuls« (Bourget, S. 141).

Typisch für Sirks Stil sind Lichteffekte durch Gewitter-Blitze, die ein Gesicht »blitzartig« erleuchten. Loretta, die auf der Bühne als Schattenfigur auftritt, bleibt – da sie über Vidocq Bescheid weiß – gewissermaßen der Schatten von Vidocqs Vergangenheit, bis der eifersüchtige Ehemann sie irrtümlich erschießt. Hauptthema des Films sind Schein und Sein des menschlichen Lebens, die Frage der Identität, der Zwiespalt im Menschen: Vidocq und Émile sind zwei Seiten einer Persönlichkeit. Das

Akim Tamiroff als Drache, George Sanders als St. Georg und Fritz Leiber als Maler in A SCANDAL IN PARIS

Nachäffen als menschliche Verhaltensweise wird verdeutlicht durch die Figur des Äffchens Satan – auch hier *imitation of life*.
A SCANDAL IN PARIS ist ein köstlicher Spaß für ein intellektuelles europäisches Publikum. Sirk betrachtet ihn als einen seiner besten, persönlichsten und ihm vielleicht deshalb liebsten Filme. Douglas Sirk wählte A SCANDAL IN PARIS für die im Rahmen der Züricher Retrospektive gedachte Ehrung zum offiziellen 85. Geburtstag.
Die Dreharbeiten für diesen Film mit dem Arbeitstitel THIEVES' HOLIDAY beginnen im September 1945.
Der Film bringt nach dem Vorspann eine kurze Rückblende, als George Sanders / Vidocq in gepflegtem Englisch mit amüsiertem Ton im Off erzählt, wo er geboren wurde. Gezeigt wird ein Baby im Gefängnis – »in a small town, some 15 miles from Paris« –, an dessen Wänden unter anderem die Initialien D S eingeritzt sind. Sanders, der sich im Film zunächst François Eugène Rousseau nennt, kommentiert, daß er immer wieder gern an den Ort seiner Geburt zurückkehrte. So sehen wir ihn in der nächsten Szene mit seinem Zellengenossen Émile im Gefängnis – »spend-

ing another birthday at home«. Im Geburtstagskuchen, den Émiles Tante schickt, ist eine lächerlich kleine Feile versteckt, doch sie genügt für den Ausbruch aus dem Gefängnis. Unterwegs werden sie bei Neuilly von einem Maler (Fritz Leiber) als Modelle für die Restauration des 400jährigen Altarbildes von St. Georg und dem Drachen angeworben. Die beiden fliehen auf dem Schimmel des St. Georg.

Sie gehen zuerst zu Émiles seltsamer Familie, deren Mitglieder sich als Taschendiebe ernähren: Der 12jährige Louis hält seine Finger mit Stricken gelenkig. Der Familienrat schlägt Émile und seinem Kumpan vor, aus Sicherheitsgründen zur Armee zu gehen und sich in Marseille General Bonapartes Feldzug nach Ägypten anzuschließen. Sie könnten dann die Pyramiden sehen – »how wonderful, Émile!« Émile wendet ein: »But Uncle, suppose we are shot before we get to the pyramids...« In gestohlenen Uniformen und mit gefälschten Pässen ziehen die beiden Helden wie Don Quijote und Sancho Pansa gemeinsam weiter.

In Marseille sehen sie im »Théâtre des Silhouettes« für zwei Francs Eintritt Loretta (Carole Landis), die – wie Zarah Leander im Adelfi-Theater in ZU NEUEN UFERN – beklatscht und umjubelt wird, als sie mit dunkler Stimme den Flame-Song singt, in dem vom »Scandal of Paris« die Rede ist, und Schattenspielchen macht: Bei ihren Auftritten ist nur ihre Silhouette zu sehen. Der Verführer François, der auf dem Strohlager im Gefängnis Casanovas Memoiren gelesen hat, interessiert sich für Loretta. Loretta verliebt sich in ihn. Beim Küssen in einer Kutsche stiehlt unser Held ohne Skrupel ihr mit Edelsteinen besetztes Strumpfband. Das hat Loretta von einem reichen, ältlichen Verehrer, der sie schließlich heiratet: von dem tragikomischen Polizeipräfekten Richet (Gene Lockhart, der kanadische Charakterspieler mit dem verschmitzt-verdrießlichen Gesicht). Loretta und Richet entpuppen sich als die tragischen Figuren des Films.

Nachdem François und Émile den Dienst bei der Armee quittiert haben, befinden sie sich auf dem Rückweg nach Paris. Auf dem Friedhof von Neuilly sticht der Schmuck einer Marquise den beiden Helden ins Auge. François gelingt es, das Äffchen der Dame einzufangen, indem er es – »wie hypnotisiert, ganz geblendet« – auf eine pendelnde Kette fixiert. Er »borgt« sich schnell einen edlen Namen von einem Grabstein – Baron Vidocq – und wird eingeladen, mit seinem »Diener« im Haus der Marquise (Alma Kruger) zu wohnen. Dort begegnet er den Enkelinnen der Marquise, Thérèse und Mimi, den Töchtern des Polizeiministers Houdon (Alan Napier). Thérèse (die Schwedin Signe Hasso, die 1946 in THE HOUSE ON 92ND STREET spielt) hat sich in der Kirche in das Gesicht des Heiligen Georg verliebt, und plötzlich steht er im Haus ihrer Großmutter vor ihr.

Émile und Vidocq rauben, wie geplant, eines Nachts die Juwelen aus dem Zimmer der Marquise. Der Affe Satan, der als Baby-Ersatz in einer

Wiege neben der Marquise schlafen darf, wird wieder hypnotisiert und klatscht Beifall. Nach dem Juwelenraub gibt Vidocq ironischerweise dem Minister Houdon und dem Polizeipräfekten Richet Tips und Hinweise auf den Dieb. Richet glaubt, Verbrechen durch seine Theorien und Maskeraden – zum Beispiel als Vogelhändler wie Papageno – entlarven zu können.
Thérèse erfaßt instinktiv, daß Vidocq ein Gauner ist, und weicht ihm aus. Sie ist jedoch so fasziniert von ihm, daß sie ihn heimlich anschaut: Sie versteckt sich hinterm Vorhang, ihr Fächer fällt herunter und öffnet sich. Vidocq hebt ihn auf und deutet das »Zeichen« als versteckte Liebesbotschaft, wie Don Pedro bei der ahnungslosen Astrée in LA HABANERA.
Vidocq und sein Kumpel planen einen Überfall auf die Bank von Paris. Vidocq, inzwischen Polizeichef, schleust in dieser Funktion die ganzen Leute von Émiles Familie in die Bank ein mit der Begründung, sie würden auf ihren Posten für die Sicherheit der Bank sorgen. Die Sequenz in der Bank erinnert von den Figuren und der Atmosphäre her an Filme der Marx Brothers.
Thérèses Zuneigung zu Vidocq durchkreuzt den Plan. Denn auch Vidocq fühlt sich von Thérèse angezogen. Seine Liebe zu dem reinen, unschuldigen Mädchen bewirkt bei ihm eine Wandlung zum Guten. Er vernichtet, wie er sagt, den letzten Rest des Drachen in sich: Bei einer dramatischen Szene an einem chinesischen Karussell tötet er Émile, der nicht damit einverstanden ist, daß Vidocq »aussteigt«.
Mimi (Jo Ann Marlowe) hat – wie Gigi Perreau in Sirks späteren Filmen – die Rolle des Kindes, das alles durchschaut und geradeheraus die Wahrheit sagt. Sie kommentiert, sie habe von Anfang an gewußt, daß kein Mann ein Heiliger sei. Als Vidocq und Thérèse sich küssen, zieht sie sich den Hut vors Gesicht.
Der Affe Satan klatscht am Schluß wieder Beifall und hält das Schild in der Hand »The End«.
Am 15. September 1946 läuft der Film in einem New Yorker Premierenkino. Von der zeitgenössischen Kritik wird bemängelt, der Film sei lustlos, statisch, habe nicht genug *action*. Für Sirks Ironie in Wort und Bild besteht in Amerika kein Verständnis.

LURED / PERSONAL COLUMN

Als der Produzent Hunt Stromberg im Sommer 1946 A SCANDAL IN PARIS zu sehen bekommt, ist er von Sirks Art, Regie zu führen, angetan. Stromberg selbst hatte für MGM 1934 den Dashiell-Hammett-Krimi THE THIN MAN und intelligente Komödien wie THE WOMEN (G. Cukor, 1939) und PRIDE AND PREJUDICE (R. Z. Leonard, 1940) produziert. Einen Oscar für den »besten Film« des Jahres 1936 hatte er mit dem Musical THE GREAT ZIEGFELD (R. Z. Leonard) für MGM gewonnen. Mit dem zur deutschen Emigrantenkolonie gehörenden Regisseur John (Hans) Brahm war 1944 in unabhängiger Produktion GUEST IN THE HOUSE entstanden.

Zwischen Oktober und Dezember 1946 dreht Douglas Sirk für Stromberg den Thriller LURED (Angelockt). Es ist sein erster Kriminalfilm. Mary Pickford wird ihm für den zweiten – SLEEP MY LOVE – den Auftrag geben, und SHOCKPROOF und THUNDER ON THE HILL werden folgen.

Stromberg gibt dem Regisseur freie Hand. Douglas Sirk bringt den Freund George Sanders mit und engagiert weitere erstklassige Mitarbeiter: den Kameramann William Daniels, den russischen Ausstatter Nikolai Remisoff und interessante Darsteller wie Boris Karloff und Sir Cedric Hardwicke.

Das Drehbuch, bereichert um Sirksche Einfälle, stammt von dem Schriftsteller und Skriptautor Leo Rosten nach einem Treatment von Siodmaks 1939 in Frankreich gedrehtem Film PIÈGES, der sich auf den damals aktuellen Fall Weidmann bezog. Für LURED spielt die Handlung nicht mehr in den 30er Jahren in Paris, sondern um die Jahrhundertwende in London und Londons Unterwelt.

Ein unbekannter Unhold, ein Mädchenhändler, versetzt die Bevölkerung in Schrecken. Elf Mädchen, die bisher auf die Anzeige »Modell gesucht« in der Spalte PERSONALS reagiert haben, sind bereits verschwunden und nicht wieder aufgetaucht. Die Polizei tippt auf Mord. Inspektor Temple (Charles Coburn) ist dem Verbrecher auf der Spur. Vor jedem Verschwinden erhält Scotland Yard die doppelsinnige anonyme Ankündigung eines neuen Mädchenmordes, geschrieben im Stil von Baudelaires Gedicht »Fleurs du Mal«.

Eines der verschwundenen Mädchen ist eine Freundin von Sandra Carpenter (Lucille Ball). Diese erklärt sich bereit, als Lockvogel für die Polizei zu arbeiten: Sandra beantwortet jede auf den Verbrecher hinweisende Anzeige in der Personal Column. Auf diese Weise kommt sie zu Verabredungen mit exzentrischen (Boris Karloff) und obskuren (Joseph Calleia) Gestalten, führt als Modell Kleider vor, gelangt zu einem Aktzeichner und gerät schließlich in Lebensgefahr. Sandra wird gerettet. Die Polizei unter Robert Fleming (George Sanders) ist erfolgreich. Nach Sandra Carpenter kann kein Mädchen mehr von dem Verbrecher angelockt werden. Der Verbrecher ist in die Falle – *la piège* – gegangen.

Da Siodmaks Film in England und Amerika unter dem Titel PERSONAL COLUMN lief, wurde auch der Titel von Sirks Film nach kurzer Anlaufzeit geändert in der Meinung, damit mehr Zuschauer anzulocken – ein Irrtum, wie sich herausstellte.

Am 28. August 1947 hat der Film Premiere in New York. Der Kritiker der New York Times hält die absurden Situationen und Figuren des Films für unnötig, ein anderer dagegen amüsiert sich über die exzentrische Vielfalt. Unstrittig in der Kritik ist die Qualität der Darsteller und des Kameramanns unter Sirks sicherer Regie.

THE STRANGE WOMAN

Nach A SCANDAL IN PARIS steht Douglas Sirk bei dem Produzenten Hunt Stromberg unter Vertrag. Tatsächlich wird er mit dem Stromberg-Projekt THE STRANGE WOMAN – im Endeffekt als Film von Mars Productions im Verleih von United Artists in den Kinos – in Verbindung gebracht, in dem Hedy Lamarr als Star fungiert.
»Sie wurde berühmt«, erzählt der Regisseur, »weil sie im Schwimmbassin nackt herumschwamm, so prüde war man damals noch.« Douglas Sirk konnte es beurteilen, denn in Deutschland fand man nichts dabei, als er 1936 Marta Eggerth in dem Film DAS HOFKONZERT in eine durchsichtige Badewanne setzte – allerdings dezent aufgenommen, wie es seinem Geschmack entsprach.
Die Österreicherin Hedwig Kiesler, für Hollywood interessant geworden durch ihren Nacktauftritt in dem tschechischen Film EXTASE 1933 – Titel ihrer Autobiographie von 1966: ECSTASY AND ME –, hat 1938 als Hedy Lamarr ihr Hollywood-Debut in ALGIERS (J. Cromwell) neben Charles Boyer. In Filmen wie WHITE CARGO (1942) und SAMSON AND DELILAH (Cecil B. de Mille, 1949) präsentiert sie sich als schöne exotische Frau, deren Glamour bald identisch wird mit ihrem Namen Lamarr, so wie man statt Papiertaschentuch Kleenex oder statt Kamera Kodak sagt. Ihre Schönheit hat allerdings nicht genügend Präsenz, ihr fehlt die Ausstrahlung einer echten Persönlichkeit, um ein großer Star zu werden.
Da Hedy Lamarr gerade ihren Vertrag bei MGM beendet hat, ist sie unabhängig. Sie hat einen Filmstoff und Mittel zur Finanzierung des Projekts anzubieten. Nach dem Bestseller THE STRANGE WOMAN von B. A. Williams soll ein mehrere Generationen umfassendes, nostalgisches Melodrama entstehen, in dem sie die Titelrolle einer ambivalenten Frau, die zu Beginn des 19. Jahrhunderts mit aller Leidenschaft liebt und haßt, übernehmen will.
George Sanders soll die männliche Hauptrolle spielen, Gene Lockhart – Richet in A SCANDAL IN PARIS – und Alan Napier – der Polizeibeamte Gordon aus LURED – sollen Nebenrollen in diesem melodramatischen Kostümfilm übernehmen. Der Produzent Jack Chertock würde mit Hunt Stromberg die Produktion durchführen.
Im Vorspann des Films ist Edgar G. Ulmer als Regisseur genannt. Douglas Sirk hat nie vergessen, daß ihn sein Rivale Ulmer beinahe bei der Regie für SUMMER STORM verdrängte, als er sich einen Knöchelbruch zu-

gezogen hatte. Von George Sanders zu Hilfe gerufen, übernimmt Douglas Sirk im Verlauf der Dreharbeiten zu THE STRANGE WOMAN die Regie (Henry/Tobin, S. 30). Für welche Sequenzen Sirk verantwortlich ist, läßt sich nur vermuten.
Nach E. G. Ulmer ist THE STRANGE WOMAN der einzige Film, in dem Hedy Lamarr je wirklich zu spielen hatte, mit einer Rolle, die ihr fast eine Oscar-Nominierung einbrachte (Bogdanovich, S. 31). Nach den Dreharbeiten kommt Hedy Lamarr mit großen Ambitionen auf Douglas Sirk zu: Sie plant, mit dem Brecht-Stück DER KAUKASISCHE KREIDEKREIS mit dem Regisseur auf Tournee zu gehen.

SLEEP, MY LOVE

Nach der Mitarbeit bei SIREN OF ATLANTIS (Greg Tallas, 1947), einem Remake von G. W. Pabsts 1932 gedrehtem Film DIE HERRIN VON ATLANTIS, beginnt Douglas Sirk im Mai 1947 mit dem psychologischen Thriller SLEEP, MY LOVE. Am 1. August sind die Dreharbeiten beendet.
Dem Film liegt eine Geschichte von Leo Rosten, dem Drehbuchautor von LURED, zugrunde. Sie erinnert an Patrick Hamiltons GASLIGHT, 1944 von Cukor mit Charles Boyer, Ingrid Bergman und Joseph Cotten verfilmt und als MURDER IN THORNTON SQUARE in England, unter dem Titel DAS HAUS DER LADY ALQUIST in Deutschland in den Kinos zu sehen: Ein Mann möchte seine Frau loswerden und versucht, sie in den Wahnsinn und Selbstmord zu treiben. Diese dem *film noir* der 40er Jahre geläufige Geschichte findet sich noch, psychologisch verfeinert, als stilisierte Version in EDITHS TAGEBUCH (H. W. Geissendörfer mit Angela Winkler, 1983) nach EDITH'S DIARY von Patricia Highsmith. Die Titelfigur, die dem Mann und der Geliebten nicht im Weg sein will, wird hier indirekt zum Wahnsinn gebracht und stürzt zu Tode.
Schlafen soll in SLEEP, MY LOVE Claudette Colbert. Um ihren Hals legen sich die SCHLINGEN DER ANGST, wie der Filmtitel in Deutschland hieß. Als Star war Claudette Colbert die kluge und sympathische, häufig emanzipierte Film-Heldin der 30er und 40er Jahre – so auch 1934 in Stahls Version VON IMITATION OF LIFE – und sie war die Heldin in vielen anspruchsvollen Komödien, wie in der ebenfalls 1934 gedrehten mit dem Titel IT HAPPENED ONE NIGHT, für die sie und der Regisseur Frank Capra einen Oscar bekamen.
In SLEEP, MY LOVE wird Claudette Colbert als Alison Courtland von ihrem Ehemann terrorisiert: Don Ameche, der »himmlische Sünder« aus Lubitschs Film HEAVEN CAN WAIT von 1943 und beliebter Held unzähliger Unterhaltungsfilme, ist Alisons reicher Mann Richard, mit dem sie in einer Villa am Sutton Place, einer Wohngegend der Upperclass in New

York, lebt. Richard Courtland will seine Frau beseitigen und versetzt sie durch eine dem Schlummertrunk beigemischte Droge in einen Zustand schläfriger Unzurechnungsfähigkeit.

Hazel Brooks ist die schöne Geliebte Daphne, die weiß, was sie will, nämlich alles, was Alison Courtland hat, das Haus, den Mann, den Namen. Denn schöne Kleider trägt Daphne nur als Modell, und sie lebt in einer primitiven Wohnung direkt neben der Hochbahn bei einem zwielichtigen Komplizen, einem Fotografen und Scharlatan mit dem französischen Namen Charles Vernay. Dieser von dem ausgezeichneten George Coulouris gespielte Schurke soll als angeblicher Psychiater Dr. Rhinehart bei Alison das verbrecherische Vorhaben Courtlands unterstützen.

Alisons Retter wird der von Robert Cummings interpretierte Bruce Elcott; er steht ihr herkunfts- und wesensmäßig näher als ihr versnobter Mann Richard. Bruce hat Alison im Flugzeug kennengelernt und ihr beigestanden, nachdem sie aus einem ihrer hypnoseähnlichen Schlafzustände ohne jede Erinnerung erwacht ist.

Der Schauspieler Ralph Morgan, den wir als Hanka aus HITLER'S MADMAN kennen, spielt die Rolle des echten Dr. Rhinehart.

In einer vorweggenommenen Parallele zu ALL THAT HEAVEN ALLOWS – mit dem Kontrast zwischen Jane Wymans Dasein in ihrem Haus der kalten Pracht und dem ländlichen Fest in Alidas einfachem Haus, zu dem Rock Hudson sie führt – stellt Douglas Sirk der kalten Atmosphäre mit den Milchglasscheiben und den trennenden Gittern und Ofenschirmen von Courtland-Mansion eine heitere chinesische Hochzeitsszene gegenüber (mit Keye Luke, bekannt als Sohn Nr. 2 aus den Charlie-Chan-Filmen der 30er Jahre), zu der Bruce Elcott Alison Courtland mitnimmt.

Ein Treppenhaus ist, wie in SHOCKPROOF und in WRITTEN ON THE WIND, Schauplatz des Todes: Charles Vernay und Richard Courtland kommen in einer – für den *film noir* typischen – überraschenden, dramatischen Szene um: Vernay, als Schatten durch die Milchglasscheibe einer Tür zu sehen, soll auf Anweisung Courtlands von der halbwegs unter Drogen stehenden Alison erschossen werden, kann sie jedoch rechtzeitig über die Machenschaften ihres Ehemannes aufklären. Claudette Colbert kauert sich daraufhin hilflos in eine Ecke und wirkt wie von den Schatten der Treppengeländerstäbe eingekerkert. Als Vernay sich mit der Pistole gegen seinen Auftraggeber Courtland stellt, erschießt ihn dieser. Plötzlich taucht der Retter Bruce Elcott auf und erschießt den Schurken Courtland.

In der Schlußszene steht Alison auf demselben Balkon, von dem ihr Mann sie im Drogenschlaf hinunterspringen lassen wollte, und sagt zu Bruce, daß sie bald zusammen aus diesem Haus weggehen werden. In WRITTEN ON THE WIND sieht der Zuschauer tatsächlich, wie die beiden »Guten« das Haus verlassen, in dem so viel Schreckliches passiert ist. Wie

Robert Cummings in SLEEP, MY LOVE

in WRITTEN ON THE WIND sind die »Guten« die weniger interessanten Figuren.
Parallelen finden sich in dem erschreckten Gesichtsausdruck zweier ähnlicher Frauentypen: bei Claudette Colbert und später bei Jane Wyman. Die dubiose, einflußreiche Rolle des Psychiater-Scharlatans Vernay entspricht der Wirkung des Magiers auf Lil Dagover in SCHLUSSAKKORD. Sirks Thema der Verlogenheit, Unaufrichtigkeit und des Mehr-scheinen-Wollens wird in Don Ameche verkörpert. Hazel Brooks als Daphne ist, wie Linda Darnell in SUMMER STORM und wie Lana Turner in IMITATION OF LIFE, jedes Mittel recht, um nach oben zu kommen.
Sirk hat für seinen Film den begabten Kameramann Joseph Valentine, ursprünglich Italiener mit Namen Giuseppe Valentino. Unmittelbar vor SLEEP, MY LOVE stand er für den Film POSSESSED des Emigranten Curtis Bernhardt hinter der Kamera, wo Joan Crawford in der Liebe zu Van Heflin wahnsinnig wird. Ein Jahr später dreht Valentine mit Hitchcock den Film ROPE (COCKTAIL FÜR EINE LEICHE) als Experiment mit einer einzigen Einstellung, wobei allerdings die Kamera in starker Bewegung ist. Für den Film JOAN OF ARC von Victor Fleming – mit Ingrid Bergman

als Jungfrau von Orleans – erhält er 1948 für seine Leistung als Kameramann den Oscar.
SLEEP, MY LOVE wird nach der New Yorker Premiere am 18. Februar 1948 vor allem durch Claudette Colbert ein Erfolg.

SLIGHTLY FRENCH

Noch bevor SLEEP, MY LOVE in die Kinos kommt, beginnen im Januar 1948 die Dreharbeiten für SLIGHTLY FRENCH in den Studios der Columbia.
Die Produktions- und Verleihgesellschaft Columbia Pictures, 1924 von Harry Cohn gegründet, für den Douglas Sirk seit 1942 als Drehbuchautor tätig ist, produziert bis in die 40er Jahre neben Komödien von Frank Capra und Filmen mit Rita Hayworth vor allem B-Filme. Neben den »Big Five« – MGM, RKO, Warner, FOX und Paramount – sind Universal und Columbia die »Little Two«, bevor Columbia noch unter Harry Cohns Leitung mit FROM HERE TO ETERNITY (Fred Zinnemann, 1953), ON THE WATERFRONT (Elia Kazan, 1954) und THE BRIDGE ON THE RIVER KWAI (David Lean, 1957) in die Nähe der großen Filmgesellschaften aufrückt.
Douglas Sirks erster für Columbia realisierter Film ist ein entferntes Remake eines Columbia-Lustspiels von 1934 mit dem Titel LET'S FALL IN LOVE, das – mit Ann Sothern als Zirkusartistin, die als vornehme Schwedin gelten soll – eine Satire auf die Garbo-Welle der 30er Jahre darstellt. Sirks Film ändert die Art der Verwandlung; er übernimmt Elemente aus COPACABANA (A. E. Green, 1947), wo Groucho Marx als Schauspieler-Agent die brasilianische Carmen Miranda als französische Sängerin ausgibt, und erinnert sich an Asta Nielsens Rolle der RITA CAVALLINI.
Ein Kritiker beurteilt die Komödie nach der New Yorker Premiere am 26. Mai 1949 als »in bescheidenem Maß amüsant«. SLIGHTLY FRENCH ist ein Musical in Schwarzweiß über das Showbusiness in New York und bringt ausgezeichnete Tanznummern sowie interessante Bühnenbilder. Den Titelsong von 1934 übernimmt Sirk für Dorothy Lamour, die als singendes, tanzendes und schauspielerndes Allround-Talent die Hauptrolle im Film und auch im Film-im-Film spielt.
LET'S FALL IN LOVE: Getreu dem Originaltitel von 1934 und dem Arbeitstitel von 1948 verlieben sich die zwei weiblichen in die zwei männlichen Hauptfiguren einer nicht gerade erstklassigen Künstlerwelt. Bis die richtige und endgültige Kombination erreicht ist, gibt es einige Komplikationen.
Dem Filmregisseur John Gayle – Don Ameche, der ein halbes Jahr zuvor für Sirk in SLEEP, MY LOVE gespielt hat – läuft die französische Hauptdar-

stellerin Latour (Adèle Jurgens) davon: Bei den Dreharbeiten hat er sie mit seinem einschüchternden Perfektionismus an den Rand eines Nervenzusammenbruchs gebracht. Gayle wird gefeuert. Auf der Suche nach einem Ersatz für seinen französischen Star entdeckt er im Vergnügungspark von Coney Island Mary O'Leary, die dort als Brasilianerin, Chinesin und Revuetänzerin der Folies-Bergère auftritt. In Wirklichkeit ist Mary in Bowery im südöstlichen Manhattan aufgewachsen.
Mit Gayles Hilfe wird aus Mary der französische Star. Der Produzent Doug Hide (Willard Parker), ein guter Freund von Gayle, ist begeistert von »Rochelle Olivia« und verliebt sich sogar in sie. Der Regisseur darf weiterdrehen. Und prompt gibt er wieder seine schikanösen Regieanweisungen. Mary ist so empört über Gayles Verhalten, daß sie den angelernten französischen Akzent vergißt. So kommt der Betrug ans Licht, und John Gayle wird ein zweites Mal gefeuert. Da sich Mary inzwischen in den herrschsüchtigen Egoisten verliebt hat, setzt sie durch, daß er den Film zu Ende drehen darf. Die Liebe, so stellt sich heraus, beruht auf Gegenseitigkeit. Der Produzent Doug Hide hat das Nachsehen, ist aber schließlich doch zufrieden mit Gayles Schwester Louisa (Janis Carter), die ihn schon immer geliebt hat.
Obwohl Douglas Sirk, wie er später Halliday gegenüber äußert, ohne Empfinden für den Film ist und bei der Realisation keine freie Hand hat (Halliday, S. 77), zeigt SLIGHTLY FRENCH deutlich seine Handschrift. Jean-Loup Bourget weist auf eine Übereinstimmung der Hauptfiguren mit denen von WRITTEN ON THE WIND hin. Bourget vergleicht den egoistischen Filmregisseur John Gayle und seine Schwester Louisa, die zusammen in einem modernen Palast wohnen, mit Kyle und Marylee. Louisa liebt seit Jahren vergeblich den Freund des Bruders, Douglas Hide. Dessen Darsteller Willard Parker ist so groß wie Rock Hudson, den Marylee als Mitch Wayne liebt, während er sie nur als eine Art Schwester betrachtet. Doug Hide verliebt sich in Mary O'Leary, wie Mitch sich von Lucy angezogen fühlt (Bourget, S. 48). Doch in der Komödie geht alles ohne fatale Verstrickungen ab, und so finden sich am Ende von SLIGHTLY FRENCH zwei glückliche Ehepaare: Louisa und Douglas Hide sowie Mary und John Gayle.
Selbst in der Komödie wird Sirks Thema vom Sein und Schein offenbar. In SLIGHTLY FRENCH verwischen sich die Grenzen von Spiel und Wirklichkeit, so an der Stelle, wo Gayle mit Mary eine Liebesszene probt.
Auch die Hauptdarstellerin Dorothy Lamour selbst ist nur »slightly French«, nur leicht oder oberflächlich französisch: Dorothy Kaumeyer hat sich den französischen Namen für Hollywood zugelegt, wo sie 1936 als Dschungel-Prinzessin begann und 1947 in WILD HARVEST von Tony Garnett als Partnerin von Alan Ladd über bloße Exotik hinauswuchs. Ihre Rolle als Mary O'Leary bringt Anklänge sowohl an Barbara Stanwycks

Douglas Sirk gibt Don Ameche und Dorothy Lamour Regieanweisungen
für SLIGHTLY FRENCH

erfolglose Schauspielerin in ALL I DESIRE als auch an die schließlich erfolgreiche der Lana Turner in IMITATION OF LIFE.
Dorothy Lamour spielt auch die Hauptrolle als ehrgeizige Sängerin in dem nach SLIGHTLY FRENCH gedrehten Columbia-Film LULU BELLE, bei dem Douglas Sirk, jeweils ohne Nennung, am Drehbuch und möglicherweise – neben Leslie Fenton – bei der Regie mitgearbeitet hat.

SHOCKPROOF

Knapp vier Monate nach SLIGHTLY FRENCH soll Douglas Sirk seinen nächsten Film für Columbia drehen, und zwar nach einem Drehbuch mit dem Titel THE LOVERS von Samuel Fuller, dessen Karriere als Regisseur von Melodramen voller Gewalt und Verbrechen sich zu jenem Zeitpunkt erst anbahnt.
In Fullers Vorlage sieht Sirk Elemente eines Stücks von Ödön von Hor-

Patricia Knight und Ann Shoemaker in SHOCKPROOF

vath, dessen Aufführung er 1936 in Wien erlebte und danach als Filmprojekt für die Ufa vorschlug: GLAUBE LIEBE HOFFNUNG. Dieser »Kleine Totentanz in fünf Bildern«, von Horvath ursprünglich »Liebe, Pflicht und Hoffnung« genannt, bringt vergleichbare Situationen für die jeweilige Hauptfigur. Die Entscheidung, die die beiden Männer treffen, ist allerdings gegensätzlich: Der Schupo Alfons läßt im Konflikt zwischen Pflicht und Neigung die wegen eines ungültigen Gewerbescheins vorbestrafte Elisabeth im Stich, um seine Karriere nicht zu gefährden. Der Bewährungshelfer Griff Marat dagegen wird aus Liebe zu der auf Bewährung entlassenen Jenny Marsh selbst kriminell und scheitert im Grunde daran, daß er eine gesetzliche Bestimmung nicht befolgt, die besagt, daß vor einer solchen Eheschließung eine Frist von zwei Jahren einzuhalten ist.
SHOCKPROOF ist wie Horvaths Drama »ein Stück gegen die bürokratischverantwortungslose Anwendung kleiner Paragraphen« und enthält »die Hoffnung, daß man jene kleinen Paragraphen vielleicht humaner anwenden könnte«.[26] Horvath hat sein Volksstück geschrieben, »um wiedermal

den gigantischen Kampf zwischen Individuum und Gesellschaft zeigen zu können, dieses ewige Schlachten, bei dem es zu keinem Frieden kommen soll –«. Bei Horvath wie bei Fuller handelt es sich um einen aussichtslosen Kampf des Individuums. GLAUBE LIEBE HOFFNUNG, schreibt Ödön von Horvath, könne jedes seiner Stücke heißen. »Liebe, Pflicht und Hoffnung« könnte jedes von Sirks Melodramen heißen.

SHOCKPROOF steht in der Tradition des *film noir* mit der in den Jahren 1941 bis 1953 in Hollywood häufig nach Vorlagen von Raimund Chandler entstandenen Schwarzen Serie. Die kriminelle Jenny Marsh ist zwar die *femme fatale*, die Griffs Leben ruiniert, gehört jedoch nicht zu der Gruppe der wirklich »bösen« Frauen wie Barbara Stanwyck in DOUBLE INDEMNITY oder Rita Hayworth in GILDA, sondern ist für die männliche Hauptfigur, obwohl verhängnisvoll, doch eine zu Gefühlen bereite gute »böse Frau« wie Lauren Bacall in THE BIG SLEEP oder Ingrid Bergman in NOTORIOUS.

Cornel Wilde und Patricia Knight, zur Drehzeit ein Ehepaar, verkörpern die beiden Hauptfiguren Griff Marat und Jenny Marsh, deren Liebe sich schließlich jeder Erschütterung gewachsen, d. h. *shockproof* zeigt, eine – so der deutsche Filmtitel – UNERSCHÜTTERLICHE LIEBE.

Wegen Mordes zum Tode verurteilt, wird Jenny Marsh nach fünf Jahren Zuchthaus auf Bewährung entlassen. Wir sehen, wie sie als Blondine das Büro des Bewährungshelfers Griff Marat betritt, eines jungen Mannes mit Zukunft, in dessen Polizeiakte sie als dunkelhaarige Frau geführt wird. Marat durchschaut den schlechten Einfluß, den Jennys eleganter Liebhaber Harry Wesson (John Baragrey) auf sie hat, und untersagt den Kontakt zwischen den beiden. Er bringt die gefährdete Jenny zu seiner blinden Mutter (Esther Minciotti), die mehr »sieht« als normale Menschen. Hier beginnt Jenny, ihre positiven Seiten zu entwickeln, und liest der alten Frau aus R. W. Emerson vor, daß man dem Herzen gehorchen und vor allem lieben solle.

Jenny und ihr ehemaliger Liebhaber treffen sich weiterhin heimlich. Harry versucht, die Zuneigung des Bewährungshelfers zu Jenny auszunützen: Sie soll Marat zu der vorläufig illegalen Heirat ermuntern. Jenny, die das falsche Spiel zunächst (mit)spielt, stellt fest, daß sie Griff Marat liebt. Um diesen zu schützen, verheimlicht sie die inzwischen vollzogene Heirat vor dem bösen Harry. Es kommt zu einer dramatischen Szene im Treppenhaus der Marats, wobei die junge Frau Harry unbeabsichtigt durch einen Schuß schwer verletzt. Griff und Jenny fliehen, verstecken sich, werden verfolgt, fliehen weiter – einmal in einem gestohlenen Auto mit dem Schild »Just Married«. Griff versetzt seine Uhr, auf der die Widmung steht: TO GRIFF MARAT – ALWAYS STRAIGHT – ALWAYS RIGHT. Bei den Ölfeldern leben sie vorübergehend unter falschem Namen in der Arbeitersiedlung, wo kein Privatleben möglich ist. Als über ihre Geschichte

bereits mit der Überschrift THE LOVERS in den Zeitungen berichtet wird, ist eine erneute Flucht unaufschiebbar. Ihre Liebe darf, wie die so vieler Sirkschen Liebenden, nicht sein.
Sind die Flucht des Individuums vor dem Zugriff der Gesellschaft und die Ausweglosigkeit in SLEEP, MY LOVE noch direkt gezeigt, so wird Sirk in seinen späteren Filmen Flucht und Ausweglosigkeit symbolisch darstellen wie die Flucht in den Rausch des Alkohols und den Rausch der Geschwindigkeit in WRITTEN ON THE WIND, und seine Helden werden nicht den Kampf aufnehmen, sondern resignieren wie in Horvaths GLAUBE LIEBE HOFFNUNG: der Schupo Alfons, der die Liebe verrät, und Elisabeth, die aus Verzweiflung ins Wasser geht.
Auch in Fullers Drehbuch ist der Schluß kein Happy-End: ein Schußwechsel zwischen dem Bewährungshelfer und dem verfolgenden Polizisten, seinem Kumpel, und eine nicht realisierbare Liebe. Helen Deutsch ändert das Drehbuch: Ihr Happy-End läßt den vom Zuschauer bis zum unerwarteten Schluß totgeglaubten Gangster Harry Wesson von seinen Verletzungen genesen, großzügig auf eine Anzeige gegen Marat verzichten und die Wahrheit über Jennys Unschuld aufdecken, so daß Jenny und Griff zusammen glücklich werden können. Nach Michael Stern wurden diese letzten Szenen ohne Sirk im Studio nachgedreht (Stern, S. 60).
Eine Reihe von Sirk-Motiven ist klar erkennbar: unmögliche Liebe und Liebe in außergewöhnlichen Situationen; ambivalente Charaktere und Identitätssuche – als äußeres Symbol: Jenny wird blond, dann wieder braun; Blindheit, echte und solche im übertragenen Sinn; die Schlüsselfunktion der amerikanischen Literatur.
SHOCKPROOF läuft im Januar 1949 in den Kinos an, erhält jedoch, als *B-picture* eingestuft, keine Erstaufführung in einem New Yorker Kino und bleibt unbeachtet.

Inzwischen haben sich die politischen Verhältnisse in den USA in eine nicht vorhersehbare Richtung entwickelt.
Hilde und Douglas Sirk, 1938 der nationalsozialistischen Schreckensherrschaft entkommen, geraten erneut in die Nähe des Terrors. Sie erleben ein zweites Mal ein zerstörerisches, alles Kreative erstickendes Klima von Angst, Mißtrauen, Verleumdung, Denunziation und Entwürdigung. Sahen die Nazis die Wurzel allen Übels im Judentum, so sehen die ultrarechten Republikaner unter der Führung von McCarthy die Gefahr des Bösen im Kommunismus. Der als »Kalter Krieg« geführte machtpolitische und ideologische Konflikt zwischen den USA und der Sowjetunion führt zu einer Hysterie des Hasses. Senator Joseph McCarthy ruft 1947 das »Komitee für unamerikanische Umtriebe« (HOUSE OF UNAMERICAN ACTIVITIES COMMITTEE) ins Leben. Die sogenannte Hexenjagd auf Kommuni-

sten, vermeintliche Kommunisten und deren Freunde beginnt. John Wayne wird Präsident, Charles Coburn Vizepräsident der »Motion Picture Alliance for the Preservation of American Ideals«. Hunderte von Autoren, Regisseuren, Schauspielern, Produzenten, Filmtechnikern werden als Verfemte auf sogenannte Schwarze Listen gesetzt und erhalten bei keinem der großen Studios eine Beschäftigung. Hanns Eisler, Komponist bei Langs Heydrich-Film und bei Sirks Film A SCANDAL IN PARIS, wird denunziert. Douglas Sirk muß Rechenschaft über seine Beziehungen zu Brecht ablegen.
Eine Verfolgungsjagd auf sogenannte Staatsfeinde hatte Sirk schon einmal erlebt. Hilde und Douglas Sirk graut es vor neuen Verhören, Denunziationen, vor einer Atmosphäre der Angst. Sie wollen weg, zurück nach Europa.
Ihr Haus vermieten sie an eine junge deutsche Schauspielerin, die ihr Glück als Hildegard Neff in Hollywood sucht, aber nicht finden wird. Hildegard Knef ist mit ihrem Agenten und Ehemann Kurt Hirsch – Mitarbeiter von Erich Pommer und amerikanischer Leutnant – in die Filmmetropole gekommen. Sie erhält von Twentieth Century Fox zwar einen Vertrag, aber keine Rollen und wird erst für ihre Karriere in Deutschland von dem kalifornischen Intermezzo profitieren.
Enttäuscht von der Traumfabrik, mürbe durch die Arbeit bei Columbia unter Harry Cohn und demoralisiert durch McCarthys Hexenjagd, strebt Douglas Sirk eine Rückkehr nach Deutschland an, um dort, nach seiner Vorstellung, seine produktive Ufa-Filmarbeit in einem entnazifizierten Umfeld fortzusetzen. Ende 1948 verlassen Hilde und Douglas Sirk die USA.

Sirks Erwartungen erfüllen sich nicht. Zurückkehrende Emigranten werden in Deutschland nicht mit offenen Armen empfangen. Die Amerikaner haben die Ufa aufgelöst.
Douglas Sirk geht 1950 nach Hollywood zurück. Er nimmt dort rasch wieder Kontakt auf zu den deutschen Emigranten des Filmgeschäfts. Anknüpfend an die produktive Zusammenarbeit bei seinen ersten amerikanischen Filmen, HITLER'S MADMAN und SUMMER STORM, geht Douglas Sirk zu dem Produzenten Seymour Nebenzal. Der sparsame Nebenzal schlägt eine Neuverfilmung von Fritz Langs erstem Tonfilm M – EINE STADT SUCHT EINEN MÖRDER vor, 1931 von Nebenzals Firma Nero-Film in Berlin produziert. Sirk hat Vorbehalte gegenüber dem Projekt; als Regisseur steht er jedem Remake eines außergewöhnlichen Films skeptisch gegenüber. So will er nicht M wiederholen, vor allem nicht unter eingeschränkten finanziellen Bedingungen, sondern arbeitet an einem neuen Drehbuch, »a new story of a new sex pervert« (Halliday, S. 82), und sieht

Charles Boyer und Barbara Rush in THE FIRST LEGION

seinen Lieblingsdarsteller und Freund George Sanders für die Hauptrolle vor. Zu Sirks Bedauern akzeptiert Nebenzal die neue Geschichte nicht.
M-Hauptdarsteller Peter Lorre wird nach seiner Rückkehr nach Deutschland eine Variante drehen und spielen: DER VERLORENE (1951).
Fritz Lang selbst lehnte jedes Remake von M ab, war auch später sehr verärgert über die Neuverfilmung (Töteberg, S. 118) in neorealistischem Stil durch Joseph Losey, der zunächst die Regie ebenfalls abgelehnt hatte.

THE FIRST LEGION

Nachdem sich die Pläne mit Nebenzal zerschlagen haben, sucht Douglas Sirk das Büro Brettauers auf, mit dessen finanzieller Unterstützung HITLER'S MADMAN und SUMMER STORM entstanden waren. Dort kommt endlich ein Projekt zustande, dessen Realisation schon vor Sirks vorübergehender Rückkehr nach Deutschland geplant war: ein Lieblingsprojekt von Douglas Sirk auf der Basis des Jesuitendramas THE FIRST LEGION, einem Broadway-Erfolg des jungen Emmet Lavery von 1934. In diesem Stück geht es um ein Wunder und vor allem um den Glauben daran. Religion und Glaube, Zweifel und Blindheit gegenüber dem Glauben, Agnostizismus, die Grenzen von Realem und Irrealem und Absurdem – den Skeptiker Sirk muß dieser Stoff und dessen Personifizierung in seinen Bann ziehen.
Einen geeigneten Drehort kennt er aus der Zeit, als er mit seiner Frau auf einer Farm bei Pomona außerhalb von Los Angeles lebte und Alfalfa-Futtergras und Avokado-Früchte anbaute: Mission Inn, ein Kloster im spanischen Stil am Nordufer eines Sees im Riverside County, im Film Saint Gregory, ein Jesuiten-Kollegium in Lakeside, California.
Diesen Schauplatz bevölkert eine Ansammlung von merkwürdigen, ungewöhnlichen und zwiespältigen Gestalten, die jeweils eine bestimmte geistige Haltung verkörpern. Da ist Pater Arnoux, ehemals Strafverteidiger, interpretiert von Charles Boyer, der Erfahrung als entflohener Trappist aus THE GARDEN OF ALLAH in Boleslawskis Version von 1936 mitbringt. Pater Fulton fühlt sich hin- und hergerissen zwischen seiner Begabung als Konzertpianist und seiner geistlichen Berufung. An dem gelähmten Pater Sierra geschieht das sehnlichst erwartete Wunder: Er kann zur Verwunderung aller plötzlich wieder gehen, als er seine Amateurfilme über Indien vorführt. Das »Wunder« hat der Arzt Dr. Morell manipuliert – Lyle Bettger in einer seiner Rollen zwischen Held und Schurke wie in ALL I DESIRE –, ein Zweifler bzw. Agnostiker, der die Frage nach der Existenz Gottes offen läßt und hier gewissermaßen als Handlanger für den angeblichen Jesuitengrundsatz »Der Zweck heiligt die Mittel« fungiert. Morell

gesteht schließlich dem Pater Arnoux seine Beteiligung am Wunder; er beichtet.

Von dieser Szene leitet sich – im übrigen auch der Nachfrage nach Ärztefilmen in den frühen 50er Jahren angepaßt – der deutsche Filmtitel BEICHTE EINES ARZTES ab. Nicht der Selige Joseph Martin, dessen Statue vor Pater Sierras Zelle steht und den Pater Duques, Präfekt des Klosters, endlich heiligsprechen lassen möchte, hat das Wunder bewirkt; Pater Arnoux, von Hause aus Jurist, behält somit recht mit seinen Zweifeln an den Fähigkeiten des Seligen Joseph als Wundertäter. Doch schon strömen die Lahmen Kaliforniens herbei. Sie werden zwar nicht geheilt, aber von den Händlern mit kleinen Joseph-Statuen eingedeckt. Der Pater Superior Duques erträgt die Wahrheit über das falsche Wunder nicht und erleidet einen Herzanfall. So wird Pater Arnoux sein Nachfolger. Um ihn und alle anderen Skeptiker – in feiner Ironie auch den Regisseur – zur Demut zurückzuführen, geschieht das Absurde, ein richtiges Wunder: Die junge verkrüppelte Terry Gilmartin (Barbara Rush, hier erstmals in einem Sirk-Film), die den Arzt liebt und für ihn ein gesunder Mensch sein will – »I want the impossible to happen!« –, betet vor dem in überirdisches Licht getauchten Altar in der prachtvollen Kapelle und steht geheilt aus ihrem Rollstuhl auf. Der Glaube ist stärker als alle Theologie.

THE FIRST LEGION wird unter Sirks Handschrift trotz geringer Mittel ein überzeugender Film, nicht zuletzt durch ein gutes Drehbuch und dank der hervorragenden Besetzung auch in kleineren Rollen. Kein Produzent kann Vorschriften machen, denn Douglas Sirk ist in Zusammenarbeit mit Rudolph Joseph bei diesem Film sein eigener Produzent, sein eigener Herr. Er hat also freie Hand wie nie, bis auf eine unvorhergesehene Einschränkung der Freiheit: die Skrupel der Patres von Mission Inn, die beim Drehen ständig dabei sind, was wiederum kein Wunder ist, denn schließlich folgt ihnen Douglas Sirk bis in die Zellen hinein. Sämtliche Aufnahmen sind ohne Studio an Ort und Stelle gemacht.

6 Universal – Melodramen

THE FIRST LEGION ist Ende Juni 1950 abgedreht. Ein weiteres SEDIF-Projekt ist nicht in Sicht. Douglas Sirk besinnt sich auf zurückliegende Angebote, die Harry Cohn während Sirks Engagement bei Columbia unterbunden hatte.
Als A SCANDAL IN PARIS im Sommer 1946 anlief, boten ihm die Chefs von Universal einen Vertrag als Regisseur an; Sirk sollte billige Komödien für sie drehen.
Der Studio-Manager Edward Muhl ist tatsächlich immer noch an Sirk interessiert. Bedingung: ein damals üblicher Sieben-Jahres-Vertrag mit Gage – ohne Gewinnbeteiligung. Douglas Sirks Bedingung: ein A-Film schon im ersten Vertragsjahr.
Universal Pictures – ein Studio, das sich in jener Zeit gerade in der Kombination mit International Pictures als Universal International neu zu orientieren begann – ist heute das älteste überlebende Hollywood-Studio. Von dem aus Bayern emigrierten Carl Laemmle gegründet, wurde es als Universal City am 15. März 1915 offiziell eröffnet. In den späten 20er Jahren war der später als Agent tätige Paul Kohner Produzent bei Universal; durch ihn kamen damals Talente aus Deutschland zum Zuge. Kohner produzierte für die Deutsche Universal Film AG z. B. 1932 DER REBELL (Luis Trenker).
Die Spezialisierung auf Horror-Filme Mitte der 30er Jahre nach den Erfolgen mit DRACULA und FRANKENSTEIN führte zu anspruchslosen Billigproduktionen und zum Abstieg: Universal und Columbia sind »The Little Two«.
Die Entwicklung von Universal ist verknüpft mit Regisseurnamen wie John Ford und Lois Weber über Erich von Stroheim, Robert Siodmak, René Clair, Fritz Lang, Alfred Hitchcock bis zu John M. Stahl und Douglas Sirk, die beide mit ihren Melodramen – Stahl für die 30er und 40er, Sirk für die 50er Jahre – als Markenzeichen des Studios gelten.
1952 wird Edward Muhl, seit 1929 bei Universal, alleiniger Produktionschef. Er fördert Regisseure, die wie Douglas Sirk ein Maximum an Qualität mit einem Minimum an Ausgaben verbinden (Koszarski, S. 28). Ein Prinzip der Kostenersparnis ist es, statt teurer neuer Bestseller Drehvorlagen mit bereits erworbenen Rechten als Remakes zu verfilmen.
Universal richtet eine Schule für Talente – vor allem potentielle männliche Stars – ein und arbeitet ein Talent-Entwicklungsprogramm aus; Jeff

Chandler, Tony Curtis, Hugh O'Brian, Barbara Rush, Piper Laurie und Rock Hudson stehen als Schauspieler unter Vertrag und nehmen daran teil. Auch Shakespeare wird auf der Bühne geprobt (Oppenheimer/Vitek, S. 39).

Als Mitte der 50er Jahre die Zahl der Kinobesucher schwindet und Tausende von Kinos schließen, wird für Muhl klar: Die Ausbreitung des Fernsehens macht für das Studio ein Überleben mit B-Filmen unmöglich. Wie die andern Studios, versucht auch Universal durch aufwendigere Produktionen, längere Filme und neue Möglichkeiten der Kinoleinwand – wie 3 D und CinemaScope – diese Konkurrenz abzuwehren.

Stars von großen Studios wie Paramount werden in jenen Jahren durch auslaufende Verträge frei. Douglas Sirk kann mit Claudette Colbert, Fred MacMurray, Joan Bennett, Barbara Stanwyck, Jane Wyman und Lana Turner filmen. Einige gute Darsteller werden bei anderen Filmgesellschaften ausgeliehen. Das Konzept, am Sonntagnachmittag ein Familienpublikum im Kino zu erfreuen, wird fallengelassen. Im Gegensatz zum Fernsehen, das jugendliche Zuschauer berücksichtigen muß, wendet sich die Filmproduktion mit der Thematik und der Optik jetzt an ein erwachsenes Publikum. Trotzdem gelten immer noch Einschränkungen durch »the Hays office« und den 1930 von W. H. Hays aufgestellten »Production Code«, der stillschweigend von der Filmindustrie akzeptiert wird.

Ross Hunter produziert gegen den Trend der Zeit *woman's pictures*, die von den Kritikern verächtlich als *soap operas*, *tearjerkers* und *weepies* abgetan werden, und holt mit diesen häuslichen Melodramen, in deren Mittelpunkt immer das Schicksal einer Frau steht, die weiblichen Kinobesucher wieder vor die Leinwand. Die größten Kassenerfolge der 50er Jahre hat Universal mit MAGNIFICENT OBSESSION und IMITATION OF LIFE Douglas Sirk zu verdanken.

Diese Entwicklung des Studios ab 1950 und die Umstände, die dazu geführt haben, lassen sich an den Filmen ablesen, die Douglas Sirk in den Jahren 1950 bis 1958 für Universal International drehte.

MYSTERY SUBMARINE

Ein B-Film – ein Action-Film mit dem Arbeitstitel MEN OF THE SEA, später PHANTOM SUBMARINE – ist Sirks erster Universal-Film: production 1643. Douglas Sirk geht in die weit außerhalb Hollywoods in den Hügeln liegenden Studios. Der Beginn der Dreharbeiten ist auf den 27. Juli 1950 festgesetzt; sie dauern bis 30. August.

Als Kameramann steht Sirk Clifford Stine zur Verfügung, der sich – bei Sirk mit WRITTEN ON THE WIND beginnend, über BATTLE HYMN, THE TARNISHED ANGELS, A TIME TO LOVE AND A TIME TO DIE bis zu IMITATION OF

LIFE – immer stärker auf Special Effects konzentrieren wird und heute als einer der Großen auf diesem Gebiet gilt.
Die eigentliche Handlung der melodramatischen Spionage-Geschichte spielt während des Zweiten Weltkrieges und wird in Rückblenden dargestellt. Madeline Brenner, eine junge Deutsche – eindrucksvoll verkörpert von der schönen 24jährigen Schwedin Marta Toren –, erzählt aus ihren Erinnerungen, als sie zu Beginn des Films am Sandstrand von Cape Cod steht und auf das Meer hinausschaut. Madeline erinnert sich, wie sie und der vor den Nazis auf die Halbinsel an der Atlantikküste südlich von Boston geflohene Dr. Adolph Guernitz, ein deutscher Atomwissenschaftler, aus dem Versteck auf Cape Cod geholt und in ein deutsches Unterseeboot gebracht wurden. Sirk hat in seiner Vorliebe für authentische Schauplätze ein original-deutsches U-Boot aus dem Zweiten Weltkrieg aufgetrieben.
Im Auftrag einer »ungenannten fremden Macht« entführt der unsympathische U-Boot-Kommandant von Molter – Robert Douglas in einer für ihn typischen Rolle – den Wissenschaftler, um ihn gegen Lösegeld in südamerikanischen Gewässern an einen Tanker auszuliefern. Der österreichische Charakterspieler Ludwig Donath verleiht der Rolle des Dr. Guernitz Glaubhaftigkeit.
Hauptdarsteller des Films ist Macdonald Carey, beliebt als romantischer Held und dem Fernsehpublikum bei uns in Erinnerung aus Hitchcocks Universal-Film SHADOW OF A DOUBT (Im Schatten des Zweifels) von 1943, wo er als junger Kriminalbeamter den bösen Joseph Cotten unschädlich zu machen versucht. Er spielt in Sirks Film den amerikanischen Geheimagenten Brett Young, der als Marinearzt in die Besatzung des Unterseeboots der Nazis eingeschleust wird. Mit Hilfe von Brett Young macht die US-Marine das Naziboot unschädlich. Dr. Guernitz und Madeline werden gerettet. Madelines Liebe zu dem amerikanischen Arzt wird zerstört.
Trotz mangelhaften Drehbuchs zeigen gut gespielte Szenen, schöne Einstellungen und die Lichtführung in diesem Schwarzweißfilm Sirks Qualitäten als Regisseur.
Während der Film – im Dezember 1950 – unter dem Titel MYSTERY SUBMARINE in den amerikanischen Kinos anläuft, steht die weibliche Hauptdarstellerin, Marta Toren, bereits mit Humphrey Bogart in SIROCCO (Curtis Bernhardt) für Columbia vor der Kamera, und Sirk hat die Dreharbeiten für seinen zweiten Universal-Film – THUNDER ON THE HILL – so gut wie beendet.
Am 1. Februar 1951 hat MYSTERY SUBMARINE in New York Premiere.

THUNDER ON THE HILL

Im November 1950 bekommt Douglas Sirk von Universal seinen vertraglich garantierten A-Film, dessen Star Claudette Colbert, Hauptdarstellerin in der Stahl-Version von IMITATION OF LIFE, ihm durch die Zusammenarbeit bei SLEEP, MY LOVE vertraut ist. THUNDER ON THE HILL ist zwar kein häusliches Melodrama, aber ein *woman's film* mit einer Frau im Mittelpunkt der Handlung.

Die Vorlage des Films ist das im Londoner West End erfolgreiche Stück BONAVENTURE von Charlotte Hastings, das in der Wintersaison 1949/50 unter dem Titel THE HIGH GROUND am Broadway lief. Bonaventure – hinter dem Wort, das ethymologisch soviel wie »gut ausgehendes Abenteuer« bedeutet, verbirgt sich der Name einer Nonne, DER SCHWESTER MARIA BONAVENTURA, wie der deutsche Verleihtitel heißt. Schwester Maria Bonaventura bringt die dramatische Geschichte zu einem guten Ausgang.

Sirk geht es in seinem Film allerdings weniger um Schwester Maria, als vielmehr um die Figur der jungen Valerie Carns, die des Mordes an ihrem Bruder angeklagt und zum Tod durch den Strang verurteilt ist.

Die beiden weiblichen Hauptfiguren kommen in Douglas Sirks melodramatischem Kriminalfilm durch eine Naturkatastrophe zusammen. Eine an STÜTZEN DER GESELLSCHAFT erinnernde Sturmflut an der südöstlichen Küste Englands zwingt eine Anzahl von Leuten aus der Grafschaft Norfolk, im hoch auf dem Hügel gelegenen Kloster-Hospital Our Lady of Reims Zuflucht zu suchen, so auch Valerie, eine sie begleitende Polizeikommissarin und einen Kriminalbeamten von Scotland Yard.

In Schwester Maria Bonaventuras Vergangenheit gibt es ein Vorkommnis, das sie dazu bringt, sich intuitiv auf die Seite Valeries zu stellen. Sie betätigt sich als weiblicher Detektiv, bis sie deren Unschuld bewiesen hat und dem glücklichen Ende der Liebesgeschichte zwischen Valerie und ihrem Verlobten kein falscher Verdacht mehr im Wege steht. Der behinderte Willy (Michael Pate) spielt eine Rolle als hilfreicher Vermittler.

Als der wahre Schuldige entpuppt sich der Arzt Dr. Jeffreys, der aus Eifersucht über die Liebesbeziehung seiner Frau Isabel (Anne Crawford) Valeries Bruder vergiftet hat. Robert Douglas – bei Sirk schon in MYSTERY SUBMARINE – erweist sich in der faszinierenden Rolle des Arztes am Ende, wie so oft, als Schurke. Er ist bereit, alle zu beseitigen, die seine Schuld ahnen. In einer dramatischen Szene, die Hitchcocks Kirchturmszene mit Kim Novak und James Stewart in VERTIGO (1958) vorwegnimmt, versucht er, Claudette Colbert im Glockenturm des Klosters umzubringen.

Die Engländerin Ann Blyth, die hier die unschuldig verurteilte Valerie Carns überzeugend verkörpert, spielte als 17jährige die kriminelle Toch-

Gladys Cooper und Claudette Colbert in THUNDER ON THE HILL

ter von Joan Crawford in MILDRED PIERCE und ist dem Fernsehpublikum bei uns durch DER GROSSE CARUSO und DIE HELEN MORGAN STORY bekannt.

Um die authentische Wirkung zu erhöhen, hat Sirk durchweg britische bzw. britisches Englisch sprechende Darsteller gewählt.

Nicht nur ein Klostergebäude als faszinierender Schauplatz, wie in THE FIRST LEGION, sondern auch das Klosterleben und die Religion spielen für Sirk am Rande eine Rolle. Von der Oberin (Gladys Cooper, aus THE SONG OF BERNADETTE bekannt) wird die Schwester Maria Bonaventura mangelnder Demut beschuldigt, derer sich Bressons Hauptfigur in LES ANGES DU PÉCHÉ (1943) selbst bezichtigen muß.

Licht und Schatten im Klostergebäude, bei geheimen nächtlichen Treffen am Hafen oder durch Blitze hervorgerufen, Reflexionen auf Meereswellen und Wasserlachen zeigen in diesem Schwarzweißfilm mit der Kameraführung von William Daniels den visuellen Stil Sirks.

Sirks Regie wird von einem Kritiker als »solemn«, als feierlich-ernst bezeichnet.

Der im November und Dezember 1950 gedrehte Film hat seine New Yorker Premiere fast ein Jahr später: am 7. Oktober 1951.

THE LADY PAYS OFF

Bei der Dame, die etwas heimzahlt, wie der Titel andeutet, handelt es sich um die Lehrerin Evelyn Warren. Diese Hauptfigur verkörpert Linda Darnell, die in SUMMER STORM als das Mädchen Olga drei Männern zum Verhängnis wird.

In THE LADY PAYS OFF läßt sie zunächst gar keine Emotionen bei sich zu, bis sie, um sich zu rächen, einen Mann verführt und so weit bringt, daß er sie heiraten will und sie ihn zurückweisen kann. Dieser Mann ist Matt Braddock (Stephen McNally), der Besitzer eines Spielkasinos in Reno. Er hat Evelyn erpreßt, als sie, gerade gewählt zur »Lehrerin des Jahres«, halb betrunken ihren Preis in seinem Kasino verspielt und 7000 Dollar Spielschulden hinterläßt. Sie soll während der restlichen Ferien durch Nachhilfeunterricht bei seiner Tochter Diana die Schulden wettmachen, andernfalls würde er die blamable Geschichte an die Presse weitergeben. Als Evelyn das Geld beisammen hat, zahlt sie's Matt Braddock zurück, in doppeltem Sinn, und geht fort – zur Freude der Rivalin Kay (Virginia Field).

Die kluge kleine Diana – Gigi Perreau als Zehnjährige hier zum ersten Mal bei Sirk – holt Evelyn zurück. Sie hat erfaßt, daß ihr Vater und ihre Nachhilfelehrerin sich in Wirklichkeit sehr sympathisch sind, und hilft kräftig nach, bis die beiden heiraten.

Diesen im Frühjahr 1951 abgedrehten Routinefilm stuft eine zeitgenössische Kritik als langweilige dramatische Komödie ein. Sirk selbst hatte Spaß daran, mit Gigi Perreau zu filmen.

THE LADY PAYS OFF ist nach THUNDER ON THE HILL Sirks zweiter Film mit dem Garbo-Kameramann William Daniels – wieder in Schwarzweiß – und die erste Komödie, die Sirk für Universal dreht. Universal-Chef Muhl hatte ihn aufgrund des komödiantischen Films A SCANDAL IN PARIS für dieses Genre engagiert, und es sollte eine Reihe von komödienhaften amerikanischen Kleinstadtgeschichten folgen.

A WEEKEND WITH FATHER

Im Mittelpunkt dieser zweiten Provinzkomödie steht Van Heflin als Witwer Brad Stubbs, der zwei kleine Töchter hat, Annie und Patty (Gigi Perreau und ihre kleine Schwester Janine). Als er sie zum ersten Mal auf den Zug zu einem Sommerlager bringt, begegnet er auf dem Bahnhof der jungen Patricia Neal als Jean Bowen, einer Witwe mit zwei kleinen Buben, Gary und David, die ebenfalls ins Sommerlager Hiashawaka geschickt werden sollen. In der Zeit ohne Kinder haben die Eltern Gelegenheit, sich kennen und lieben zu lernen.

Bei einem Elternabend im Sommerlager erleben Brad und Jean einige romantische Szenen in freier Natur, werden aber immer wieder gestört: die Intimität soll nicht sein. Ihre Verbindung wird von den Kindern sabotiert; Sirk bringt Kinder-Terror hier allerdings noch nicht wie in seinen späteren Filmen als bitterböse Wahrheit in der Dominanz der Jugendlichen, sondern freundlich-ironisch, niedlich und zum Lachen. Die beiden Buben wünschen sich den flotten Lagerleiter Don Adams (Richard Denning) als Vater. Brad Stubbs, ein unsportlicher, unbeholfener Geschäftsmann, wird ständig – so beim Sackhüpfen mit dem potentiellen Sohn David – lächerlich und von den vier Kindern oder von dem Müsli propagierenden Gesundheitsfanatiker Don Adams unmöglich gemacht, der dem laschen Stubbs ausgerechnet dann einen Vortrag hält, als der gerade Jean Bowen küssen will.

Der aufregende Fernsehstar Phyllis Reynolds (Virginia Field) interessiert sich auch für den Witwer, dem eigentlich die natürliche Jean besser gefällt. Seine Töchter sind sehr von der Fernsehdame beeindruckt und fördern diese Verbindung zunächst, fangen jedoch bald an, sie zu stören. Aber wenn die beiden Stubbs-Töchter dem Vater und dem Fernsehstar Phyllis, den sie inzwischen nicht mehr als Mutter wollen, beim Küssen mit der Taschenlampe ins Gesicht leuchten, ist das noch weit entfernt von der brutalen Unterbrechung durch den Mann im Kostüm des Totengerippes in THE TARNISHED ANGELS.

Vater Stubbs hat nicht viel zu sagen, wird von den Töchtern geradezu hin- und hergeschubst. Als Annie – die 10jährige Gigi Perreau, die schon in THE LADY PAYS OFF als Heiratsvermittlerin Erfahrung gesammelt hat – merkt, daß ihr Vater und Jean sich wirklich gern haben, sorgt sie für ein Happy-End.

Der im Sommer 1951 gedrehte Film ist wie THE LADY PAYS OFF nicht wichtig genug für ein New Yorker Premierenkino. Bei Clive Hirschhorn wird er als »trauliche Familienkomödie für ein trauliches Familienpublikum« bezeichnet (Hirschhorn, S. 200).

HAS ANYBODY SEEN MY GAL?

Am 4. Juli 1952, dem amerikanischen Nationalfeiertag, läuft in einem New Yorker Premierenkino Douglas Sirks erster Spielfilm in Farbe mit großem Erfolg an. Es ist eine auf E. H. Porters Roman OH MONEY! MONEY! von 1918 basierende nostalgische Komödie mit Schlagern aus den 20er Jahren, in Technicolor mit dem Kameramann Clifford Stine im Oktober/November 1951 nach einem Script von Joseph Hoffman gedreht. Ein witziger Zeichentrick-Vorspann führt den Titelsong ein: Five foot two, eyes of blue... Has anybody seen my gal?, auf deutsch – für heutige Begriffe etwas bieder – HAT JEMAND MEINE BRAUT GESEHN? Diese Frage

Rock Hudson mit Piper Laurie in HAS ANYBODY SEEN MY GAL?

stellt Rock Hudson, der hier als Dan Stebbins erstmals unter der Regie von Douglas Sirk zu sehen ist. Die Braut, die gesucht wird, heißt Millicent Blaisdell und wird von Piper Laurie verkörpert. Piper Laurie und Rock Hudson spielen ein junges Paar in Hilverton, einer Kleinstadt von Vermont, und tanzen gern Charleston. Der sensibel wirkende, charakterlich jedoch stabile junge Mann serviert Mixgetränke und Eisbecher – »Tutti-Frutti-Wunder« oder »Erdbeerzauber«, 15 Cents – an der Milchbar-Theke des Drugstores von Millicents Vater (Larry Gates), bildet sich in der Stadtbücherei weiter und spart für die Hochzeit, was gar nicht so einfach ist, denn Sirk läßt die Geschichte Ende 1929 spielen, unmittelbar nach der Weltwirtschaftskrise. In jener Zeit mußte Rock Hudson, der damals Roy Scherer hieß, als Fünfjähriger die Trennung von seinem Vater erleben, der die Familie nicht mehr unterhalten konnte (Oppenheimer/Vitek, S. 4).

Die Mutter der Braut (Lynn Bari) hätte lieber den reichen Carl Pennock (Skip Homeier) zum Schwiegersohn, der im flotten roten Wagen vorfährt wie Bob Merrick in MAGNIFICENT OBSESSION. Sie möchte für ihre Tochter den materiellen Luxus, den sie selbst nie gehabt hat.

Diese Situation findet der Millionär Samuel G. Fulton (Charles Coburn) in Hilverton vor. Fulton ist die eigentliche Hauptperson. Zu Beginn des Films liegt er in seiner Villa in Tarrytown als eingebildeter Kranker, der sein Testament machen will, im Bett. Vor Jahren hat seine Braut einen besser situierten Konkurrenten geheiratet. Der Sitzengebliebene hat sich zum Trost durch Sparsamkeit und Fleiß großen Wohlstand mit Alaska-Gold und Texas-Öl erworben. Millicents Mutter, Mrs. Blaisdell, ist die Tochter von Fultons vergangener Liebe. Ihr und ihrer Familie möchte der Millionär sein Vermögen vermachen.

Um herauszufinden, ob sie dessen würdig sind, mietet sich Fulton inkognito als Kunstmaler in ihrem bescheidenen Haus in Hilverton ein. Das Bett in dem Dachzimmer, wo noch das Bild seiner Angebeteten hängt, muß er mit dem Hündchen der Familie teilen.

Fulton nimmt einen Job in Blaisdells Milchbar an. Dan Stebbins bringt dem Alten mühselig die Tricks bei. James Dean hat einen kurzen Auftritt an der Theke als anmaßender Jugendlicher. Er bestellt vorlaut eine komplizierte Eisbecher-Kombination bei dem »Opa«. Coburn läßt ihn abblitzen: »Kommen Sie Mittwoch zur Anprobe vorbei!«

Nach kurzer Zeit ist der Millionär begeistert von den Mitgliedern der Familie, die seine hätte sein können. Besonders angetan hat es ihm Roberta (Gigi Perreau), die mit ihm malt und ihm Charleston beibringt. In einer schönen Szene singen Gigi Perreau, Charles Coburn und Lynn Bari, die eine wohltönende tiefe Stimme hat, bei ihren verschiedenen Beschäftigungen im Haus mehrstimmig »When the red, red robin comes bob-bob-bobin' along«.

Charles Coburn, Gigi Perreau, Rock Hudson und Larry Gates
in HAS ANYBODY SEEN MY GAL?

Der Millionär läßt der sympathischen Familie zur Probe 100000 Dollar zukommen. Fassungslos muß der für sich selbst sparsame Wohltäter Fulton die üblen Veränderungen erleben, die der plötzliche Reichtum bewirkt. Besonders negativ zeigt sich der labile Charakter der Figuren bei Mrs. Blaisdell. Das gemütliche Haus wird aufgegeben; Überblendung des kleinen Schildes FOR SALE mit dem größeren der Villa, die gekauft wird. Da die Blaisdells ihren Laden abgeben und es auch nicht mehr nötig haben zu vermieten, nimmt der abservierte Dan Stebbins den obdachlosen Fulton und die »reinrassige Promenadenmischung« auf, die zwei französischen Pudeln weichen muß.

Fulton-Coburn, der seinen hypochondrisch-todkranken Zustand ganz vergessen hat, kommt durch seine Hilfsbereitschaft noch in kritische Situationen, landet mehrere Male vor Gericht und wird sogar als Lüstling verdächtigt, weil er die aus Liebeskummer weinende Millicent im Kino tröstet. Seine abstrakten Malereien, die Roberta und Millicent ohne sein Wissen ausgestellt haben, sollen prämiert werden.

Nachdem der verderbliche Reichtum verflogen, Fulton verschwunden und der alte, glücklichere Zustand wieder hergestellt ist, besinnen sich alle eines besseren, und so heißt es schließlich: Ende gut, alles gut.

Mehrere Sirk-Themen sind erkennbar: Die Weisheit aus HAS ANYBODY SEEN MY GAL?, daß Geld (allein) nicht glücklich macht – ein für das Genre des Melodramas typisches Motiv –, findet sich auch in anderen Sirk-Komödien. Sirk benützt häufig Ausnahmesituationen, sei es für ein Individuum, sei es für die Allgemeinheit wie in HAS ANYBODY SEEN MY GAL?, wo die Weltwirtschaftskrise ein extremes Bedürfnis nach Lebensgenuß hervorruft. Ein Fest wie Weihnachten verdeutlicht den Kontrast von allgemeiner Freude und äußerer Pracht zum privaten Elend von Mr. Blaisdell, der nicht weiß, wie er seine Schulden bezahlen soll, und der armen Millicent, die Dan liebt, aber mit Carl verlobt werden soll.
Das Hauptthema von Sein und Schein, das als Dünkel und Pharisäertum, Verkleidung und Vorspiegelung, Lüge und Verstellung auf verschiedenste Weise, harmlos oder böse, von APRIL, APRIL! bis IMITATION OF LIFE das gesamte Werk von Douglas Sirk durchzieht, ist in aller Deutlichkeit in dieser musikalischen Komödie vorhanden.
Wie häufig bei Sirk, stehen auch in HAS ANYBODY SEEN MY GAL? hinter diesem Themenbereich das Problem der Klassengegensätze und das Bewußtsein, (noch) nicht zur »Gesellschaft« zu gehören.
Die auf den ersten Blick harmlos erscheinende Komödie entpuppt sich als Gesellschaftssatire.

NO ROOM FOR THE GROOM

Nicht im Kittchen, sondern im Haus der Braut ist kein Zimmer frei für den Bräutigam, und er erfährt, daß ein Heim auch alles andere als heimelig sein kann. Dabei haben Alvah und seine Freundin Lee längst in Las Vegas geheiratet. Die Verwandten, die im ganzen Haus untergebracht sind, als der GI Alvah Morell vom einjährigen Kriegsdienst in Korea zurückkehrt, wissen allerdings gar nichts von der Blitzhochzeit, denn Lee hat sie bisher nicht erwähnt. Ihre habgierige Mutter will sie an Herman Stroule, einen wohlhabenden Zementfabrikanten, verschachern, für den alle Verwandten arbeiten.
Tony Curtis und Piper Laurie als junges Paar, Don de Fore als reicher Rivale und schließlich die aus dem Lubitsch-Film HEAVEN CAN WAIT bekannte Spring Byington als Mutter der Braut bilden die Besetzung für diese Satire mit dem Arbeitstitel ALMOST MARRIED.
Alvah und Lee sind nur auf dem Papier verheiratet, die Ehe wird nicht vollzogen. NO ROOM FOR THE GROOM ist die Geschichte eines frustrierten jungen Mannes, der – in jeder Beziehung – nicht zum Zuge kommt. Zuerst hat Alvah plötzlich rote Pünktchen im Gesicht, als er die Hochzeitsnacht mit seiner soeben Angetrauten im Hotel in Las Vegas verbringt; der Arzt, dem ein paar Jetons aus der Tasche fallen, stellt die Masern bei ihm

fest. Nach dieser Kinderkrankheit wird Alvah durch die Armee nach Korea geschickt. Als er nach der Rückkehr versucht, endlich mit seiner jungen Frau zusammenzukommen, ist das Haus besetzt. Die egoistische Schwiegermutter intrigiert gegen ihn. Sie ist Kettenraucherin und täuscht Herzanfälle vor, um die Tochter unter Druck zu setzen.
Alvah entdeckt noch Schlimmeres: In seiner Abwesenheit ist aus seinem geliebten Heimatstädtchen eine entsetzliche Großbaustelle mit Industrieanlage geworden. Durch seine Weinberge sollen Eisenbahnschienen geführt werden. Als er durch seine Proteste dem Projekt im Weg steht, wird er für unzurechnungsfähig erklärt. Der Fortschritt hat freie Hand.
Neben vielerlei Anspielungen, daß die Gesellschaft die Individuen vergewaltigt, bringt diese Komödie die Sirksche Anklage, daß Gefühle und Menschlichkeit dem materiellen Erfolg und Fortschrittsglauben geopfert werden.
NO ROOM FOR THE GROOM hat am 13. Juni 1952 in New York Premiere. Bei Clive Hirschhorn ist die Rede von Sirks »unnützer Aufgabe«, bei dieser »schauderhaften« Komödie aus einer banalen Story eine bedeutungsvolle zu machen (Hirschhorn, S. 206).
Schon während der Dreharbeiten faßt Douglas Sirk den Entschluß, die Billigproduktionen des Studios in »amerikanische Tschechows« umzuwandeln: »Eine einzige Möglichkeit sah ich in den Sachen: sie zu spielen als jene sanfte Kritik an den Zuständen, die heute bei Tschechow gespürt wird. Ich sagte mir: Wenn ich die Leute überliste, kann es gelingen, eine ›comédie humaine à l'Universal‹ zu schaffen« (Schaub, S. 32).
Die Bloßlegung der nur an der Oberfläche integren Kleinstadtgesellschaft wird mit NO ROOM FOR THE GROOM ein Hauptthema für Sirk. Er macht von da an »die Sprünge und Risse im vorgeschriebenen Way of life« (Jeremias, S. 10) sichtbar.

MEET ME AT THE FAIR

Im Frühsommer 1952 entsteht der Farbfilm MEET ME AT THE FAIR. Im Mittelpunkt der um die Jahrhundertwende spielenden Komödie mit eingelegten Liedern stehen drei Hauptfiguren:
Der hagere schauspielernde Tänzer Dan Dailey als gutmütiger Doc Tilbee – ein Jahrmarktunterhalter und herumreisender Medizin»doktor«, um nicht zu sagen Scharlatan, der mit seiner angepriesenen Medizin Durchfall heilen will und dem Publikum erzählt, er sei als einziger Weißer der Schlacht bei Little Big Horn entkommen.
Dann Chet Allen als Waisenknabe Tad Bayliss, der aus dem Waisenhaus wegläuft und sich mit Tilbee anfreundet.
Und schließlich Diana Lynn als gestrenge Fürsorgerin Zerelda Wing, die der Behörde das Verschwinden des Jungen meldet.

Tilbees Kumpan Enoch Jones spielt Scatman Crothers, ein schwarzer Schauspieler und Sänger, der später durch Stanley Kubricks Film SHINING Erfolg hat.
Den Titelsong singt die Varieté-Sängerin Clara Brink (Carole Mathews), die in Tilbee verliebt ist. Sie läßt den Waisenknaben Tad mit seinem Hund bei sich unterschlüpfen, als der Staatsanwalt Chilton Corr (Hugh O'Brian) ihn zurückfordert. Zerelda Wing ist mit diesem verlobt, erkennt aber bald, daß er mit anderen korrupten Kleinstadt-Politikern in Machenschaften verwickelt und an der Veruntreuung von 57000 Dollar, die für ein neues Waisenhaus eingeplant waren, beteiligt ist. Zerelda stellt sich schließlich auf die Seite von Tilbee. Sie heiraten, adoptieren den Jungen und beseitigen die Mißstände im Waisenhaus.
Die Vorlage THE GREAT COMPANIONS von Gene Markey war in den 50er Jahren eine beliebte Lektüre. Douglas Sirk machte nach dem Drehbuch von dem damals noch unbekannten Irving Wallace einen Film mit melodramatischen Elementen. Die Sozialkritik unterschiebt er dem Kinopublikum unmerklich wie Doc Tilbee, der im Wonderland Café schockierende Aufnahmen vom Kinderheim in die Vorführung eines Films einfügt (Stern, S. 83). Sirk zeigt – in der Art von Pirandello – ein Leben im Showbusiness auf und hinter der Bühne, stellt es jedoch einem verlogenen bürgerlichen Leben in einer Kleinstadt gegenüber.
Die Kritik lobt die gut präsentierten Musiknummern dieser »anspruchslosen« Unterhaltung und gesteht Douglas Sirk zu, er habe das Möglichste aus dem Stoff herausgeholt. Sirk zählt MEET ME AT THE FAIR zu den »Americana«, wie auch den folgenden Film TAKE ME TO TOWN.

TAKE ME TO TOWN

Im Oktober und November 1952 dreht Douglas Sirk einen Farbfilm mit dem Arbeitstitel FLAME OF TIMBERLINE nach einer gleichnamigen Erzählung von Richard Morris.
Es ist eine dramatische Westernkomödie mit musikalischen Einlagen. Nach einer der Nummern, TAKE ME TO TOWN, erhält der Film seinen endgültigen Titel. Gekonnt benutzt Sirk alle klassischen Regeln der Komik. Ohne je in Routine abzugleiten, gestaltet er den Film mit liebevoller Sorgfalt.
Von allen Sirk-Filmen – so Robert E. Smith – sei TAKE ME TO TOWN wohl der heiterste und optimistischste und gönne dem Zuschauer Erholung von der höllischen Vision des Regisseurs (Smith, S. 28/29). TAKE ME TO TOWN könne bei der Gesamtbetrachtung von Sirks Filmen über Amerika als das Paradies vor dem Sündenfall betrachtet werden, schreibt Michael Stern (S. 85).

Dieses Paradies befindet sich in den Bergwäldern von Oregon nahe der Baumgrenze (*timberline*) in der Holzfällersiedlung Pine Top. Dort lebt um 1870 der verwitwete Holzfäller und Prediger Will Hall (Sterling Hayden) mit seinen drei kleinen Söhnen. Zu dieser unvollständigen Familie stößt Vermillion O'Toole (Ann Sheridan). Ihre Geschichte wird beim Vorspann und am Schluß in der Ballade »The Tale of Vermillion O'Toole« von einer Männerstimme gesungen: »... at first she stole kisses, and then she stole hearts«.
Mae, die sich Vermillion nennt, ist eine »Frau mit Vergangenheit« und auf der Flucht vor dem Gesetz. Als sie mit ihrem Liebhaber Newton Cole (Philip Reed) mit dem Zug ins Gefängnis gebracht werden sollte, ist sie geflohen. Ein knallroter Technicolor-Zug mit schwarzer Rauchfahne verschwindet in der strohgelben Landschaft: ein Vorgeschmack auf WRITTEN ON THE WIND.
Newton Cole sucht seine ehemalige Geliebte und findet Vermillion in Timberline, wo sie in einem Saloon, »Rose's Elite Opera House and Palace of Chance«, auftritt. Ihre Frisur erinnert an die von Zarah Leander beim Auftritt als Gloria Vane in ZU NEUEN UFERN.
Marshal Daggett (Larry Gates – als Drugstorebesitzer Blaisdell in HAS ANYBODY SEEN MY GAL? zu sehen) ist der geflüchteten Vermillion als Sheriff auf der Spur. Um beiden Männern zu entgehen, muß Vermillion ein zweites Mal fliehen. Im Nachbarort Pine Top wird sie Haushälterin bei Will Hall und seinen Kindern. Die Buben sind klein und lieb: Der jüngste ist drei, der älteste neun Jahre alt. Sie zeigen noch nicht die negativen Verhaltensweisen, die Sirk später Jugendlichen und erwachsenen Kindern in seinen Filmen zuordnet.
Unvergeßlich, wie Corney (Lee Aaker, der schon in NO ROOM FOR THE GROOM dabei war) in die Hände spuckt, um sich seine Haare glattzustreichen, oder Bucket (Dusty Henley) sagt: »Ich mag das.« Vermillion rettet Bucket vor einem Schwarzbär, den sie blindlings erschießt, um dann ohnmächtig auf das Tier zu fallen.
Corney, Petey und Bucket sind von vornherein der Meinung, daß Vermillion eine gute Mutter für sie und eine gute Frau für den Vater wäre. Erhebliche Vorbehalte gegen eine Verbindung zwischen ihrem Prediger und der zinnoberroten Tingeltangeltänzerin haben allerdings die Gemeindemitglieder von Pine Top. Für Will Hall spielt Vermillions zweifelhafte Vergangenheit keine Rolle. Als Christ, der an das Gute im Menschen glaubt, steht er zu ihr trotz des Geschwätzes der Leute. Nach seinem Heiratsantrag ist ein buntes Schleifchen an Vermillions weißer Bluse alles, was an ihre bisherige, auffällige Kleidung erinnert.
In Pine Top soll eine neue Kirche gebaut werden, wenn genug Geld beisammen ist. Vermillion probt zugunsten des Kirchenprojekts eine Theateraufführung, an der sogar die Klatschweiber der Gemeinde beteiligt

sind. Es ist ein »Melodrama in 3 Scenes« mit dem bedeutsamen Titel »Der gute Ruf der Dame«, auf dem Originalschild mit passendem Schreibfehler: THE LADIES GOOD NAME.
Die Ankündigung der Veranstaltung lesen auch Newton Cole und Marshal Duggett. Beide tauchen in Pine Top auf, letzterer, um Vermillion zu verhaften. Während einer dramatischen Szene des Theaterstücks, das auf einer provisorischen Bühne im Freien aufgeführt wird, geht es auch in der Filmrealität dramatisch zu: Mißverständnisse, Revolverschüsse und Faustschläge auf beiden Schauplätzen in einer Parallelmontage. Daggett schießt sich mit Cole, Will Hall prügelt sich mit Cole, bis dieser zugibt, daß er Vermillion in die Straftaten hineingezogen hat. Ann Sheridan wird die von der Gemeinde akzeptierte Mrs. Reverend Hall und hält Bibelstunden für die Kinder der Holzfällersiedlung ab.
Wie häufig bei Sirk, geben ein Song und ein im Film gespieltes Theaterstück Aufschluß über die Situation der Heldin, die in TAKE ME TO TOWN zunächst die »Flamme von Timberline«, dann die »Dame mit dem guten Ruf« verkörpert. Im deutschen Fernsehtitel wird sie DIE ABENTEUERLICHE FRAU genannt.
Ihr Vorname ist ebenfalls aufschlußreich. Das Wort *vermilion* bedeutet Zinnober, zinnoberrot und ist identisch mit *scarlet*, scharlachrot. Für den Kinobesucher weckt der Name Vermillion O'Toole Assoziationen mit Scarlet O'Hara, der anrüchigen Heldin aus VOM WINDE VERWEHT, die als tatkräftige, tüchtige Frau endet und wie Ann Sheridan in TAKE ME TO TOWN »ihren Mann steht«. Die an der Bibel orientierten Christen von Pine Top werden die Johannes-Offenbarung im Ohr haben, wo in Kapitel 17, Vers 4 und 5 »the scarlet woman« als Sinnbild der Unkeuschheit gilt.
Der irische Nachname O'Toole nimmt diese Deutung wieder zurück – denn Irinnen sind vom Typ her rothaarig. Er weist zudem darauf hin, daß Vermillion zum katholischen und in der Einwandererhierarchie unter den WASPS stehenden Bevölkerungsteil gehört.
Vermillion, eine Zeitgenossin des Apachen Taza, ist eine starke, selbstsichere Pioniersfrau, die sich selbst helfen kann. Sie kann die Vorurteile der Hinterwäldler-Gesellschaft und der Klatschbasen zusammen mit einem sie als gleichwertig akzeptierenden Partner überwinden.
In ALL THAT HEAVEN ALLOWS kann Cary Scott, die weder genügend Vertrauen in sich selbst, noch in ihren Partner hat – und einen Anstoß von außen durch den Arzt braucht –, in der etablierten Kleinstadtgesellschaft von Neuengland eine solche Situation nicht mehr alleine bewältigen.
In der Aufbauphase des amerikanischen Westens, wo im Kampf ums Überleben jeder jeden braucht, ist die Klassengesellschaft noch nicht ausgeprägt, und echte christliche Haltung ist noch nicht durch Scheinheiligkeit ersetzt. Noch können Tatkraft und liebevolle Menschlichkeit

über Vorurteile und Pharisäertum den Sieg davontragen. Eine Ehe zwischen einem Saloon-Girl und einem Prediger ist zur Pionierzeit noch möglich.

Sirk bezeichnet TAKE ME TO TOWN als ein »kleines lyrisches Gedicht« auf die Vergangenheit des amerikanischen Westens (Halliday, S. 88). Ein Stück Vergangenheit, in doppeltem Sinn und nostalgisch verklärt, stellt auch der unmittelbar im Anschluß – im Dezember 1952 und Januar 1953 – gedrehte Film ALL I DESIRE dar. Er ist eine mögliche Fortsetzung der Geschichte von TAKE ME TO TOWN, wo gezeigt wird, wie es zu einer Ehe zwischen zwei so ungleichen Menschen kommen kann. ALL I DESIRE bringt die Situation nach der quasi gescheiterten Ehe zwischen zwei nicht zusammenpassenden Menschen, einer Schauspielerin und einem konservativen High-School-Lehrer, um die Jahrhundertwende. Im modernen bürgerlichen Milieu von THERE'S ALWAYS TOMORROW kommt die Ehe zwischen zwei so unterschiedlichen Menschen wie der kreativen, gefühlvollen Norma und dem relativ starren Cliff von vornherein gar nicht zustande.

Was in der vorbürgerlichen Zeit noch relativ problemlos möglich ist, wird in dem Maß problematischer, in dem sich Sirks Filme geographisch vom Westen und zeitgeschichtlich von der Pionierzeit entfernen und sich gleichzeitig der Jetztzeit und dem »englischen« Osten nähern.

TAKE ME TO TOWN ist beim Publikum ein Erfolg. In der New York Times steht nach der Premiere von TAKE ME TO TOWN am 19. Juni 1953 ein Verriß. Die Handlung wird als schwerfällig und unglaubwürdig beschrieben. Daß Vermillion mit ihrer Show Geld für den Kirchenbau mobil macht, stört den Kritiker als ethischen Mißgriff. Bei Clive Hirschhorn wird der Film als eine unerträgliche Mischung von Melasse und Saccharin beschrieben. Ein anderer Kritiker bedauert, daß Ann Sheridan und Sterling Hayden darin ihre Talente vergeuden. Halliwell erwähnt Sirks Film unter dem Stichwort Hayden nicht. Sterling Hayden, 1950 Star in John Hustons Film THE ASPHALT JUNGLE, 1954 Titelheld von JOHNNY GUITAR (Nicholas Ray) und 1956 in THE KILLING von Stanley Kubrick, spielt die Rolle des Will Hall überzeugend.

Über Ann Sheridan sagt Douglas Sirk, der gern mit ihr gearbeitet hat, nur Positives: Er betont ihre warme Ausstrahlung und die Menschlichkeit ihrer Darstellung, auch wenn Ann Sheridan vielleicht an Sex-Appeal verloren habe (Halliday, S. 88).

Ann Sheridan hatte großen Erfolg als JUKE GIRL (C. Bernhardt, 1942), wo sie neben Ronald Reagan und Gene Lockhart spielte. Zu der Zeit, als Anns Sex-Appeal im Vordergrund stand, war sie noch Kollegin von Ross Hunter, der mit ihr zusammen vor der Kamera agierte.

In TAKE ME TO TOWN arbeiten Ross Hunter und Russell Metty zum erstenmal mit Douglas Sirk zusammen. Die Begegnung mit diesen beiden Film-

leuten sollte für die Entwicklung von Sirks Arbeit bei Universal wichtig werden.
Der eine Generation jüngere Ross Hunter war als unbedeutender Schauspieler in Filmen wie A GUY A GAL AND A PAL (Bud Boetticher, 1945), THE BANDIT OF SHERWOOD FOREST (George Sherman, 1947) oder zuletzt 1951 in THE GROOM WORE SPURS tätig und arbeitete dann als Produzent für Universal. Alle Sirk-Filme ab TAKE ME TO TOWN – mit Ausnahme von SIGN OF THE PAGAN, A TIME TO LOVE AND A TIME TO DIE und den beiden Zugsmith-Produktionen WRITTEN ON THE WIND und THE TARNISHED ANGELS – sind von Ross Hunter produziert, insgesamt zehn der Universal-Filme.
Der Kameramann Russell Metty, fast zehn Jahre jünger als Douglas Sirk, hatte für Universal 1947 bei IVY (Sam Wood) und 1948 bei ALL MY SONS (Irving Reis) hinter der Kamera gestanden und davor für United Artists THE STORY OF G. I. JOE (William Wellman, 1945) und mit Orson Welles 1946 THE STRANGER gedreht. In TAKE ME TO TOWN erweist sich die Zusammenarbeit von Regisseur und Kameramann als so harmonisch, daß Russell Metty für Sirk bei allen nachfolgenden Farbfilmen (Technicolor, die beiden letzten Eastmancolor) – ausgenommen CAPTAIN LIGHTFOOT (Kamera: Irving Glassberg) und INTERLUDE (Kamera: William Daniels) – und bei dem Schwarzweißfilm THERE'S ALWAYS TOMORROW die Kamera führt. Von TAKE ME TO TOWN bis IMITATION OF LIFE dreht Russell Metty mit Sirk zehn Filme und wird den optischen Stil des Regisseurs in den 50er Jahren mitbestimmen.

ALL I DESIRE

Wie in A SCANDAL IN PARIS George Sanders als Vidocq auf ironische Weise sein Leben selbst darstellt, so fängt in ALL I DESIRE die von Barbara Stanwyck gespielte Hauptfigur im Off an, ihre Geschichte zu erzählen, während auf der Leinwand ein Theaterplakat mit ihrem Namen zu sehen ist: »Naomi Murdoch, das bin ich.« Sie erscheint dann als Person und als Spiegelbild in einer schäbigen Schauspielergarderobe mit einer befreundeten Kollegin. Schon nach dieser Eingangsszene sind wir im Bild über Naomi, die ihre Familie zehn Jahre zuvor verlassen hat, um sich selbst zu verwirklichen, wie man heute sagen würde. In ihre miese Existenz als desillusionierte Schauspielerin platzt der Brief ihrer Tochter Lily hinein. Ohne das Wissen der restlichen Familie wird die Mutter aufgefordert, zur High-School-Abschlußfeier zu kommen, um Lily, die von einer großen Schauspielerkarriere träumt, als Baroness Barclay in der Schultheater-Aufführung anzuschauen.
Plötzlich steht das Leben, das Naomi hinter sich gelassen hat, ihr wieder

vor Augen: der autoritäre Ehemann Henry, der sie nie akzeptiert hat, dem ihre Künstlernatur unpassend erschien für die Frau eines angehenden Schuldirektors am Gymnasium einer Kleinstadt und vor dem sie schließlich geflohen war. Zuerst in eine Liebschaft mit dem draufgängerischen und naturverbundenen Dutch Heinemann, der Waffen und Angelbedarf verkauft. Dann, nach diesem ersten skandalösen Ausweg, in eine erhoffte Schauspielerkarriere, weit weg von Riverdale, Wisconsin, wo sich ihr Familienleben abspielte und wo ihr neben heimlicher Bewunderung nur Verachtung entgegengebracht wurde: Naomi, eine aus der Kleinstadtgesellschaft Ausgestoßene.

Auf Wunsch der Tochter – aber vielleicht hat sie nur auf ein solches Zeichen gewartet – kehrt Barbara Stanwyck als Naomi Murdoch zurück nach Riverdale, wie sie 1952 in Fritz Langs Film CLASH BY NIGHT in die kalifornische Kleinstadt Monterey zurückkehrt. Naomi will es diesem Kaff zeigen und gestaltet ihre Rückkehr nach außen hin als Triumphzug. Die Ankunftsszene am Bahnhof könnte aus einem Western stammen; das liegt an den Kostümen jener Zeit um 1900, das liegt an den verlotterten Cowboygestalten, die am Bahnhofszaun herumlungern. Sie kommentieren bewundernd Naomis Auftritt und übernehmen die Rolle der weiblichen Klatschbasen aus TAKE ME TO TOWN und ALL THAT HEAVEN ALLOWS.

Und dann steht Naomi in einer jener symbolkräftigen Sirkschen Szenen an ihrem Haus und betrachtet durch die Scheiben die um den Tisch versammelte Familie – und gehört nicht dazu. Drin wird sie nur von der Köchin Lena (Lotte Stein) aufrichtig herzlich empfangen. Lily (Lori Nelson) freut sich natürlich, daß ihr Brief Erfolg hatte. Henry Murdoch (Richard Carlson) ist überrascht – nicht unangenehm, allerdings nur halbherzig erfreut, denn Tochter Joyce (Marcia Henderson) und Sohn Ted (Billy Gray) empfinden die Mutter als unerwünschten Eindringling. Er selbst fühlt sich inzwischen in verhaltener Zuneigung zu seiner Kollegin Sara Harper hingezogen. Sara ist durchaus denkbar als intelligente, herzliche Familienmutter für die Murdoch-Kinder. Wie soll er jetzt Sara, die sich schon Hoffnungen gemacht hat, gegenübertreten, und was werden die Leute sagen?

Sara Harper hat das Theaterstück mit den Jugendlichen einstudiert und paßt in ihrer seriösen, zurückhaltenden Art besser als Naomi zu dem schwachen, unentschlossenen Akademiker Henry. Sie wird von Maureen O'Sullivan – Mia Farrows Mutter – sympathisch dargestellt. Wer hätte gedacht, daß dieses sanfte irische Wesen 30 Jahre früher die Heldin Jane des Tarzans Johnny Weissmüller war?

In einer Umkehrung des Rollenverständnisses von Ehefrau und Geliebter ist Barbara Stanwyck Saras Gegenspielerin als *femme fatale*, aber diesmal – im Gegensatz zu vielen ihrer früheren Rollen der Schwarzen

Barbara Stanwyck und Lyle Bettger in ALL I DESIRE

Serie – von der warmherzigen Sorte, die vor allem die unvoreingenommenen jugendlichen Kleinstadtbewohner für sich gewinnt. In einer faszinierenden Szene im Hause Murdoch, wo Lily mit ihren Klassenkameraden nach dem Schulfest weiterfeiert, darf Barbara Stanwyck Naomis ganze Variationsbreite und Anziehungskraft zeigen: in einem Spektrum von ausgelassener Tanzerei bis zum zartesten Vortrag von Brownings Liebesgedicht. Sie wird gedrängt, noch mehr vorzulesen. Doch sie erwidert, daß man immer auf dem Höhepunkt abtreten solle, aufhören, »solange man dich um mehr bittet«. Naomi ist schön – inclusive Glamour –, selbstsicher – ohne Arroganz, denn sie gibt sich auch mit der »Brillenschlange« ab –, klug, herzlich und einfühlsam – eigentlich eine ideale Frauengestalt. Naomi ist Hauptfigur in einem echten *woman's picture*.
Tochter Joyce betrachtet ihre vitale Mutter als Rivalin. Ein Ausritt von Naomi, Joyce und ihrem Verlobten Russ (Richard Long) zeigt, ähnlich wie entsprechende Szenen in SUMMER STORM oder in THERE'S ALWAYS TOMORROW, die erotisch-sexuelle Kraft der Beteiligten. Durch ein Gespräch mit Naomi wird die Tochter befreit und stellt sich ihrer eigenen Liebesbeziehung, statt ihr wie bisher zu entfliehen.
Dutch Heinemann kann nicht glauben, daß Naomi nur zu ihrer Familie zurückgekehrt ist und nichts mehr mit ihm zu tun haben will. Naomi geht

ein letztes Mal zu ihrem früheren Treffpunkt am Fluß, um ihm zu sagen, daß Schluß ist. Durch ein Gerangel um Dutchs Gewehr löst sich – ähnlich wie in WRITTEN ON THE WIND – ein Schuß und trifft Dutch lebensgefährlich. Neuer Skandal. Naomi sieht ihren Rückkehrversuch gescheitert und will das Haus nach einem rührenden Abschied von Ted für immer verlassen, entsprechend der von Gina Kaus adaptierten Vorlage des Films: STOPOVER von Carol Brink.

Doch Ross Hunter, in ALL I DESIRE erstmals alleiniger Produzent bei einem Sirk-Film, hat eine andere Lösung: Henry Murdoch, dessen Beförderung durch den neuen Skandal gefährdet war, kommt gerade rechtzeitig aus der Schule zurück, um Naomi zum Bleiben zu bewegen. Er macht ihr klar, daß er Fehler gemacht habe und daß sich alles ändern könne, weil er sie jetzt besser verstehe. Er steht zu ihr. Da auch Naomi dazugelernt hat – »Man wünscht sich immer das, was man nicht hat. Man weiß erst, wie unwichtig Erfolg ist, wenn man ihn gehabt hat« –, könnte sich auf dieser Basis durchaus eine positive Partnerschaft zwischen den beiden Eheleuten entwickeln. Auch im Sinn von Sirks Konzept vom »going in a circle« oder »dancing a rondo« ist dieser Schluß möglich: Naomi kehrt zurück und bleibt, d. h. man nimmt einen Platz, den man verlassen hat, wieder ein, resignierend oder hoffend.

Die Besetzung des Films mit der schon etwas reifen *leading lady* Barbara Stanwyck und mit Richard Carlson als einem etwas angestaubten *leading man* der 40er Jahre – eine sanfte Humphrey-Bogart-Imitation – ist überzeugend und interessant. Lyle Bettger ist in seiner Rolle als Dutch Heinemann und dritter männlicher Beteiligter in der doppelten Dreiecksgeschichte zugleich der attraktive, vitale Naturburschen-Rivale, der hinterhältige Schurke und das sympathische Opfer; sympathisch – denn schließlich hat Naomi ihn geliebt, und der sensible junge Ted fühlt sich, ohne etwas von der Affäre seiner Mutter zu ahnen, zu Dutch hingezogen und möchte auch seine Mutter am gemeinsamen Angeln mit dem väterlichen Freund beteiligen: Naomi, Dutch und Ted, eine jener Sirkschen potentiellen Familienkonstellationen.

Im Anschluß an die beiden Beinahe-Musicals MEET ME AT THE FAIR und TAKE ME TO TOWN als dritter Beitrag zu einer Reihe von nostalgischen Kleinstadt-Geschichten gedacht, ist ALL I DESIRE selbst als Schwarzweißfilm stark genug, um ohne musikalische Nummern auszukommen und sich mit dienender lyrischer Begleitmusik zu begnügen. Die Betonung des Seriösen wird durch das Weglassen solcher Einlagen erst möglich, die Vorahnung und Andeutung des Schicksalhaften spürbar.

Die in TAKE ME TO TOWN noch mögliche Verbindung von Saloon-Girl und Prediger wird für Naomi und Henry in Frage gestellt. ALL I DESIRE stellt mit der Situation der Familie und ihrer Probleme in bezug auf eine Hauptfigur einen Vorgriff auf ALL THAT HEAVEN ALLOWS, THERE'S ALWAYS TO-

MORROW und IMITATION OF LIFE dar. Sirk selbst über ALL I DESIRE: »Ich kenne keinen amerikanischen Film, in dem die Familie so offengelegt wird.«

TAZA, SON OF COCHISE

Im Sommer 1953 erhält Douglas Sirk die Gelegenheit, sich einen amerikanischen Traum zu erfüllen: Er dreht einen Western. Sirk hat oft gesagt, wieviel ihm Thoreaus WALDEN – or Life in the Woods – bedeutet, wie sehr er die Landschaft des amerikanischen Westens liebt und Dreharbeiten »outdoors« schätzte. Halliday gegenüber äußert er, als Amerikaner wäre er Regisseur von Western geworden, die doch das eigentliche amerikanische Kino darstellten (Halliday, S. 41).
TAZA, SON OF COCHISE ist nun Sirks melodramatischer Western nach einem Drehbuch von George Zuckerman, der später für ihn WRITTEN ON THE WIND und THE TARNISHED ANGELS schreiben wird.
TAZA – einer von Universals pro-indianischen Western – ist ein kurzer Film von 79 Minuten, gleichzeitig in 2-D und 3-D mit dem Kameramann Russell Metty in Technicolor gedreht. Als Action-Film mit echten Indianern, mit echten Indianerkämpfen gegen die unechte US-Kavallerie, ist TAZA mit allen für das Genre des Westerns notwendigen Zutaten ausgestattet.
In der Eingangsszene steht ein Indianer zu Pferd auf einem Hügel und schaut in eine weite Landschaft hinein. Wir hören, daß uns ein Bericht über die Ereignisse des Jahres 1872 an diesem Ort erwartet.
Der Film erzählt von dem Apachen Taza und seinem Leben in der Siedlung der Chiracahua-Apachen, von Tazas Liebe zu Oona, der Tochter von Grauer Adler, von Tazas Konflikten mit dem rivalisierenden jüngeren Bruder Naiche. Es ist ein Film über Siege und Niederlagen im Großen und im Kleinen – wie in Sirks späteren Melodramen. Liebesszenen – hier mit Barbara Rush als Oona – finden, wie so oft bei Sirk, im Einklang mit der Natur am Fluß statt.
Der sterbende Vater Cochise nimmt Taza das Versprechen ab, sich als sein Nachfolger für ein friedliches Zusammenleben mit den Weißen einzusetzen. Die Rolle des Cochise hat Sirk Jeff Chandler übertragen, da das Publikum ihn schon seit BROKEN ARROW (Delmer Daves, 1950) und BATTLE OF APACHE PASS (George Sherman, 1952) mit Cochise identifiziert. Auf der Seite der Weißen hat Taza einen Freund, Captain Burnett, dessen Rolle Gregg Palmer spielt – als *second lead* wie auch im folgenden Film MAGNIFICENT OBSESSION. Burnetts Gegenspieler ist General Crook (Robert Burton), der Anführer eines Kavallerieregiments, das von den Apachen unter Tazas Onkel Geronimo (Ian MacDonald) als Anführer vernichtet wird.

Den im Mittelpunkt des Films stehenden Indianer Taza läßt Sirk von Rock Hudson bewußt als ambivalente Persönlichkeit darstellen, als Vermittler zwischen zwei Kulturen, hin- und hergerissen zwischen seinen eigenen Friedensbestrebungen und dem nicht zu Kompromissen bereiten, jegliche Assimilation ablehnenden, radikalen Teil seines Stammes unter dem Onkel Geronimo und dem Bruder Naiche (Bart Roberts). Bereits in diesem Film finden wir ein Hingezogensein der Hauptfigur zu einer anderen kulturellen Welt wie später bei Attila in SIGN OF THE PAGAN.

Rock Hudson fühlte sich nicht wohl in der Rolle des Taza – nicht nur, weil er beim Reiten Probleme mit der Perücke hatte –, obwohl er darin eine Würde behält, die Lächerlichkeit vermeidet, auch wenn die Dialoge teilweise schwach sind (Parker/Shapiro, S. 333 u. S. 335). Andere Kritiker loben die atemberaubenden Landschaftsaufnahmen von Utah und Colorado und das richtige Tempo von Sirks Regie.

Trotz einer im Gegensatz zu sonstigen Universal-Produktionen relativ aufwendigen Aufmachung läuft TAZA in keinem New Yorker Premierenkino.

MAGNIFICENT OBSESSION

Sirks Film ist ein Remake des 1935 von John M. Stahl gedrehten Universal-Melodramas mit gleichem Titel, basierend auf dem Roman des Erfolgsautors Lloyd C. Douglas. Joseph Pevney – Regisseur des Universal-Films IRON MAN (1951), in dem Douglas Sirk etwas mehr als nur einen gut aussehenden jungen Mann in Rock Hudson zu entdecken glaubte (Halliday, S. 86) – meint sich zu erinnern, daß Universal-Boss William Goetz das Remake ursprünglich Loretta Young und John Forsythe zugedacht hatte, daß aber Loretta Young ablehnte (Oppenheimer/Vitek, S. 46/47). Stahls Film hatte damals den von MGM »ausgeliehenen« 24jährigen Robert Taylor, der neben Irene Dunne die Hauptrolle spielte, zum Star gemacht.

Den alten Universal-Film von J. M. Stahl kennt Douglas Sirk nicht. Jane Wyman dagegen kennt ihn und möchte in einem Remake die Hauptrolle übernehmen. Douglas Sirk steht zwar dem Material skeptisch gegenüber, ist jedoch an dem Star Jane Wyman sehr interessiert. So kann der Produzent Ross Hunter ihn zu dem Projekt überreden. Im September 1953 beginnen die Dreharbeiten. Jane Wyman spielt in dem Film eine Frau, der ein Playboy zum Schicksal wird. Sirk ist überzeugt, daß Rock Hudson für die männliche Hauptrolle geeignet ist. Wie Sirk versteht es die erfahrene Schauspielerin Jane Wyman auf herzliche Art, dem jungen Darsteller die Angst zu nehmen und durch zusätzliche Proben Selbstvertrauen zu vermitteln (Oppenheimer/Vitek, S. 48).

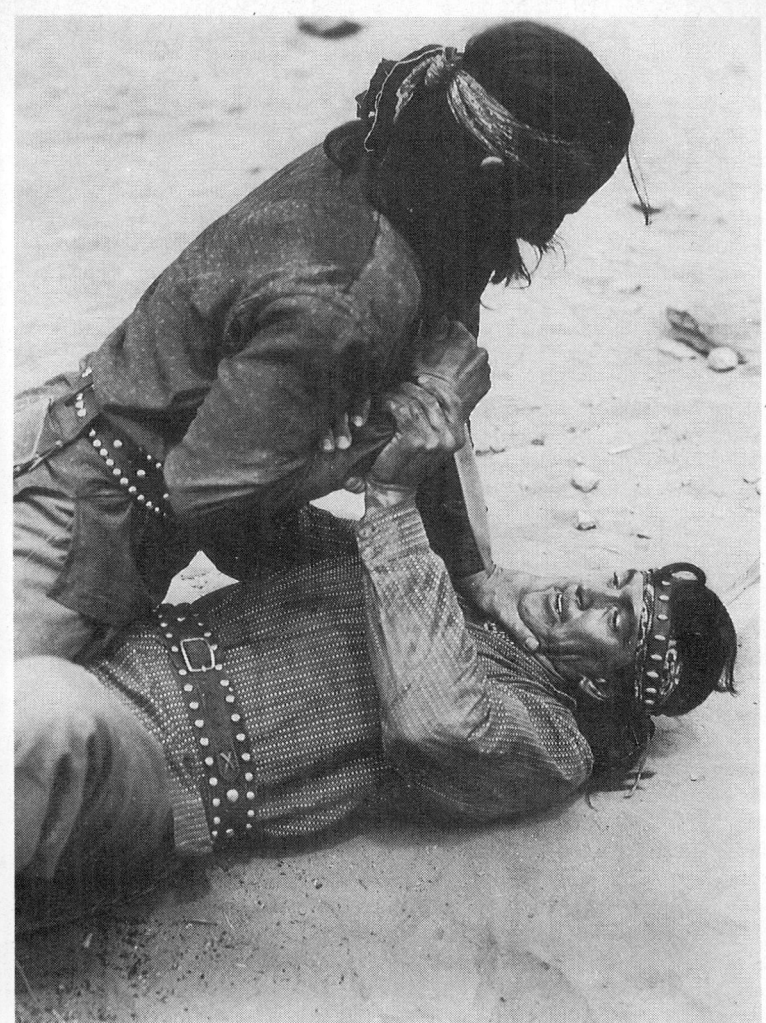

Bart Roberts und Rock Hudson in TAZA, SON OF COCHISE

Sirks MAGNIFICENT OBSESSION hat am 4. August 1954 die New Yorker Premiere und wird ein enormer Kassenerfolg. Die schauspielerische Leistung aller Darsteller erhält allgemein Anerkennung. Jane Wyman wird in ihrer Rolle als Helen Phillips für den Oscar nominiert, gleichzeitig mit Judy Garland (A STAR IS BORN) und Grace Kelly, die ihn dann für ihre Rolle in COUNTRY GIRL erhielt. Rock Hudson, der unter Douglas Sirk bei Universal zum ersten Mal in HAS ANYBODY SEEN MY GAL?, dann in TAZA, SON OF COCHISE spielte, rückt durch MAGNIFICENT OBSESSION zum Star im Studio auf, erhält Angebote von mehreren Filmgesellschaften und gelangt durch seine weiblichen Fans in die Liste der zehn beliebtesten Darsteller.

Die Kombination Jane Wyman, Jahrgang 1914 und zu jenem Zeitpunkt mit Ronald Reagan verheiratet, und Rock Hudson, Jahrgang 1925, ist ein so erstaunlicher Erfolg, daß der Produzent Ross Hunter sofort einen weiteren Film mit den beiden Darstellern als Liebespaar plant.

MAGNIFICENT OBSESSION von Douglas Sirk lief in Deutschland unter dem Titel DIE WUNDERBARE MACHT. Wie in dem Roman von L. C. Douglas geht es um eine Weltanschauung: Ein Mensch kann Glück und Zufriedenheit erlangen, wenn er insgeheim Gutes tut – praktizierte christliche Nächstenliebe. Aus dieser Überzeugung wird eine Art Besessenheit. Immer, wenn im Film von ihrer Kraft die Rede ist, ertönt als Hintergrundmusik das Thema von Beethovens »Freude, schöner Götterfunke«.

Die erste Einstellung zeigt in der Totale einen idyllischen Bergsee, auf dem ein Motorboot in großer Geschwindigkeit direkt auf den Zuschauer zukommt. Rock Hudson sitzt mit einer ängstlichen Begleiterin im Boot. Nachdem er sie am Ufer – Drehort Lake Arrowhead – abgesetzt hat, geht es erst richtig los: Rock Hudson rast mit dem knallroten »Hurricane IV« wie ein Irrer davon und produziert einen riesigen Wasserschweif. An der Landestelle wird sein Verhalten kommentiert: »Hasn't he got any brains?« – »He doesn't have to, he's got four million bugs!« Wie Kyle Hadley aus WRITTEN ON THE WIND ist Bob Merrick, dessen Rolle Rock Hudson verkörpert, nicht fähig, erwachsen zu werden, weil er den anspruchsvollen Vorstellungen seines verstorbenen Supervaters und Gründers der Merrick-Motor-Gesellschaft nicht gerecht werden kann. Er versucht auf andere Weise, Eindruck zu machen und sich selbst zu bestätigen, indem er z. B. im Motorboot auf dem See herumrast. Als es nach Ansicht des Mechanikers 180 Meilen sind, knallt Merrick auf einen Felsen, das Boot explodiert. Die Polizeistreife kommt mit einem Wiederbelebungsgerät. Unglücklicherweise hat Dr. Phillips, der Leiter des Brightwood-Hospitals, einen Herzanfall erlitten. Sein Sauerstoffgerät könnte ihn retten, doch es ist für Bob Merrick auf der andern Seeseite im Einsatz. In einer Parallelmontage sehen wir die bangend vor Phillips Haus wartende Krankenschwester und Vertraute Nancy (Agnes Moorehead), den Polizeiwagen

und das Auto von Mrs. Phillips (Jane Wyman), die sich auf der Heimfahrt mit ihrer Stieftochter Joyce (Barbara Rush) ausmalt, wie sie ihren heutigen »Hochzeitstag« mit einem festlichen Dinner begehen wird. Joyce überlegt sich einen Trinkspruch – auf ihren wunderbaren Vater, den berühmten Chirurgen, und auf ihre liebe »Mutter« Helen, die vor sechs Monaten den verwitweten Arzt geheiratet hat. Der Zuschauer erfährt so, in welcher Beziehung die Filmfiguren untereinander stehen.
Dr. Phillips stirbt. Bob Merrick lebt. Niemand kann verstehen, warum der verwöhnte Nichtsnutz gerettet wird und der Arzt, der so viel Gutes getan hat, sterben mußte. Die Neugier des Zuschauers auf den »wunderbaren Mann« befriedigt der Regisseur nie; nicht einmal das Porträt, das sein Freund Randolph gemalt hat, bekommen wir zu Gesicht. Wir erleben zwei ganz unterschiedliche, überzeugende Reaktionen auf den Tod eines geliebten Menschen: Während sich Joyce laut weinend in einen Sessel wirft, kommt Jane Wyman tonlos und mit leeren Augen langsamen Schrittes aus dem Totenzimmer.
Der Anwalt Tom Masterson (Gregg Palmer), der mit Joyce liiert ist, teilt mit, daß Dr. Phillips kein Vermögen hinterlassen hat.
Im Brightwood-Hospital, in das Merrick gebracht worden ist, steht an jeder nur möglichen Stelle ein prachtvoller Blumenstrauß, als wolle sich der Regisseur über Farbfilme lustig machen: in Violett, Gelb und Weiß am Empfangstisch, in Knallrot in Merricks Krankenzimmer. Für sein unmögliches Benehmen gibt der Playboy Schwester Nancy die Erklärung: Als sein Vater mit 42 Jahren starb, hat Bob Merrick beschlossen, sein Medizinstudium abzubrechen und das Leben zu genießen. Auf dem Nachttisch liegt die Newsweek mit seinem Titelfoto.
Bob Merrick entflieht aus der Klinik und schlittert über einen Abhang auf die einsame Straße, als gerade Mrs. Phillips im Auto daherfährt. Sie bietet ihm an, ihn mit ins Dorf zu nehmen. Er fängt an zu flirten. Sie betont, sie sei Mrs. Wayne Phillips. Ihm wird klar, daß der Arzt indirekt durch seine Schuld ums Leben kam. Mit einem Scheck über 25000 Dollar versucht er, die Sache aus der Welt zu schaffen.
Für Bob Merrick ist es nach seinen früheren Flirts eine ernsthafte Zuneigung. Helens ablehnende Haltung führt ihn in eine Phase der Verzweiflung. Auf dem Nachhauseweg von einer Bar landet er betrunken bei dem Maler Edward Randolph (Otto Kruger), der ihm schon im Hospital begegnet ist. Er lernt Randolphs – und Dr. Phillips' – Philosophie von der Quelle der unendlichen Kraft kennen, die der Maler mit dem elektrischen Strom erklärt, der die Lampe zum Leuchten bringt: Power. Doch man müsse bereit dafür sein. Außerdem sei die Sache gefährlich: »One of the first men to use it went to the cross at the age of 33.« Als Bob Merrick unmittelbar nach der ersten guten Tat Helen trifft, ist er von der »wunderbaren Macht« überzeugt: »It does work!« Als er ihr in ein Taxi folgt, fühlt

sich Helen durch seine Aufdringlichkeit bedrängt und steigt aus. Ein Auto fährt sie an. Helen Phillips wird durch den Unfall blind.
Helen lernt, als Blinde zu leben. Hoffnungsvoll ganz in Rosa, übt sie, sich allein zum Strand hinunterzutasten, wo sie sich mit der ungekünstelten achtjährigen Judy (Judy Nugent) trifft. Judy sieht für Helen: Sie beschreibt, was auf dem See los ist, und liest ihr die Zeitung auf ihre Weise vor. In der Nähe sitzt still beobachtend Rock Hudson. Er fragt bescheiden, ob er hin und wieder vorbeikommen dürfe. Dann fährt er in seinem weinroten Auto davon. Unter falschem Namen gewinnt Bob Merrick durch seine Fürsorglichkeit Helens Zutrauen und Liebe. Es kommt zu einer dramatischen Szene, als Joyce diesem »Robby Robbinson«, von dem ihr Helen so viel Positives erzählt hat, am Strand gegenübersteht. Er habe in Helens Leben nichts zu suchen, sagt Joyce. Doch Bob Merrick läßt sich nicht beirren. Joyce wird ihn später um Verzeihung bitten, als sie erkennt, daß er sich geändert hat.
Merrick nimmt am New York Medical Center seine abgebrochene Ausbildung als Chirurg wieder auf. Er sucht Wege, Helen zu helfen. Der Anwalt Tom Masterson ist sein Vertrauter. Im Frühjahr reist Helen in der Begleitung von Nancy und Joyce in die Schweiz, wo sich durch Merricks geheime Vermittlung drei Spezialisten aus Zürich, Wien und München um ihren Fall kümmern. Doch keine der Kapazitäten kann helfen. Allein im Hotelzimmer, läuft Helen tastend, umfaßt streichelnd eine dicke gedrechselte Holzsäule, geht auf den Balkon und schluchzt laut, als sie einen Blumentopf von der Brüstung stößt: Sie ist und bleibt blind, und wirkliches Glück ist ihr verwehrt.
Als es klopft, ist es Rock Hudson. Er tröstet Helen: Jetzt hat sie Zeit, er kann ihr alles zeigen und für sie sehen. Sie macht sich schön wie eine Braut: weißes Kleid, Perlenkette, weiße Pelzstola. Vom Hotel Alpen-Ruhe machen sie im Mercedes mit Zürcher Nummer eine Alpen-Panorama-Fahrt: Hintergrund-Projektion, versteht sich. In einem Ort, wo Bob für Helen Riesensträuße duftenden Flieders kauft, findet ein Volksfest »mit Musik und Feuerwerk« statt. Die beiden tanzen bis tief in die Nacht in einem Lokal Walzer nach der Geigenmelodie von »Wiener Blut«. Sie sagt: »I always dance with my eyes closed anyway.« Eine Kuckucksuhr schlägt zwölf. Der Wirt schaut ungeduldig. Helen möchte dieses augenblickliche Glück niemals verlieren. Sie gesteht, daß sie Bobs Identität längst erkannt hat. Er macht Helen einen Heiratsantrag. Helen will ihm am nächsten Morgen ihre Antwort geben. Er bringt sie mitsamt dem weißen und violetten Flieder zum Hotelzimmer. Dort sitzt Nancy in einem Kostüm, das farblich mit dem Violett des Flieders übereinstimmt. Helen berät sich mit Nancy: »He wants to marry me. I can't let him do this.«
Am nächsten Morgen finden Joyce und Bob einen Abschiedsbrief von

Jane Wyman und Agnes Moorehead in MAGNIFICENT OBSESSION

Helen vor. Da ihre Blindheit unheilbar scheint, verschwindet sie unauffindbar aus Merricks Leben, um ihn nicht weiter zu belasten: melodramatischer Verzicht der Heldin.
Spätherbst. Der Strand bei Helens Haus ist leer. Merrick erinnert sich an die glücklichen Sommerszenen. In Helens leerem Haus hört er im Off Randolphs Stimme, die ihm Mut macht: »You never give it up. Believe me, it's a magnificent obsession.«
Viele Monate vergehen. Die Newsweek bringt ein Foto von Dr. Robert Merrick mit einem Bericht über die neurologische Entwicklung am New York Medical Center. Er schaut nach Joyce, die inzwischen ein Baby bekommen hat – Little Helen. Eines Tages wartet Randolph mit einer Nachricht von Nancy in Bob Merricks Wohnung: Helen liegt schwerkrank in einem Sanatorium in New Mexico. Randolph und Merrick fliegen zu ihr. Sie scheint sich an etwas zu erinnern, denn sie spricht mühselig vor sich hin: »I always dance with my eyes closed anyway.« Merrick stellt bei der Diagnose ein Fibrom fest. Die Operation muß sofort durchgeführt werden. Ein Transport ist zu riskant, doch die Klinik hat keinen Spezialisten. Auf eindringliches Zureden von Randolph führt Bob Merrick die komplizierte Operation durch. Der väterliche Freund schaut durch eine große Glasscheibe mit ermunterndem Lächeln von schräg oben zu. Als alles

klappt, zieht er sich zurück, und die Operationsszene spiegelt sich in der Scheibe. Begleitmusik ist wieder das Motiv von »Freude, schöner Götterfunke«, da die wunderbare Kraft durch Merrick wirksam wird.
Gemäldeartige Panorama-Ausblicke – Abend und nächster Morgen – aus dem Breitwandfenster des Krankenzimmers. Helen kann gesund werden und wieder sehen. Einem Happy-End steht kein Handicap mehr im Wege. Tomorrow. Randolph lächelt und geht auf die Seite. Seine Stimme ist zu hören: »Believe me... a magnificent obsession.« Wieder Anklänge an Beethovens Musik. THE END
Der Film wirkt stellenweise wie eine gekonnte *soap opera*, manchmal wie eine Parodie auf diese Art von Unterhaltung. In zeitgenössischen amerikanischen Kritiken wird der Film als »weepie« und »one of the great tearjerkers of the decade« tituliert. Heute noch gilt MAGNIFICENT OBSESSION als »four handkerchief fan's classic« – ein Supermelodrama, bei dem vier Taschentücher vollgeweint werden.[27]
Bei allen Vorbehalten gegenüber dem Stoff kann Douglas Sirk seine bevorzugten Themen herausarbeiten. Glaube und Absurdität, Rationales und Irrationales wie in THE FIRST LEGION. Identitätssuche, Vergeblichkeit, Flüchtigkeit des Glücks, Läuterung, Erlösung. Körperliche und symbolische Blindheit: Blindsein als Isoliertsein oder Verblendetsein – nichts außerhalb sich selbst sehen können oder wollen – und Blindheit als »inneres Gesicht«: Helen muß erst blind werden, um die Echtheit von Bob Merricks Liebe erkennen zu können.
Merrick fordert den Tod durch Geschwindigkeit heraus wie später Kyle in WRITTEN ON THE WIND und Roger Shumann in THE TARNISHED ANGELS. Rock Hudson rutscht wie in ALL THAT HEAVEN ALLOWS den abkürzenden Abhang hinunter, hält sich nicht an die Regeln, ist unkonventionell. Anthuriumblüten – wie auch bei Marylee in WRITTEN ON THE WIND – sprechen von Merricks zunächst aggressiver Sexualität.
Barbara Rush verkörpert als Joyce noch positiv eine jener in Sirks Filmen auftauchenden erwachsenen Töchter, die Mutters Liebesbeziehung ablehnen. Die kleine Judy Nugent werden wir auch in der Darstellerliste von THERE'S ALWAYS TOMORROW finden, wo sie eines der egoistischen Kinder spielt; in MAGNIFICENT OBSESSION stellt sie als positive Figur das heitere Element in Sirks Melodrama dar.
In MAGNIFICENT OBSESSION lassen sich Konstellationen der griechischen Tragödie finden: ÖDIPUS, ALKESTIS, wie Sirk J. Halliday und M. Stern gegenüber erklärt. Stern zitiert den häufig ironisierenden Sirk bei seinem Gespräch über Melodrama und Shakespeare, wo von einer ganz verrückten Geschichte mit Geistern, Mord und allem möglichen die Rede ist: »It's called MAGNIFICENT OB... no, HAMLET it was called.« Sirk habe seine Aufgabe darin gesehen, dem Material »signs and meanings«[28] einzuflößen und dabei die Besonderheiten des Genres anzuwenden (Stern, S. 94).

So findet sich in MAGNIFICENT OBSESSION Symbolik in jedem Bild. M. Stern nennt sein Kapitel über MAGNIFICENT OBSESSION »The Aesthetic Vision«. Mehrere neuere Kritiken heben die stilistische Seite hervor: Sirks vielgerühmter Stil habe wieder einmal über unglaubwürdige Handlung und Kitsch gesiegt. Oder eher den Kitsch erhöht und mit feiner Ironie akzeptiert – die Stilisierung des »unmöglichen« Materials als ästhetisches Prinzip.

SIGN OF THE PAGAN

1949 erzielt Paramount einen ungewöhnlichen Kassenerfolg mit SAMSON AND DELILAH (C. B. De Mille), 1951 MGM mit QUO VADIS? (Mervyn Le Roy) und 1953 Twentieth Century-Fox mit THE ROBE (Henry Koster). Universal-International möchte auf der von Cecil B. De Mille eingeleiteten Welle biblischer Spektakel mitreiten und am Erfolg anderer Filmgesellschaften teilhaben.
SIGN OF THE PAGAN ist Sirks erster Film in CinemaScope und ein Bigbudget-film. Für die Schlachtszenen steht ein zweiter Regisseur – J. C. Havens – zur Verfügung.
Attila fällt in Italien ein. Als Kind römische Geisel, will er Rache nehmen an der Stadt, in der er und sein Vater Gefangene waren, und die Völker vom römischen Joch befreien. Bei Sirk kommt Papst Leo, »Stellvertreter Gottes auf Erden«, in einer stimmungsvollen Szene in der Abenddämmerung mit einer Barke über den Tiber, um den Hunnen zur Umkehr zu bewegen und so die »Stadt der Christenheit« zu retten. Kurz vor Rom kehrt der Hunnenkönig um. Der Römer Marcianus, der Attilas Abzug für eine List hält, überfällt mit seinen Legionen die Hunnen aus dem Hinterhalt und versetzt Attila im Zweikampf den tödlichen Stoß. Die Ironie des Schicksals liegt für Attila darin, daß er – wie die erste Szene des Films zeigt – Marcianus am Leben läßt, als dieser gefesselt zu ihm gebracht wird.
Nach THE FIRST LEGION bringt dieser Film für Sirk eine erneute intensive Auseinandersetzung mit Religion, Glauben und Aberglauben. Hier als religiöser Konflikt in der Konfrontation von Christentum und Heidentum, verbunden mit einem humanisierten Attila-Bild. Verbrämt durch aufwendige Ausstattung und epische Breite, kristallisiert sich in diesem Farbfilm eine völlig unübliche Sicht der Figur des Hunnen Attila heraus: Die wilde Brutalität des »grausamsten Eroberers aller Zeiten« ist eine durch Melancholie, Zweifel und undefinierbare Sehnsüchte gebrochene und überhöhte Kraft.
Der deutsche Titel ATTILA, DER HUNNENKÖNIG nennt die Hauptperson des Films deutlicher als der an C. B. De Milles Titel SIGN OF THE CROSS orientierte Originaltitel von Sirk.

Die Hauptfigur auf christlicher Seite, Marcianus, ist ein zum Centurio bei der kaiserlichen Garde in Rom aufgestiegener Sohn eines Sandalenmachers. Ihn spielt der jung ergraute Jeff Chandler, Universals Kassenfüller als *leading man*. Durch seine Rolle erhält der Film Elemente einer historischen Romanze. Als der mutige Marcianus an den Hof des oströmischen Kaisers Theodosius in Konstantinopel kommt, um ihm die Hunnengefahr vor Augen zu halten, verliebt sich Prinzessin Pulcheria in ihn, die von ihrem Bruder Theodosius im eigenen Palast wie eine Gefangene gehalten wird. Pulcheria und Marcianus heiraten, der Schuhmachersohn wird schließlich zum Kaiser berufen. Die Rolle der Pulcheria verkörpert die aus THE RED SHOES (Powell u. Pressberger, 1948) bekannte Tänzerin Ludmilla Tcherina.

Größere Gegensätze als der Christ Marcianus/Jeff Chandler und der Heide Attila/Jack Palance sind – auch optisch – kaum denkbar. Als Zeichen der Unterlegenheit und Überlebtheit des Heidentums: Attilas weissagender Schamane wird von einem Baum getötet, in den der Blitz einschlägt. Attilas Tochter Kubra (Rita Gam) wird – aus Liebe zu Marcianus – gegen den Willen des Hunnenvaters Christin.

In SIGN OF THE PAGAN gibt es Bilder, die im Gedächtnis bleiben, und Szenen von shakespearescher Kraft. Automatisch kommen positive Assoziationen mit der MACBETH-Verfilmung von Orson Welles, vor allem durch das ausdrucksstarke Gesicht des Attila-Darstellers Jack Palance.

Die Dialoge des englischen Dramatikers Barre Lyndon, dessen Drehbuch zu THE HOUSE ON 92ND STREET (Henry Hathaway, 1946) Aufsehen erregte, sind anspruchsvoll und gehen über die eines einfachen Unterhaltungsfilms oder typischen Kostümfilms hinaus.

Der zwischen Dezember 1953 und Februar 1954 gedrehte Farbfilm hat ein Jahr später, am 13. Februar 1955, in New York Premiere. Ein überwältigender Kassenerfolg wird er nicht.

CAPTAIN LIGHTFOOT

Mit Begeisterung übernimmt Douglas Sirk im Sommer 1954 die Regie für CAPTAIN LIGHTFOOT, da er den Film an Originalschauplätzen in Irland drehen kann. Die Geschichte stammt von R. W. Burnett, der als Drehbuchautor von SCARFACE (1932), HIGH SIERRA (1940) und THE ASPHALT JUNGLE (1950) hervorgetreten ist, und spielt während der irischen Freiheitskämpfe zu Beginn des 19. Jahrhunderts. Der Film erinnert an Schlöndorffs Werk DER PLÖTZLICHE REICHTUM DER ARMEN LEUTE VON KOMBACH. Sein deutscher Verleihtitel heißt vieldeutig WENN DIE KETTEN BRECHEN.

Um die authentische Atmosphäre des Schauplatzes zu verstärken, hat

Rock Hudson, Jeff Morrow und Barbara Rush in CAPTAIN LIGHTFOOT

Sirk für sämtliche Nebenrollen irische und schottische Schauspieler gewählt. Die drei Hauptdarsteller sind Rock Hudson, Jeff Morrow und Barbara Rush, deren Hollywood-Aufmachung allerdings ein Kritiker als zu starken Kontrast zu den irischen Darstellern empfindet.[29]
Rock Hudson und Barbara Rush spielen ein Liebespaar wie schon in TAZA, SON OF COCHISE. In einer romantisierten irischen Vergangenheit gibt es für Michael Martin, den Iren von einfacher Herkunft – ähnlich wie für Vermillion O'Toole im »wilden« Westen von TAKE ME TO TOWN – noch keine Hindernisse durch eine repressive bürgerliche Gesellschaft. So können Michael (Rock Hudson) und Aga (Barbara Rush), die Tochter des Edelmannes John Doherty (Jeff Morrow), ein glückliches Liebespaar werden. Mit seinen tollkühnen Heldentaten beweist Michael Martin, was für ein prächtiger Mann er ist.
Michael Martin wird als Beteiligter an einem Raubüberfall auf den Vermögensverwalter eines heimischen Edelmanns identifiziert und muß fliehen. Er entkommt den englischen Dragonern und stößt auf einen Unbekannten, der sich als der »Captain Thunderbolt« genannte Revolutionsführer John Doherty entpuppt. Doherty führt den jungen Mann in die Gesellschaft ein. Michael Martin, der später den Namen Captain Lightfoot tragen wird, ist zunächst ein naiver Tolpatsch, der alles wörtlich nimmt, ein Elefant im Porzellanladen. Ein leichtgläubiger, hitzköpfiger Dorfbursche, muß er erst lernen, sich beispielsweise beim Gesellschaftstanz »leichtfüßig« zu bewegen und hinter die Maske zu schauen, die jeder trägt, wie Doherty ihm erklärt. Michael Martin brüskiert seine Umgebung mit Dingen, die »man nicht tut«. Während des Duells mit einem vornehmen Briten raucht er eine Zigarre. Dem Mädchen Aga, einer

wirklichen jungen Dame, versohlt er das Hinterteil in dem Augenblick, in dem das hochnäsige Dienstmädchen zum Tee bittet. Als Doherty bei einer Streiterei in seinem Spielhaus verwundet wird und sich verstecken muß, kümmert sich Michael nur allzu gern um dessen Tochter Aga und um die Spielgeschäfte, deren Gelder die irische Sache unterstützen.

Doch die Vergangenheit holt den einstigen Burschen vom Lande ein: Wegen seiner früheren Vergehen setzen die Engländer Michael Martin in der Burg seines Heimatortes gefangen, um ihn nach einer bevorstehenden Gerichtsverhandlung zu hängen. Dank der Hilfe des selbstlosen Freiheitskämpfers Regis (Denis O'Dea) kann Martin fliehen und als Captain Lightfoot Nachfolger des verwundeten Doherty werden.

Dem Genre nach ein Abenteuerfilm – mit Rock Hudson als Abenteurer und Held mit verwegen zerzaustem Haar, mit seinen Dragonern und berittenen Straßenräubern –, ist CAPTAIN LIGHTFOOT ein Kostümfilm in der Art der Mantel-und-Degen-Filme. Radmäntel, hohe Stiefel, dekorative Hüte bieten viel Glamour für die männlichen Darsteller. Ein Kostümball setzt allem die Krone auf. Rock Hudson sehen wir auf der Flucht als Mönch verkleidet. Verkleidung spielt hier auch im übertragenen Sinn eine Rolle als die Maske, die man trägt, um andere zu täuschen.

Vieldeutig ist auch die Figur des blinden irischen Sängers Callahan (Finlay Currie) mit der Harfe. Für Sirk entspricht er dem blinden Seher Teiresias, einer Figur der griechischen Mythologie, die Sophokles in seiner Tragödie KÖNIG ÖDIPUS verwendet: ein Blinder, der das »Gesicht« hat, ein »Hellseher«, einer, der mehr sieht als die Sehenden.

Auf Breitleinwand schwelgt Sirk in malerischen Außen- und Innenaufnahmen original irischer Gebäude. Die Darsteller und die Schönheit der »Smaragdinsel« mit den Hügeldörfern und Burgen fängt er mit dem Kameramann Irving Glassberg in gemäldeartigen Kompositionen ein. Einige Szenen, vor allem die Atmosphäre beim Duell, wecken Assoziationen zu den in Irland gedrehten Szenen von Stanley Kubricks Film BARRY LYNDON (1975), dessen Hauptfigur wie Michael Martin »sine nobilitate« ist – ein Snob, der mehr scheinen will.

Getreu seinem Prinzip der Kontrapunkte, bringt Douglas Sirk viel Komödienhaftes in den Film hinein. Rock Hudson zeigt sich als komödiantisches Talent.

ALL THAT HEAVEN ALLOWS

Nach den beiden außerhalb Amerikas spielenden »Männer-Filmen« über zwei unamerikanische Helden dreht Sirk mit ALL THAT HEAVEN ALLOWS Anfang 1955 einen »Frauenfilm«, der wie MAGNIFICENT OBSESSION in der zeitgenössischen Welt des relativ wohlhabenden amerikanischen Mittel-

Douglas Sirk mit Jane Wyman und Conrad Nagel während der Dreharbeiten zu ALL THAT HEAVEN ALLOWS

stands der 50er Jahre spielt. Jane Wyman und Rock Hudson sind wieder die Hauptdarsteller. Sirk nimmt als Schauplatz die Provinz Neuengland – mit Laubbäumen, die sich im Herbst verfärben und Laub abwerfen, und Obstbäumen, die geschnitten werden müssen, und wo zur Pflege der Gärten ein Gärtner gebraucht wird. In Stoningham, Connecticut, wo es kleinstädtisch überschaubar zugeht – wo also getratscht werden kann – und der elegante Country-Club das gesellschaftliche Leben bestimmt, lebt Cary Scott (Jane Wyman), die etwa 40jährige Witwe eines angesehenen Mitbürgers, mit ihren beiden fast erwachsenen, studierenden Kindern, die nur noch am Wochenende nach Hause kommen.

Im Vorspann sind links Herbstblätter im Bild, rechts ein geschindelter Kirchturm mit Uhr als regulierendem Symbol, in der Mitte eine Straßenecke aus der Vogelperspektive. Die Kamera folgt einem türkisfarbenen Auto. Vor einem der von Gärten umgebenen Häuser hält der Wagen: Die Freundin Sara (Agnes Moorehead) bringt Cary Geschirr zurück, hat aber keine Zeit, zum Essen zu bleiben. Cary fühlt sich allein, und so wird ihr in ihrem Garten plötzlich die Anwesenheit des attraktiven jungen Gärtners Ron Kirby bewußt. Kirby (Rock Hudson) trinkt mit ihr Kaffee. Später schaut sie nach einigem Zögern sein Gewächshaus und seine alte Mühle an; eine auffliegende Taube erschreckt Cary und beschleunigt die Annäherung.

Cary hat keine Vorurteile, zunächst jedenfalls nicht. Die werden ihr beigebracht von ihren entsetzten Kindern, der schockierten Freundin und anderen Mitgliedern des Stoningham-Country-Clubs. Als Cary Scott beginnt, eine eigene Identität zu entwickeln, statt wie bisher die Frau, danach die Witwe eines angesehenen Bürgers der kleinen Stadt zu sein, ist die Gesellschaft einschließlich Carys Kindern empört. Sie soll zwar aufhören zu trauern und darf sich im Rahmen des Clubs amüsieren und dafür sogar ihre gedeckte Kleidung gegen ein knallrotes sexy Kleid austauschen. Aber ein neues Leben als sozusagen neue Frau zu beginnen, gönnen sie ihr nicht.

Alle diese »wohlmeinenden« Kleinstadt-Bewohner sehen eine Verbindung zwischen Cary Scott und dem zehn Jahre jüngeren Gärtner Ron Kirby, der es womöglich aufs Geld abgesehen hat, als skandalös an und neiden den beiden das Glück. Tochter Kay (Gloria Talbott, eine Audrey Hepburn der Universal-Studios) erzählt der Mutter von den Witwen in Ägypten, die mit dem Hausrat lebendig in der Grabkammer des Mannes eingemauert wurden. Sohn Ned (William Reynolds) würde die Mutter am liebsten im eigenen Haus, einem Marmorgrab, einschließen. Etwas anderes wäre es, wenn Cary den distinguierten, schon älteren, »passenden« Junggesellen Harvey (Conrad Nagel) heiraten würde, der – als Kontrast zu dem vor Vitalität strotzenden Ron – ständig von seinen Wehwehchen erzählt, aber durchaus sympathisch ist und Cary liebevoll-väterlich entgegentritt. Sara arrangiert für Harvey und Cary eine Verabredung für den Country-Club. Als Cary abgeholt wird, serviert der Sohn Ned einen Martini im Livingroom der Familie: zweimal in gleich aufgebauten Szenen, einmal dem willkommenen Harvey und einmal dem Eindringling Ron Kirby; für Kirby ist ihm sein »Scott Special« viel zu schade. Die Psychologiestudentin Kay erklärt die Reaktionen des Bruders als Ödipus-Komplex.

Als die Freundin Sara Carys Entschlossenheit erkennt, versucht sie sich als Vermittlerin und lädt Cary und Ron zu ihrer Cocktail-Party ein. Das Eintreffen von Cary und Ron – in seinem unkonventionellen Wagen, was Cary zunächst peinlich ist – wird durchs Fenster beobachtet und kommentiert. Der Abend wird zur Katastrophe, als Ron die geliebte Frau vor dem aufdringlichen Verehrer Howard (Donald Curtis) schützt: der angedeutete obligate Faustkampf zur Ehrenrettung.

Cary, vor allem durch die Kinder unter Druck gesetzt, gibt die Beziehung

William Reynolds, Gloria Talbott und Jane Wyman
in ALL THAT HEAVEN ALLOWS

auf. Bei der Auseinandersetzung zwischen Cary und ihrem Sohn Ned ist wie bei einem Gefängnisbesuch der Ofenschirm als Gitter zwischen beiden; als Ned geht, läßt er Cary wie eine Verurteilte hinter dem Gitter zurück.
Ron drängt Cary nicht, er wartet. Sie sieht Ron wieder, als sie nach einem Weihnachtsbaum sucht, erhält aber den Eindruck, er sei inzwischen mit einer jüngeren Frau, Mary-Ann (Merry Anders), liiert, und zieht sich sofort wieder zurück. In einem früheren Drehbuch-Entwurf macht Cary einen Selbstmordversuch mit Gas, in der Meinung, Ron würde Mary-Ann heiraten, rettet sich jedoch im letzten Moment aus der Küche, weil ihr Lebenswille stärker ist als der Todeswunsch (Parker/Shapiro, S. 343).
Am Weihnachtstag ist sie allein. Sehnsüchtig schaut sie nach draußen, wo im Pferdeschlitten eine Schar Kinder als Sternsinger vorbeizieht. Sie steht hinter den Eisblumen und den Fensterkreuzen wie hinter Gittern. Von der Freude dieses Tages für die ganze Welt – »Joy to the world« – singen die kleinen Kinder. Verspätet kommen Carys Kinder doch noch. Kay und Ned – so stellt sich heraus – haben eigene Pläne, in denen die Mutter gar keinen Platz hat: Kay wird heiraten, Ned ins Ausland gehen, das Haus verkauft werden. Sie bleibt allein mit dem Weihnachtsgeschenk der Kin-

der zurück, einem Fernseher – »Zeitvertreib für einsame Witwen« –, in dem sich ihre Gestalt mit traurigem Gesicht spiegelt. Cary begreift, daß ihr Verzicht umsonst war, und fühlt sich krank; sie leidet unter Kopfschmerzen. Sie sucht Hilfe bei dem Arzt, der Ron auf Saras Party erlebt hat. Es gebe keine gebrauchsfertige Medizin für das Leben, sagt er und rät ihr, endlich das Richtige zu tun und Ron zu heiraten.
Cary fährt entschlossen zu Ron Kirbys alter Mühle, bekommt aber vor der Tür Angst vor ihrem eigenen Mut und kehrt wieder um. Als sie wegfährt, hört sie Rons Rufen nicht mehr. Von einem Hügel sieht er, wie Cary ins Auto steigt, und versucht, sich bemerkbar zu machen. Er rutscht über einen verschneiten Hang ab, liegt wie tot im Schnee. Carys Unentschlossenheit und ihre Haltung, es allen andern, nur nicht sich selbst recht zu machen, hat die Liebe unmöglich gemacht. Ende der Geschichte für Sirk.
Doch Produzent Ross Hunter möchte, daß der Sturz nur eine Gehirnerschütterung bewirkt hat und daß Jane Wyman Rock Hudson gesund pflegt und für immer bei ihm in der ausgebauten Mühle bleibt. Es muß ein Happy-End geben wie in MAGNIFICENT OBSESSION.
Hier wie dort eine ähnliche Konstruktion der Liebesgeschichte, die sich aus der Warte der weiblichen Hauptfigur in Zurückhaltung, Ablehnung, »zufälligen« Begegnungen entwickelt. Der Film ist von Ross Hunter in der Absicht produziert worden, den Erfolg von MAGNIFICENT OBSESSION beim Publikum auszunützen und möglichst alle erfolgreichen Zutaten zu kopieren. Das bedeutete vor allem die gleiche Darstellerkonstellation und ein ähnliches Rollenkonzept.
In ALL THAT HEAVEN ALLOWS ist jedoch – unterstützt durch Sirks Farbdramaturgie und Ikonographie – alles eindeutiger und fürs Publikum einfacher als in MAGNIFICENT OBSESSION. Daß Cary, die den ganzen Film hindurch unentschiedene graumelierte oder schwarze Kleidung trägt, noch liebesfähig ist, versteht man, wenn sie ihr rotes Kleid anzieht, als sie erstmals aus ihrer Witwen-Isolation heraustritt. Ron fällt in seiner sandfarbenen Kleidung im Garten zunächst gar nicht auf: Er hat noch keine Bedeutung für Cary. Am zweiten Gartentag hat er ein weinrotes Hemd an, das sich in den nächsten Auftritten zu knallrot-kariert steigert. Über die Kamera- und Lichtführung werden uns zusätzlich die Gefühle der Figuren verständlich.
Jane Wyman ist von vorneherein eine Witwe. Und weil es Herbst ist, die Blätter bunt sind und die Abräumarbeiten im Garten beginnen, merkt jeder, daß es auch im übertragenen Sinn ein bißchen herbstlich ist. Rock Hudson ist der viel jüngere und von vornherein eindeutig sympathische Mann – trotz aller Vitalität von verhaltener, niemals aggressiver Sexualität – und ein zuverlässiger Naturmensch, nach dem sich Frauen sehnen. Sein erster Satz im Film ist: »Kann ich Ihnen helfen?« Als nächstes

Jane Wyman und Rock Hudson in ALL THAT HEAVEN ALLOWS

rückt er für Jane Wyman einen Gartenstuhl zurecht. Ron baut für sich und Cary ein »Nest«: Die Mühle des Großvaters – ein Anklang an Sirks Kindheit – richtet er als Wohnung her, wie Cary es sich erträumt hat. Dem Zuschauer leuchtet, wenn Jane und Rock zusammen in die gemütlich eingerichtete alte Mühle kommen und Töne aus der Ersten Sinfonie von Brahms die Szene untermalen, ein, daß die beiden glücklich sein können, zumal er für sie gleich zu Beginn des Films einen Blätterzweig vom »Goldregen« abschneidet, der – wie er erklärt – nach Meinung der Chinesen nur da gedeiht, wo Liebe ist. Cary hat Rons Zweig in einer Vase an ihrem Frisierspiegel stehen und berührt ihn, nachdem Harvey ihr einen Heiratsantrag gemacht hat.
Die Beziehung zwischen Ron und Cary ist so zerbrechlich und so kostbar wie die Wedgwood-Kanne: Ron hat sie für Cary gekittet; als sie ihn wegen der Kinder verlassen will, reißt Cary das wertvolle Stück aus Versehen zu Boden, wo es zerbricht.
Jane Wyman ist eine von den seltenen sanften Sirkschen Frauen wie in MAGNIFICENT OBSESSION und läßt noch nichts erahnen von jener harten,

egoistischen, beinahe bösen Frau, die sie als Angela in der Fernsehserie FALCON CREST verkörpert.

Sirk zeigt Pharisäertum, Verlogenheit, Überheblichkeit im modernen Amerika auf. Zwei gegensätzliche Welten stoßen aufeinander: die der Umgebung von Cary Scott, die sich in Amerika konsequent aus der englisch-puritanischen Weltanschauung entwickelt hat, und die von Ron Kirby, der – in der Art, wie es Henry David Thoreau in WALDEN beschreibt – ein Leben in den Wäldern führt, Sicherheit aus sich selbst zu schöpfen vermag und Unwichtiges nicht wichtig nimmt. Sicherheit für andere kann er nicht bieten. Im Grunde hat die Stoninghamsche Kleinstadtgesellschaft Angst vor der anarchischen Komponente in Ron Kirby, Angst, daß das Gebäude ihrer Moral als Fassade entlarvt würde.

Kirby pflegt mit gleichgesinnten Freunden Umgang, mit Alida und Mick Anderson (Virginia Grey und Charles Drake), die sich aus der Zivilisation zurückgezogen haben, den »Ausstieg aus der Tretmühle« gewagt haben. Zu Alidas Fest kommen eine Ornitologin, ein Hummerfänger und ein Bienenzüchter. Ron kann den Flaschenkorken mit den Zähnen ziehen. WALDEN – so erfährt Cary von Alida – ist Micks Bibel, doch Ron hat das Buch nie gelesen, nur gelebt. Wie sein Freund Mick hat er eine Baumschule; in der amerikanischen Bezeichnung *nursery* kommt das Hegende der Tätigkeit zum Ausdruck. Ron hegt auch einen Hirsch: Er päppelt ihn, wie er Carys ängstliche Liebe päppelt. Und so wie Rock in seiner Baumschule Bäume geduldig hegt und den verletzten Hirsch pflegt, bis er ganz zahm ist, so hat er am Schluß mit Geduld und Einfühlungsvermögen das Zutrauen von Jane gewonnen und ihr geholfen, zu sich selbst zu stehen.

Rainer Werner Fassbinder nannte ALL THAT HEAVEN ALLOWS die »Geschichte vom Gärtner«. Er hat sie in seinem Film ANGST ESSEN SEELE AUF nachempfunden.

Daß Wohlstand allein nicht glücklich macht – »was ihnen fehlt, das ist die Liebe« (Fassbinder, S. 15) –, diese Erkenntnis ist auch Thema des unmittelbar im Anschluß an ALL THAT HEAVEN ALLOWS gedrehten Films THERE'S ALWAYS TOMORROW.

THERE'S ALWAYS TOMORROW

Nach der New Yorker Premiere am 20. Januar 1956 wurde THERE'S ALWAYS TOMORROW in der amerikanischen Kritik als Routinearbeit und als trotz ausgezeichneter Besetzung langweilige *soap opera* abgetan.

Als Remake des gleichnamigen Universal-Films von 1934 (Regie: Edward Sloman) mit dem damals 23jährigen Robert Taylor in der Rolle des erwachsenen Sohnes, ist Sirks THERE'S ALWAYS TOMORROW ein Film über

eine Familie, aber kein harmloser Familienfilm; in bezug auf die Zuschauer ist er »for adults only«.
Der Film beginnt im Titelvorspann wie ein Märchen mit »Once upon a time in sunny California...«, um uns gleich darauf die Realität eines Regentages zu zeigen. So wie das Sonnenparadies Kalifornien in den Wintermonaten seine Regenzeit hat, so hat das menschliche Leben verschiedene Phasen. Andererseits: Nur unmittelbar nach der Regenzeit ist der Süden von Kalifornien grün, bevor die große Dürre das Land überzieht. Ist Norma Miller-Vail der erfrischende Regen für Cliff Groves ausgetrocknete Existenz?
Der Film ist voll schwarzen Humors, voll Ironie. Es ist Ironie, eine Geschichte, die sich in jenen 50er Jahren in jeder amerikanischen Mittelstandsfamilie hätte abspielen können, mit »Es war einmal...« beginnen zu lassen.
Ein Mann wird durch seine Tüchtigkeit zum Besitzer einer Spielzeugfirma und stellt dann plötzlich fest, daß seine Frau, sein Sohn und die beiden Töchter ihr Familienleben ohne ihn führen. Er fühlt sich vernachlässigt.
Da taucht seine Jugendliebe Norma (Barbara Stanwyck) auf, und sie tauschen Erinnerungen aus. Cliff Groves (Fred MacMurray), unsensibel wie der von ihm erdachte Spielzeug-Roboter, hat alles vergessen, was Norma durch ihre Erzählungen in Erinnerung ruft, daß Blue Moon »ihr« Lied war, daß sie damals gegangen ist, weil sie seiner Karriere nicht im Weg stehen wollte. Nach einer gescheiterten Ehe hat sie immer noch Cliffs Foto in der Handtasche. Als Norma Cliff und seine Familie besuchen will, weil sie gerade als Modedesignerin in der Gegend zu tun hat, ist er allein. Seine Frau Marion (Joan Bennett), die er zum Geburtstag zu einer Veranstaltung in der Hollywood Bowl mitnehmen wollte, hat keine Zeit. Sie muß mit der kleinen Tochter (Judy Nugent) zur Ballettaufführung gehen. Er ist entweder nicht informiert oder hat vergessen, daß der Ballettauftritt der kleinen Tochter an diesem Abend stattfindet. Er sieht lächerlich aus mit der umgebundenen Schürze, als es klingelt und Norma vor der Tür steht. Nun: Norma hat Zeit, Norma ist da. Für Marion sind die Kinder und die Verpflichtungen wichtiger.
Durch Zufall trifft Cliff Norma in Palm Valley wieder, wo er eine Besprechung mit einem Geschäftspartner arrangiert hat und wo er gleichzeitig mit seiner Frau ein Wochenende ohne Kinder verbringen will. Wie immer läßt sich Marion durch die Familie abhalten: Die jüngste Tochter verzerrt im »richtigen« Moment den Knöchel, so daß die Mutter zu Hause bleibt. Cliffs Sohn hat die Idee, sich mit befreundeten Jugendlichen auf Kosten des Vaters in Palm Valley einen schönen Tag zu machen, findet ihn aber nicht. Als er schon wieder gehen will, hört er das Lachen des Vaters aus einem anderen Bungalowzimmer, wo Cliff und Norma bei der Suche nach

Joan Bennett und Fred MacMurray in THERE'S ALWAYS TOMORROW

einem Ohrclip auf dem Boden mit den Köpfen zusammenstoßen. Was der Sohn objektiv beobachtet, ist zwar harmlos, aber seine Interpretation ist richtig: Cliff spielt mit dem Gedanken, für Norma die Familie zu verlassen.

William Reynolds, der als Jane Wymans Sohn in ALL THAT HEAVEN ALLOWS auf Rock Hudson eifersüchtig war, für sich selbst und seinen verstorbenen Vater, spielt hier eine ähnliche Rolle als erwachsener Sohn Vinnie, der nicht will, daß seiner Mutter wehgetan wird; so beginnt er, den Vater argwöhnisch zu bespitzeln. Als seine Schwester Ellen sehen wir Gigi Perreau, inzwischen 14 und selbst in der Pubertät. Mit ihrem ständigen Spruch, »We are discussing emotional problems«, wimmelt sie den heimkehrenden Vater ab, wenn sie eines ihrer langen Telefongespräche führt. Mit Ellen geht Vinnie schließlich zu Norma ins Hotel und bittet sie, die Familie nicht zu zerstören. Norma hält den beiden vor, daß sie den Vater auf egoistische Weise nur als Selbstverständlichkeit betrachten, als Zubehör wie ein Möbelstück im Haus. Norma, die als geschiedene Karrierefrau Familienglück idealisiert, sagt Cliff, daß sie nicht bleiben kann. Sie fliegt zurück nach New York. Als ihr Flugzeug in der Luft ist, schaut Cliff aus dem Fenster.

Marion scheint von allem nichts gemerkt zu haben. Oder ist sie so klug, Cliffs Eskapade zu übersehen und eine Lehre daraus zu ziehen? Falls die Kinder Normas Predigt für die Zukunft nicht beachten, bleibt alles beim alten. Es gibt immer ein Morgen. So oder so.

Als klaren Fall von Midlife Crisis würde man Clifford Groves Zustand und Situation heutzutage bezeichnen. Durch seine Jugendliebe Norma, die seinen Trott unterbricht, lebt er auf, fühlt sich wieder jung, begehrt und verstanden. Von der Warte der Familie aus stellt sich die Sache anders dar: Groves hat nie Zeit gehabt, am Familienleben teilzunehmen, und wird deshalb ausgeklammert. In dem Moment, wo er alles erreicht hat, wo er von einer kreativen, handwerklichen Tätigkeit als Spielzeugentwerfer zum bloßen Verwalter und Besitzer eines großen Betriebes aufgestiegen ist, merkt er, daß ihm etwas Wesentliches fehlt, wie Fassbinder es für die Sirkschen Figuren in WRITTEN ON THE WIND formuliert hat: »Aber sie sind nicht glücklich. Was ihnen fehlt, das ist die Liebe.« An einem Individuum wird gezeigt, was für die ganze Gesellschaft gilt: Sie haben alles (Materielle), aber das Eigentliche fehlt ihnen: Für Gefühle blieb keine Zeit.

WRITTEN ON THE WIND

»Soap and oil don't mix«, schreibt der Kritiker der NEWSWEEK in der Ausgabe vom 4. Februar als Schlußfolgerung nach der New Yorker Premiere am 11. Januar 1957. Heute gilt WRITTEN ON THE WIND als einer der besten und wichtigsten Filme des Regisseurs. Anläßlich Rock Hudsons Tod im Oktober 1985 lief der Film in deutscher Fassung – IN DEN WIND GESCHRIEBEN – erneut im Fernsehen.

Bei dem zwischen November 1955 und Januar 1956 gedrehten Film arbeitet Douglas Sirk erstmals mit dem Produzenten Albert Zugsmith, den er schätzen lernt, zusammen. Das Drehbuch von George Zuckerman aktualisiert die Vorlage, einen 1946 von Robert Wilder geschriebenen Roman: Aus Tabakplantagen in North Carolina werden – wie in dem im Sommer 1955 gedrehten epischen Film GIANT – Ölfelder in Texas. Der poetische Titel des Romans wird beibehalten und zu Victor Youngs Musik mit Worten von Sammy Cahn interpretiert: »A faithless lover's kiss is written on the wind. A night of stolen bliss is written on the wind. Just like the dying leaves our dreams... softly flow away.« Treulosigkeit, Herbstlaub, vergebliche Träume. Dieser Titelsong, den »The Four Aces« singen, erhält eine Oscar-Nominierung.

Anklänge an GONE WITH THE WIND vermischen sich bei Sirks Film mit Elementen von GIANT, einer Produktion von Warner Bros. nach Edna Ferbers sozialkritischem Roman von 1952. Rock Hudson, durch MAGNIFI-

CENT OBSESSION zum begehrten Star geworden, hat in GIANT die Rolle des *leading man*, wie in WRITTEN ON THE WIND. In beiden Filmen ist die Konstellation der Figuren ähnlich: Zu einem Geschwisterpaar kommt als Eindringling aus einer anderen Welt eine Frau, die den Bruder heiratet. Diese Frau hegt – wie die Schwester auch – Zuneigung zu einem mit den reichen Geschwistern aufgewachsenen jungen Mann. Die Schwester ist jeweils die »böse Frau«. Der Charakter der männlichen Figuren ist vertauscht, das heißt, Robert Stack entspricht James Dean, und somit bleibt Rock Hudson in beiden Filmen als »heiler Charakter« im Kontrast zu einem *split character* konstant.

Der Oscar für die beste Regie ging 1956 an den Film GIANT (George Stevens), für den auch James Dean, Rock Hudson und Mercedes McCambridge, die »böse Schwester«, eine Oscar-Nominierung erhielten. Robert Stack wurde als Nebendarsteller in WRITTEN ON THE WIND für den Oscar vorgeschlagen – siegreicher Konkurrent war Anthony Quinn in Minellis Film über Vincent van Gogh –, Dorothy Malone erhielt den Oscar als beste Nebendarstellerin (Stresau, S. 242, 243 und 245). Schon zehn Jahre zuvor hatten Dorothy Malone und Lauren Bacall zusammen gespielt – neben Humphrey Bogart in THE BIG SLEEP (Howard Hawks, 1946). In WRITTEN ON THE WIND ist die Szene zwischen den beiden Rivalinnen in Lucys Zimmer einer der Höhepunkte des Films. Nach Karlheinz Openstil ist Dorothy Malone als Marylee Hadley das »eigentliche Zentrum des Films« (Arnold/von Berg, S. 114).

Douglas Sirk hält, wie er zu Eckhart Schmidt sagte, in WRITTEN ON THE WIND die schauspielerische Leistung von Dorothy Malone für außerordentlich und die von Stack für spektakulär und ist der Meinung, Stack sei »einer der größten Schauspieler gewesen, die Hollywood je gesehen und übersehen hat« (Schmidt, S. 67). Robert Stack ist dem Regisseur dankbar – »J'ai un petit coin dans mon coeur pour Douglas Sirk.« – für die komplizierte Rolle, die er ihm anvertraut hat, und die Sorgfalt, mit der Sirk ihn betreute (Rabourdin, S. 38).

Der Film beginnt mit einer packenden Sequenz, die in den Titelvorspann übergeht. In einem emaillegelben offenen Sportwagen rast Robert Stack als Kyle Hadley durch die blaue Nacht der pumpenden Öltürme in dem Ort Hadley. Musik und Motorengeräusch und quietschende Bremsen ergänzen sich. Lichter gehen an, als Kyle an einem klassizistischen Palast mit Säulen anlangt und betrunken auf das Haustor zutorkelt. Der Titelsong untermalt die Titelei, während der Reihe nach die drei andern Hauptdarsteller vorgestellt werden, wie sie den Vorhang beiseite schieben und durch ihre erleuchteten Fenster nach Kyle schauen.

Kyle durchquert die riesige Eingangshalle der Villa. Ein starker Wind weht Herbstblätter hinein. Drinnen fällt ein Schuß. Kyle wankt heraus, läßt einen Revolver fallen und bricht zusammen. Durch Lauren Bacalls

offenes Fenster blättert ein Windstoß die Kalenderblätter auf ihrem Schreibtisch um mehr als ein Jahr zurück, zum 24. Oktober 1955. Eine Überblendung zeigt ihren Kalender vom selben Tag im New Yorker Büro der Hadleys, wo sie als die neue Chefsekretärin Lucy Moore für Werbeplakate zuständig ist: Hadley-Produkte bringen POWER und SPEED für Raketen – eines der vielen phallischen Symbole des Films für Gewalt.
Hier in New York beginnt die eigentliche Geschichte. Mitch Wayne (Rock Hudson), der als Geologe im Ölkonzern der Hadleys angestellt ist, trifft im Büro auf Lucy. Auf Anhieb fühlen sich die beiden zueinander hingezogen; sie gehören, wie Mitch meint, »zur gleichen Gattung«. Die Aktiva, die Mitch hat, so meint Kyle, bekomme man nicht für Geld. Dagegen sind Kyle und seine Schwester Marylee (Dorothy Malone) verwöhnte, mißratene mutterlose Millionärskinder, an Tennessee Williams erinnernde neurotische Figuren, unter einem dominierenden, in Wirklichkeit schwachen Vater aufgewachsen – zusammen mit Mitch, den der Vater Hadley (Robert Keith) immer als Wunschbild für einen Sohn und als Schwiegersohn vor Augen hat. Kyle ist unfähig, erwachsen zu werden. Auch Marylee hat sich bis jetzt dagegen gewehrt, sich der Realität zu stellen.
Auffallend sind die Parallelen zu den ersten Folgen der Fernsehserie DER DENVER CLAN / DYNASTY: das palastartige Haus, in dem sich fast alles abspielt; zwei verwöhnte Ölmillionärskinder ohne Mutter; der beherrschende und unbeherrschte Vater, der mit seinem Sohn unzufrieden ist und einen andern vorzieht, den er auch als Ehemann für seine Tochter sieht. Was in WRITTEN ON THE WIND angedeutet wird, ist in DENVER konsequent ausgeführt: Der Sohn ist wirklich homosexuell, der Schwiegersohn genügt der Tochter nicht etc.
Kyle vereinnahmt Lucy. Für Mitch, der immer die Schläge für Kyles Missetaten eingesteckt hat, scheint es fast selbstverständlich, daß Kyle über Lucy verfügt. Kyle will ihr sein wahres Ich zeigen, oben im Blau, wo er ein anderer Mensch ist, wie er sagt. Mit Lucy kann Kyle reden wie mit keinem andern Menschen zuvor. Der bisherige »Lebemann und Ölprinz« hat es satt, den Playboy zu spielen, weil die Leute es von ihm erwarten, hofft aber auch, durch Lucy aus seiner Versagerrolle gegenüber dem Vater herauszukommen. Lucy und Kyle heiraten. Kyle gibt das Trinken und seine Ängste und das »Verrücktspielen« auf, bis er durch den Arzt (Edward C. Platt) den Eindruck erhält, unfruchtbar zu sein. Der Zuschauer kennt die Gründe für seinen Zustand der Verzweiflung.
Jasper Hadley vertraut Mitch an, daß er in seinem Leben bei allem versagt habe, auch bei seinen beiden Kindern. Da wird Marylee betrunken als »tramp« mit einem jungen Tankwart (Grant Williams) von der Polizei aufgegriffen und nach Hause gebracht. Das ist zuviel für den Vater; er regt sich so auf, daß er nach der Pistole greifen will. Marylee geht trotzig-

Robert Stack in WRITTEN ON THE WIND

provozierend die Treppe hinauf. In ihrem Zimmer legt sie sich die Platte »Temptation« auf, zieht sich vor Mitchs gerahmtem Foto bis auf ihr schwarzes Korsett aus und wirft ein hummerrotes Chiffon-Negligé über, tanzt – ihre Frustration abreagierend – hemmungslos und drückt dabei Mitchs Foto an sich. Die Musik ist im ganzen Haus zu hören. In einer Parallelmontage sieht man Jasper Hadley mühsam am Geländer die Marmortreppe hinaufsteigen und, fast oben, den Halt verlieren. Während Marylee in ihrem Zimmer in hysterisches Lachen ausbricht, stürzt er durch einen Herzanfall zu Tode. Lucy und Mitch eilen herbei. Die nächste Szene zeigt das Ende der Beerdigung. Fernsehproduktionen übernahmen die Effekte in ihre Standard-Trickkiste, um sie immer wieder zu kopieren (Parker/Shapiro, S. 348/49). Eine ähnliche Vermarktung ist mit anderen Sirkschen Szenen und stilistischen Mitteln passiert. So kommt es, daß Déjà-vu-Erlebnisse dem heutigen Betrachter den unvoreingenommenen Zugang zu Sirks Filmen verstellen.

Der Tod des Vaters verstärkt Kyles Versager- und Schuldgefühle. »Meine Schwester und ich, wir haben Vater runtergestoßen«, sagt er zu Lucy, wie auch Sarah Jane in IMITATION OF LIFE klagt: »I killed my mother.«

Marylee haßt den Bruder, weil er ihr Mitch »fortgeholt« hat. Sie liebt Mitch. Mit ihm möchte sie am Fluß das Kinderglück der Vergangenheit

wieder herbeiholen, aber er liebt sie nur wie eine Schwester. Auch Mitch sagt einmal bedauernd: »Wie weit sind wir heute vom Fluß weg!«
Als Mitch im Auto mit Lucy in die Stadt fährt, stachelt das »perfide Schwesterlein« Marylee – »ja, ich bin gemein!« – eifersüchtig ihren Bruder an, bis auch er mißtrauisch wird. So kann Kyle seiner Frau, die vom Arzt zurückkommt, nicht glauben, daß das Kind, das sie erwartet, von ihm ist. Wie von Sinnen schlägt der betrunkene Kyle auf Lucy ein. Mitch eilt Lucy zu Hilfe. »Raus«, droht er Kyle, »sonst bring' ich dich um.« Der Arzt stellt eine Fehlgeburt fest. Kyle geht in die Kneipe von Dan Willis (Robert J. Wilke). Er versucht, Dan einen Revolver abzukaufen: Sein bester Freund wollte ihn umbringen. Kyle fährt nach Hause zurück; hier knüpft der Film beim Vorspann an. Kyle sucht nach dem Revolver, den Mitch versteckt hat, und findet ihn schließlich. In der Bibliothek beschimpft er Mitch und richtet die Waffe auf ihn. Marylee will dem Bruder den Revolver entreißen, da löst sich ein Schuß. Kyle ist getroffen. »Mitch«, sagt er, »was machen wir hier eigentlich? Laß uns doch runter zum Fluß gehn, wo wir hingehören. – Ich werde zum Fluß gehn und warten.« Er will die Vergangenheit zurückholen, die glückliche Zeit mit dem Freund wiederfinden. Kyle taumelt aus dem Haus.
Bei der Gerichtsverhandlung hängt alles von Marylees Aussage ab: Jeder hat Mitchs Drohung gehört. Im Zeugenstand gewinnt sie Größe, indem sie Eifersucht und Rache überwindet – aus wirklicher Liebe zu Mitch. Sie ist erwachsen. Gleichzeitig ist es ein melodramatischer Verzicht der Heldin. Ihr Hut wirkt wie ein schwarzer Heiligenschein, bevor er – das Bild füllend, als sie den Kopf neigt – zum Ausblenden dient.
Sirk hat immer betont, daß er nicht mit dem Mittel *suspense* arbeitet. Es geht ihm weniger um das Was, als um das Wie. Über WRITTEN ON THE WIND sagt er in einem Interview: »Der jetzige Anfang war ursprünglich der Schluß des Films. Das gab zunächst ein ungläubiges und widerwilliges Kopfschütteln im Studio, und man sagte, was ich erwartet hatte: ›Damit nimmst du die ganze Spannung weg.‹ Ich erwiderte: ›Das ist genau das, was ich will.‹ Ich war immer gegen solche Spannungen. Ich finde, die Spannung muß aus dem Milieu, aus der Person, aus den Charakteren kommen« (Jauch, S. 13).
Sirks Farbdramaturgie einschließlich der Verwendung von farbigem Licht erreicht mit WRITTEN ON THE WIND ihren Höhepunkt. Die Farbe signalisiert den Charakter, den Gefühlszustand oder die Wünsche einer Figur.
Am auffälligsten sind die roten Zutaten für Marylee: ein roter Sportwagen, ein rotes Kleid, ein rotes Negligé, die roten Flamingoblüten des Anthuriums, ein rotes Telefon. Bei Kyles Party trägt sie Schwarz – wie der Teufel?
Kyles Kleidung ist unauffällig und korrekt: Nach außen läßt er nichts

durchdringen. Seine eigentliche Farbe – Emaille-Gelb wie sein Sportwagen – symbolisiert seine Gefühlsausbrüche. Zweimal benützt er als Taxi ein *yellow cab*: als er mit Lucy dem Freund Mitch davonfährt und als er Lucy am Flughafen einholen will – Momente, in denen er etwas erzwingen will; bei Mitch dagegen zeigt Sirk das rote Innere eines Taxis. In gelbes und kaltes blaues Licht – manchmal in feuriges Orange – sind Kyle-Szenen getaucht. Für das Picknick mit Mitch am Fluß zieht Marylee einen gelben Pullover an; so ist Kyle, von dem die beiden reden, auch mit dabei. Als Kyle sich von Marylees Eifersucht infizieren läßt, hat er einen roten Hausmantel an. Und als Rock Hudson als »edler Ritter« Kyles Schwester aus den Händen von Roy Carter (John Larch) rettet und danach ins rote Cabrio der einladend wartenden Marylee steigt, hat er rote Socken an – er steckt mit beiden Füßen in Marylees Problemen drin.

Mitch, der als Geologe mit der Erde und der Natur zu tun hat und zuverlässig und ausgeglichen ist, trägt erdige Farbtöne. Als er in einer lässigen braunen Lederjacke das Büro von Jasper Hadley betritt, steckt hinter seinem Ohr ein gelber Bleistift: Mitch denkt an Kyle und Lucy; im Büro sprechen sie über deren Hochzeit. Der alte Hadley äußert seinen Wunsch, daß Mitch Marylee heiraten solle: Mitchs Bleistift ist jetzt rot. Mit dieser Beobachtung wird die Frage nach Zufällen bei Sirk beantwortet (Tobin, S. 22).

Lucy bevorzugt strenge graue Karriere-Kleidung. Ihr Nachthemd in den Flitterwochen ist weiß. Auch bei dem Fest erscheint Lucy ganz in Weiß – wie die Unschuld und noch nicht schwanger (Stern, S. 143). Sie trägt das Grün des Frühlings und der Fruchtbarkeit im Kontrast zum Tod in der Hadley-Villa, und der Arzt stellt dann eine Schwangerschaft fest. Wie sie am Schluß des Films mit Mitch weggehen will, kommt sie lächelnd in einem Kleid von kräftigem Rosa, das sie schnell verschämt mit ihrem sandfarbenen Mantel verdeckt, als hätte sie sich entblößt.

So sind am Ende die Rollen vertauscht. Jetzt trägt Marylee das korrekte graue Kostüm der Karrierefrau. Sie setzt sich an den Schreibtisch des Vaters und streichelt das handliche Modell eines Bohrturms. Truffaut schreibt 1957: »Douglas Sirk, der es dick hinter den Ohren hat, zeigt Dorothy Malone, die Nymphomanin, zum Schluß in einem taillierten Kostüm, wie man es sich strenger gar nicht vorstellen kann, auf dem Platz ihres verstorbenen Vaters, wie sie mit ihren dünnen Fingern über einen kleinen Bohrturm aus Gold fährt, das Symbol ihres neuen Lebensinhalts: das schwarze Gold wird sprudeln (und nicht mehr das Sperma), aber Ödipus wird immer gegenwärtig sein!« (Truffaut, S. 128). Wie in einem Gefängnis bleibt Marylee zurück: Als letztes Bild bringt Sirk das verschlossene Gittertor des Hadley-Anwesens.

Betrachtet Douglas Sirk den Stil von THE TARNISHED ANGELS als realistisch und den von IMITATION OF LIFE als impressionistisch, so gebraucht er für WRITTEN ON THE WIND die Ausdrücke »Surrealismus« und »expressionistisch« und – in bezug auf Licht und Farben – »unrealistisch«. Er malt hier, wie er es bezeichnet, plakativ und in Grundfarben wie Kirchner, Nolde oder Miró und hat den ganzen Film im Poster-Stil gedreht (Harvey, S. 55 ff.). Fassbinder gibt den Kamera-Einstellungen in WRITTEN ON THE WIND eine besondere Bedeutung: »fast nur schräge, meist von unten«, seien sie so gewählt, »daß das Fremde an der Geschichte nicht im Kopf des Zuschauers passiert, sondern auf der Leinwand. Douglas Sirks Filme befreien den Kopf« (Fassbinder, S. 17).

NEVER SAY GOODBYE

Auf dem 1920 geschriebenen Drama COME PRIMA, MEGLIO DI PRIMA (Wie damals, besser als damals) des Sizilianers Luigi Pirandello basierend und auf ein Remake von William Dieterles Film THIS LOVE OF OURS von 1945 (DIE LIEBE UNSERES LEBENS), ist der Film NEVER SAY GOODBYE ein Familienmelodrama. Bei uns läuft es unter dem typischen deutschen 50er-Jahre-Verleihtitel NUR DU ALLEIN hin und wieder im Fernsehen. Ursprünglich ist es ein von Douglas Sirk vorbereitetes Projekt. Beansprucht von den Dreharbeiten zu WRITTEN ON THE WIND, muß Sirk den Film Jerry Hopper überlassen. Später wird er gebeten, den Film so gut wie möglich zu Ende zu bringen (Halliday, S. 109). Jerry Hoppers Metier sind vorwiegend Action-Filme – in den 70er Jahren wird er mit Fernsehproduktionen wie KUNG FU hervortreten –, Spezialist für häusliche Melodramen ist er nicht.
Es wäre allzu billig, die schwachen Sequenzen Hopper zuzuschieben und die Rosinen als Sirks Zutaten herauszupicken. Sirk ist selbst der Meinung, daß Hopper »some good stuff« beigetragen hat (S. 109).
Die dreiteilige Konstruktion des Films ist typisch für Sirk: Gegenwart mit Problemstellung als Einleitung – Vergangenheit in Rückblende als eigentliche Geschichte des Films – Rückkehr zur Gegenwart mit Lösungsversuch als Ende. Auch im Aufbau der Szenen und in bestimmten Motiven lassen sich Sirks Spuren verfolgen.
NEVER SAY GOODBYE beginnt in einer Szenerie, die sich in Jane Wymans Kleinstadt von ALL THAT HEAVEN ALLOWS abspielen könnte. Das von Sirk sorgfältig vorbereitete Projekt stellt in der Besetzung mit George Sanders, Rock Hudson und der deutschen Schauspielerin Cornell Borchers eine Dreiecksgeschichte in Sirks melodramatischem Stil dar. Cornell Borchers war – wie auch Marianne Koch – als Nachwuchstalent des deutschen Nachkriegsfilms von Hollywood entdeckt und geholt worden.
Schlüsselfigur in NEVER SAY GOODBYE ist das zwölfjährige Mädchen Suzy

(Shelley Fabares) als Tochter des amerikanischen Arztes Dr. Parker (Rock Hudson). Mit Hilfe des Vaters hat sie sich ein Idealbild von der vermeintlich toten Mutter und der ehemals so glücklichen Familie aufgebaut. Eine Abschiedsszene macht den Filmtitel verständlich: Dr. Parker, der auf dem Gebiet der Orthopädie Forschung betreibt, muß zu einem Vortrag verreisen. Die durch den Verlust der Mutter geprägte Suzy erklärt ihrem Kinderarzt: »Vati und ich nehmen überhaupt nie Abschied« – we never say goodbye. Suzy ist für den Vater Tochter und sorgende Ehefrau. Als die totgeglaubte Mutter (Cornell Borchers), die der Arzt in einem Lokal zufällig wiedertrifft, auftaucht und diese enge Bindung zu gefährden droht, wird sie von der Tochter abgelehnt.

Die Rückblende führt ins Jahr 1945, in die Viersektorenstadt Wien. Rock Hudson ist im amerikanischen Sektor Militärarzt. In einem Lokal lernt er Cornell Borchers kennen, die dort singt und Klavier spielt. Mit ihrem Auftritt ist sie Partnerin von George Sanders, der von den anwesenden Gästen Karikaturen zeichnet und ironisch-schmeichelnd kommentiert. Ein verstauchter Knöchel beschleunigt die Beziehung zwischen dem jungen amerikanischen Arzt und der Pianistin Lisa. Sie heiraten. Die Tochter Suzy wird geboren. Nach Geldproblemen, Mißverständnissen und Eifersuchtsszenen kann die junge Frau, die ihren Vater im russischen Sektor besucht hat, eines Abends nicht mehr nach Hause in den amerikanischen Sektor zurück. Sie bleibt für ihren Mann verschollen.

Nach der Wiederbegegnung in Amerika läuft Cornell Borchers dem sie bedrängenden Rock Hudson davon, wird von einem Auto angefahren und dann durch seine ärztliche Kunst gerettet wie Jane Wyman in MAGNIFICENT OBSESSION.

Das Happy-End ist nach diversen gescheiterten Versuchen von Cornell Borchers, sich in die Familie zu integrieren, eine rührende Szene zwischen Mutter und Tochter und wirkt zunächst einleuchtend, ist jedoch in der letzten Einstellung, wenn Rock Hudson mit Familie in der Haustür seines Bungalows verschwindet, lächerlich banal – oder ironisch?

BATTLE HYMN

BATTLE HYMN kommt als ein Projekt des Universal-Chefs Edward Muhl auf Douglas Sirk zu. Man könnte den Titel mißverstehen und meinen, BATTLE HYMN sei ein Loblied auf die Schlacht, ein Kriegsfilm, der den Kampf als Hymne sieht. Ungünstigerweise verstärkt das Erscheinen eines in Korea aktiven amerikanischen Luftwaffengenerals, der einen Prolog spricht, den Propaganda-Eindruck. Für diese nachträglich vom Studio – ohne Wissen Sirks – hinzugefügte peinliche Einführung ist der Produzent Ross Hunter verantwortlich.

BATTLE HYMN

In BATTLE HYMN geht es um die Lebensgeschichte und die authentischen Kriegserlebnisse des amerikanischen Pfarrers Dean Hess, der im Zweiten Weltkrieg als Bomberpilot über Deutschland bei Kaiserslautern wegen eines technischen Fehlers ein Waisenhaus zerstörte und dabei 37 Kinder tötete. Colonel Dean Hess ist deutscher Abstammung, und er hat die Bomben ausgerechnet über dem Ort abgeworfen, aus dem seine Vorfahren stammen. Diese Fehlleistung suchte er dann im Koreakrieg wiedergutzumachen, indem er Hunderte von koreanischen Waisenkindern mit dem Flugzeug in Sicherheit brachte und ein Waisenhaus bauen ließ. In Deutschland lief der Film unter dem Verleihtitel DER ENGEL MIT DEN BLUTIGEN FLÜGELN, der einen Hinweis auf den ambivalenten Charakter der Hauptfigur liefert.

Douglas Sirk ist eigentlich nicht an der Geschichte des Killers, der seine Schuld sühnt, interessiert, obwohl ihn die Persönlichkeit eines solchen Mannes mit seinem ambivalenten Verhalten als *split character* reizen könnte.

Was Sirk an dem Filmprojekt lockt, ist die Möglichkeit, den Schauplatz der Handlung kennenzulernen, diese ganz fremde Welt des Fernen Ostens, Japan mit den No-Spielen, denen er als junger Theatermann schon in Hamburg begegnet ist. So übernimmt er die Regie für die Dreharbeiten im Frühjahr 1956 und versucht, wie schon so oft, aus dem Mate-

Rock Hudson und Anna Kashfi in BATTLE HYMN

rial das Bestmögliche zu machen, was für Sirk auch bedeutet, daß BATTLE HYMN ein Anti-Kriegsfilm wird, der Nächstenliebe als Botschaft vermittelt.

In Sirks Film kümmert sich Hess, als er auf einem verlotterten Militärflughafen südkoreanische Piloten zu Jagdfliegern ausbilden soll, um die verwahrlosten Flüchtlingskinder, die am Flugplatz herumstreunen und in den Abfalltonnen wühlen. Das erinnert an BOEFJE, wo der Pfarrer die am Hafen herumlungernden Jugendlichen retten will.

Die Handlung des Films setzt nach dem Zweiten Weltkrieg, im Jahr 1950, ein und zeigt Hess in seinem Zivilberuf als Pastor. Das Predigen für seine Kirchengemeinde in Ohio kann seine innere Unruhe nicht beseitigen. Er muß den Gewissensbissen entfliehen, sie in *action* ersticken, ihnen in einem Flugzeug entkommen: Er sucht einen solchen Ausweg im Koreakrieg. Douglas Sirk beschreibt dieses Verhalten des Im-Kreise-Herumgehens und des makaberen Rondos, das für so viele seiner Figuren gilt: »It's going in a circle. He is dancing his rondo« (Halliday, S. 111).

Als Hauptdarsteller ist Robert Mitchum vorgesehen. Der bei der Produktion des Films als technischer Berater eingesetzte Dean Hess lehnt die Besetzung mit Mitchum ab: Von einem Schauspieler, der wegen Drogenkonsums im Gefängnis war, will er sich nicht interpretieren lassen. Rock Hudson übernimmt die Rolle.

Dan Duryea, Lieblingsschurke vieler Kinogänger aus THE WOMAN IN THE WINDOW oder BLACK ANGEL, hat – inzwischen älter geworden – eine Rolle als eher gemütlicher Sergeant. Wir sehen Jock Mahoney und Don De Fore, die uns in der Besetzung von A TIME TO LOVE AND A TIME TO DIE am Schauplatz der russischen Front wieder begegnen werden.

Zu den Darstellern gehören 25 koreanische Waisenkinder und eine Film-Pflegemutter, die Indo-Koreanerin En Sun Yang, gespielt von der exotisch wirkenden Schönheit Anna Kashfi, die im Jahr darauf Marlon Brandos erste Frau wird.

In vielen Einstellungen wird die »ideale Familie« gezeigt, z. B. Anna Kashfi mit einem kleinen Kind im Arm oder mit drei größeren Kindern, und dazugruppiert jeweils Rock Hudson als potentieller Vater. Aber es handelt sich um eine unmögliche Liebe, wie wir sie als typisch für Sirks Melodramen kennen. Wie in A TIME TO LOVE AND A TIME TO DIE führt auch in BATTLE HYMN die Situation des Krieges die Liebe herbei. Im Gegensatz zu A TIME TO LOVE AND A TIME TO DIE, wo für Ernst und Elisabeth das Glück für kurze Zeit möglich ist, darf in dem Kriegsmelodrama BATTLE HYMN die angedeutete Liebe zwischen dem verheirateten, aber bisher kinderlos gebliebenen Dean Hess – man denkt hier unwillkürlich an Kyle Hadley aus WRITTEN ON THE WIND – und der jungen Koreanerin nicht stattfinden. So wird sie ganz aus der Welt geschafft, indem Bomben En Sun Yang mitten in ihren Rettungsaktionen töten. Rechtzeitig taucht die – wenigstens scheinbar – schwangere Mrs. Hess (Martha Hyer) in Korea auf.

Zum Zeitpunkt der Dreharbeiten, zwischen März und Mai 1956, lag der Waffenstillstand von Panmunjon knapp drei Jahre zurück. Hilde und Douglas Sirk begegnen dem südkoreanischen Präsidenten Syngman Rhee, sie betrachten staunend die Königsgräber mit den steinernen Priestern, Kriegern und Tieren und erleben vor allem den Zauber der koreanischen ländlichen Welt und ihrer Bewohner. Von den koreanischen Waisenkindern, die in dem Film mitspielen, sind sie so entzückt, daß sie entschlossen sind, einen kleinen koreanischen Jungen zu adoptieren. Schneller jedoch als erwartet sind die Dreharbeiten in Korea beendet, und dieser frühzeitige Abbruch verhindert am Ende den Adoptionsplan.

INTERLUDE

INTERLUDE ist ein Universal-Remake des Films WHEN TOMORROW COMES, den John M. Stahl 1939 mit der Starbesetzung Charles Boyer und Irene Dunne drehte.
Mit dem Drehbuch von INTERLUDE, das wie Stahls Film auf SERENADE von James Cain basiert, hat Douglas Sirk nur wenig zu tun. Sirk, der in der Regel bei allen seinen Filmen versuchte, aus dem schwächsten Material noch ein akzeptables Script zu machen, ist durch Arbeiten an BATTLE HYMN so in Anspruch genommen, daß er dem Kameramann William Daniels sogar die Motivsuche für das Studio-Projekt INTERLUDE überläßt. Nicht einmal um die Besetzung kann sich der Regisseur kümmern, abgesehen von Kleinigkeiten: Die mit den Sirks seit der Leipziger Zeit befreundete Schauspielerin Lisa Helwig, zur Drehzeit in München engagiert, erhält eine kleine Rolle, ähnlich der damals in LA HABANERA als Don Pedros Hausverwalterin Rosita.
Die für Sommer 1956 in Bayern angesetzten Dreharbeiten zu INTERLUDE geben Hilde und Douglas Sirk die Möglichkeit, während der Drehzeit hin und wieder Besuche bei einem Freund aus der Bremer und Leipziger Zeit einzulegen, dem Schriftsteller Friedrich Forster-Burggraf, der sich inzwischen in Schlehdorf am Kochelsee angesiedelt hat.
Der Film INTERLUDE spielt in einem München, das auf den Münchner Fassbinder unecht wirkt oder jedenfalls so, »wie es ein Amerikaner sehen mag«: Königsplatz, Schloß Nymphenburg, Herkulessaal (Fassbinder, S. 17). Und in einem Salzburg, wie es Amerikaner entzückt. Sirks Film INTERLUDE – mit klassischer Musik von Mozart, Brahms, Liszt, Schumann, Wagner und, wie in SCHLUSSAKKORD, Beethoven – ist in Technico-

Douglas Sirk in Salzburg

lor und CinemaScope mit dem Kameramann William Daniels eine aufwendige Produktion. Im Anklang an den 20 Jahre früher erfolgreichen Ufa-Film SCHLUSSAKKORD heißt der deutsche Verleihtitel DER LETZTE AKKORD.

Wir sehen die aus der GLENN MILLER STORY bekannte June Allyson, die

June Allison und Rossano Brazzi in INTERLUDE

als Kontrast zum dunklen, sensiblen Typ der Marianne Cook/Koch den blonden Typ der unkomplizierten Amerikanerin darstellt. Sie spielt eine junge Amerikanerin, die Europa erleben will und im Münchner Amerika-Haus arbeitet. Dort lernt sie den reichen Dirigenten Tonio Fischer (Rossano Brazzi) kennen und verliebt sich. Ein Picknick am See und ein Gewitter tragen zur Annäherung bei. Er ist ihre große Liebe und, da INTERLUDE ein Melodrama ist, verheiratet.

Rossano Brazzi war Mitte der 50er Jahre in Amerika ein beim weiblichen Publikum sehr beliebter Darsteller in der Rolle des südländischen Liebhabers. So spielt er in THE BAREFOOT CONTESSA (J. L. Mankiewicz, 1954) einen im Krieg impotent gewordenen italienischen Conte neben Ava Gardner und Humphrey Bogart. In THREE COINS IN THE FOUNTAIN (J. Negulesco, 1954) spielt er in Rom den Schwarm einer Amerikanerin, und in SUMMERTIME (David Lean, 1955) einen verheirateten italienischen Antiquitätenhändler, in den sich Kathrin Hepburn verliebt.

Über seine Schauspielkünste in INTERLUDE gehen die Meinungen auseinander. Fassbinder jedenfalls hält Brazzis Darstellung des »Dirigenten vom Typ Karajan« für eine »Großtat der Regie« (S. 17/18).

Reni Fischer, die psychisch kranke Frau des Dirigenten, wird interpretiert von Marianne Koch, der Fassbinder attestiert, daß sie – wie Liselotte Pulver in A TIME TO LOVE AND A TIME TO DIE – unter Sirks Regie eine glaubhafte Darstellung bietet: »zu Menschen werden, denen man glauben kann und möchte« (S. 24). Mehr noch: Für Fassbinder ist Marianne Koch als Reni Fischer eine Schlüsselfigur, »die Figur, die zum Verständnis von Douglas Sirks Sicht der Welt vielleicht die wichtigste ist« (S. 18). Reni Fischer, die mit ihrem Mann glücklich war, zerbricht an ihrer Liebe und wird wahnsinnig. »Alle Sirkschen Figuren laufen einer Sehnsucht hinterher. Die Einzige, die alles erfüllt hat, ist daran zerbrochen.« Doch für Fassbinder ist der Wahnsinn in Douglas Sirks Werk eine Hoffnung (S. 16); er ist für Reni Fischer die Möglichkeit, sich dem zerstörerischen Zugriff der gesellschaftlichen Realität zu entziehen und sie selbst zu bleiben.

In INTERLUDE begegnen wir dem bekannten Sirk-Zitat »L' on revient toujours« – man kommt immer zurück – an seinen Ausgangspunkt oder an den Ort, wo man hingehört. Der junge Herzspezialist Dr. Dwyer (Keith Andes) sagt diesen Satz zu der an Liebeskummer leidenden Helen Banning (June Allyson). Aus der Neuen Welt ist sie gekommen, und dahin muß sie zurückgehen: In die Alte Welt paßt sie nicht. Allerdings gibt er ihr diesen Ratschlag aus egoistisch gefärbten Gründen: Er liebt Helen und möchte, daß sie ihm in die USA folgt. Als Helen begreift, daß die große Liebe zu ihrem Dirigenten scheitern muß, begnügt sie sich mit der kleinen und kehrt mit Morley Dwyer und ihren Erinnerungen an Tonio Fischer nach Amerika zurück. Das andere Erlebnis ist ein Zwischenspiel mit einem Musiker – Interlude, Intermezzo.

»Et l'on revient toujours à ses premiers amours«, wird in der Oper JOCONDE gesungen. »L'on revient toujours« ist der Titel eines Drehbuchs, das Detlef Sierck bei seinem eigenen Zwischenspiel 1939 in Frankreich schrieb; bedingt durch die politischen Ereignisse, wurde es nie verfilmt.

THE TARNISHED ANGELS

Nach Rainer Werner Fassbinder ist THE TARNISHED ANGELS »eine einzige Ansammlung von Niederlagen«. Aber er schwärmt auch von der Zärtlichkeit und dem Licht, mit denen Douglas Sirk »diesen toten Menschen« begegnet (Fassbinder, S. 19). Gedreht nach dem Roman PYLON (Wendemarke) von William Faulkner, hat THE TARNISHED ANGELS einen Inhalt, mit dem Sirk sich identifizieren konnte und dessen Figuren ihn schon immer faszinierten. Bereits in der Leipziger Theaterzeit hatte sich Sirk mit der Geschichte beschäftigt und eine Bühnenfassung entworfen. Sein dann der Ufa vorgelegtes Pylon-Filmprojekt wurde abgelehnt.

Zugsmith, Produzent von WRITTEN ON THE WIND, akzeptiert es 30 Jahre später für Universal, denn das Drehbuch ist von George Zuckerman geschrieben, der bereits für den Erfolg von WRITTEN ON THE WIND verantwortlich war. Er hat die Handlung strenger konstruiert und die Figuren des Faulkner-Romans konzentriert.

Chris Olsen, Rock Hudson, Dorothy Malone, Robert Stack und Jack Carson in THE TARNISHED ANGELS

An der Küste von San Diego beginnen im Dezember 1956 die Dreharbeiten mit dem Kameramann Irving Glassberg. Sie reichen bis in den Februar hinein und treffen so von der Lichtwirkung her die Stimmung des Mardi Gras von 1932.
Was für ein Film ist THE TARNISHED ANGELS? Ein Action-Film, über dessen Kranbewegungen und Schwenks man sich wie Fassbinder begeistern kann? Ein Reporterfilm, worauf die eindrucksvolle Rahmengeschichte im Zeitungsbüro hinweisen könnte? Ein Fliegerfilm, wie der deutsche Titel DUELL IN DEN WOLKEN vermuten läßt? Oder die Geschichte einer jungen Frau, wie die zentrale Rolle der LaVerne bestätigt? Der Film ist alles in einem.
Der symbolische Titel THE TARNISHED ANGELS erzählt von Engeln, deren Flügel fleckig geworden sind, und von Flugzeugen, deren glänzende Metallflügel angelaufen sind.
Der Journalist Burke Devlin, Reporter bei dem Groschenblatt PICAYUNE, findet auf der Suche nach der großen Sensation, nach der Story für die Titelseite, eine Gruppe von Leuten, die am Lagunensandstrand von New Orleans an einer Flugshow teilnehmen und beim Preisfliegen riskante

Runden um Wendemarken drehen: Der Pilot Roger Shumann, ehemals berühmt als Flieger im Ersten Weltkrieg, und seine Frau LaVerne, die als Fallschirmspringerin mit ihren schönen Beinen die Zuschauer anzieht wie eine attraktive Zirkusakrobatin am Trapez. Jiggs, der Mechaniker (Jack Carson), bringt die alten Flugzeuge in Schuß, mit denen Shumann seine Show durchführt, liebt LaVerne und will ihr mit einem für seine Verhältnisse viel zu teueren Paar glänzend gewichster Stiefel imponieren. Dem toten Freund Roger wird er später die sinnlos gewordenen Stiefel überstreifen.

Der melancholisch-anrührende Jiggs ist sehr wahrscheinlich der Vater von LaVernes kleinem Sohn Jack (Chris Olsen), der rücksichtslos von Hank (Robert J. Wilke) gefragt wird: »Wer ist denn heute dein Vater?« Als LaVerne schwanger war, haben die beiden Männer in einer Kneipe mit einem Zuckerstück, das Roger mit Würfelpunkten bemalte, darum gewürfelt, wer sie nun heiraten würde. Roger hat LaVerne im Würfelspiel gewonnen wie einen Gegenstand, obwohl er wissen muß, daß sie ihn liebt – oder nur die Illusion der Liebe? –, seit sie als 17jährige Roger auf einem Liberty-Bond-Plakat bei der Flugshow in ihrem Heimatort in Nebraska gesehen hat. Sie ist sogar für diesen starren, verkorksten Mann bereit, sich wegen eines Flugzeugs dem reichen Matt Ord (Robert Middleton) hinzugeben. Als Roger ihr endlich – vor seinem letzten, tödlichen Flug – sagt, daß er sie liebt und das gefährliche Fliegen für sie und den Jungen aufgeben will, ist es zu spät.

Jack, der Junge, spürt die Gefahr in dem Moment, wo er – in einer Parallelmontage – im kleinen Flugzeug eines Karussells sitzt. Der Zuschauer, schreibt Fassbinder, »möchte auch rennen und helfen, aber... was kann ein kleiner Junge gegen ein abstürzendes Flugzeug tun? Sie sind alle schuld an Rogers Tod« (S. 20). Roger Shumann zieht es vor, sich selbst in Gefahr zu bringen, statt die Menschenmenge zu gefährden, unter der sich auch seine Familie befindet. Seine Tragik besteht darin, daß er in dem Moment stirbt, in dem er endlich vom Maschinenmenschen zum fühlenden Menschen geworden ist. Er ertrinkt, und so kehrt der im Grunde schwache Held der Lüfte – ein Mann der (Aus-)Flucht wie Kyle, der in WRITTEN ON THE WIND zu Lucy sagt, oben im Blau sei er ein anderer Mensch – endgültig heim zum Vater: In der Mythologie und in der an ihr orientierten Psychologie sind Luft und Wasser väterliche Elemente. Auch die beiden kindlichen Helden von Albert Lamorisse, der Junge mit dem weißmähnigen Hengst und der Junge mit dem roten Luftballon, finden ihre Rettung in der Flucht vor den Verfolgern – ihre Vereinigung mit dem Väterlichen – in Wasser und Luft.

In THE TARNISHED ANGELS begegnen uns die drei Hauptdarsteller aus WRITTEN ON THE WIND wieder: LaVerne wird von Dorothy Malone dargestellt; den Flieger Roger Shumann spielt Robert Stack; Rock Hudson

THE TARNISHED ANGELS

ist als zunächst Außenstehender, dann Betroffener in einer überzeugenden Interpretation des Reporters Burke Devlin zu sehen, der den Shumanns Unterkunft gewährt und schließlich seine Rolle als betrunkener Versager überwindet.

Die Atmosphäre des Schwarzweißfilms in CinemaScope trifft die trostlose Zeit der Weltwirtschaftskrise, der Depression, mit trostlosen Einzelschicksalen in den frühen 30er Jahren, makaber konfrontiert mit dem großen Karneval des Mardi Gras von New Orleans. Der Kontrast zwischen scheinbarer oder echter allgemeiner Heiterkeit und einer individuellen, deprimierenden Situation, die Tod nicht ausschließt, ist ein typisches Sirk-Motiv und findet sich schon in SCHLUSSAKKORD (Sylvester-Ausgelassenheit gegen Auswegslosigkeit und Tod), in LA HABANERA (üppiges Fest gegen Verzweiflung von Astrée und Tod von Don Pedro), HAS ANYBODY SEEN MY GAL? und ALL THAT HEAVEN ALLOWS (»Fröhliche« Weihnachten) und schließlich in SYLVESTERNACHT (äußeres fröhliches Feiern gegen innere Einsamkeit).

Wie in mehreren Sirk-Filmen, spielt auch hier ein Buch eine Schlüsselrolle, illustriert und erläutert dem Zuschauer die Situation – im Fall von

THE TARNISHED ANGELS die Situation von LaVerne und dem Reporter, in dessen Bücherschrank die junge Frau das kleine Buch MY ANTONIA entdeckt.
Die Freundschaft zwischen der aus Böhmen eingewanderten Antonia Shimerda und dem Erzähler Jim Burden zu Anfang des Jahrhunderts in den weiten Ebenen von Nebraska, die Willa Cather, eine »Selma Lagerlöf Amerikas«, in MY ANTONIA beschreibt, entspricht der Freundschaft zwischen LaVerne Shumann und Burke Devlin, zwischen zwei Menschen, die sich sehr nah sind, die sich im Innersten verstehen, die wissen, daß sie trotz äußerer Trennung niemals allein sind. LaVerne und Burke Devlin wissen aber auch, daß es nicht Liebe sein kann oder darf. Der Film zeigt dies, indem er jede einsetzende Intimität zwischen den beiden unterbricht, einmal ganz deutlich, als unter lauter Musik Karnevalsgestalten – vorneweg die Maske des Todes – grölend ins Zimmer stürzen.
Schließlich ein Abschied am Flugzeug: Auf Anraten Devlins fliegt LaVerne mit ihrem Sohn dahin, wo sie herkommt, ins ländlich-heile, unschuldige Nebraska – L'on revient toujours –, wo auch er herkommt. Als Pfand darf sie sein Buch behalten. Als Freunde werden sie sich eines Tages wieder begegnen, vielleicht wie bei Antonia und Jim erst nach 20 Jahren: »Es war mir, als fände ich heim zu mir, als hätte ich entdeckt, wie eng der Kreis ist, in dem sich eines Menschen Erlebnisse abspielen« (Cather, S. 207).

A TIME TO LOVE AND A TIME TO DIE

Im August 1957 kommen Hilde und Douglas Sirk zu den Dreharbeiten eines Remarque-Films nach Berlin. L'on revient toujours. Sirks Frau, als Hilde Kröner in Berlin geboren und aufgewachsen und dann als Schauspielerin an verschiedenen Berliner Theatern engagiert, und Douglas Sirk selbst, in den 30er Jahren als Theater- und Filmregisseur in Berlin tätig, feiern ein trauriges Wiedersehen mit dieser Stadt. Noch in jenem Drehjahr 1957 ist Berlin gewissermaßen ausreichend zerbombt, um den authentischen Hintergrund für eine Handlung abzugeben, die gegen Ende des Zweiten Weltkrieges dort spielt.
Für Universal ist A TIME TO LOVE AND A TIME TO DIE der zweite Film nach einer Remarque-Vorlage. 1929/30 hatte der 20jährige Junior-Chef von Universal, Carl Laemmle jr., es gewagt, Remarques Welterfolg IM WESTEN NICHTS NEUES, der die Grauen des Ersten Weltkriegs ohne Liebesgeschichte beschreibt, mit dem Regisseur Lewis Milestone unter dem Titel ALL QUIET ON THE WESTERN FRONT zu verfilmen. Der 1954 erschienene Roman ZEIT ZU LEBEN UND ZEIT ZU STERBEN heißt in der amerikanischen Ausgabe, die Erich Maria Remarque P. G., also Paulette Goddard,

widmete, A TIME TO LOVE AND A TIME TO DIE. Douglas Sirk übernimmt 1957 diesen Titel für die Verfilmung, obwohl er seinen Film am liebsten ganz schlicht THE LOVERS, die Liebenden, genannt hätte. Im Sommer 1957 arbeitet Remarque in Los Angeles am Drehbuch (Baumer, S. 94).
Wie in Remarques Roman, spielt sich auch in Sirks Verfilmung die Rahmenhandlung an der Ostfront zu einem Zeitpunkt ab, als Hitlers Armee sich bereits auf dem Rückzug befindet. Der junge deutsche Soldat Ernst Graeber beteiligt sich auf Befehl an der Exekution von vier vermeintlichen russischen Partisanen, die ihr Grab selbst schaufeln müssen. Von einem zerstörten russischen Dorf aus gewährt der Kompanieführer Rahe, sympathisch dargestellt von Dieter Borsche, im April 1944 Ernst Graeber den längst fälligen Heimaturlaub: »drei Wochen Leben«. Ernst fährt nach Berlin zu den Eltern, sucht aber vergeblich nach ihnen: Sein Elternhaus in der Hakenstraße Nr. 18 ist zertrümmert. Die Front sei auch hier in Berlin, sagt ihm der Luftschutzwart. Ernst findet seinen ehemaligen Lehrer für Religion und Geschichte, Professor Pohlmann – von Erich Maria Remarque selbst dargestellt –, und den Juden Joseph (Charles Regnier). Als Stellvertreter aller Naziverfolgten verbergen sie sich gemeinsam in den Trümmern des Museums vor der Gestapo.
Eigentlich kommt Ernst Graeber nun nur zu Elisabeth Kruse, um sie nach seinen Eltern zu fragen. Sie berichtet von den grauenvollen Auswirkungen des Hitler-Regimes. Ihr Vater ist von der Gestapo abgeführt worden. Übrigbleiben wird eine Zigarrenschachtel mit seiner Asche, die ein Beamter der Gestapo (Klaus Kinski) dem jungen Graeber aushändigt.
»Und weil sie so verzweifelt sind und allein, fangen sie an, sich zu lieben« (Fassbinder, S. 20). Krieg ist hier, wie Fassbinder sagt, »Nährboden für ein Gefühl« (S. 21). »Let's go down to the river«, sagt Elisabeth zu Ernst. Als Symbol für ihre durch die extreme Situation entstandene Liebe öffnen sich verfrüht die Blütenknospen eines Baums am Flußufer durch die extreme Hitze der Bombenexplosionen. Elisabeth, die Ernst seit Kindertagen kennt, hegt Petersilie im Blumentopf am Fensterbrett ihres Dachzimmers und nimmt die Pflänzchen sogar mit in den Luftschutzkeller. Wie eine kleine grüne Oase in der Trümmerwüste Berlins ist auch – angefüllt mit ihrer kleinen Liebe – das bißchen gemeinsamen Lebens von Ernst und Elisabeth, als sie heiraten. Nur die ungewöhnliche Situation hat sie zusammengebracht, und sie dürfen immer nur für ein paar Tage, ein paar Stunden glücklich und zusammen sein, bis sie erneut von Bomben vertrieben werden. Eine Sängerin singt leiernd »Freut euch des Lebens, weil noch das Lämpchen glüht, pflücket die Rose, eh' sie verblüht«, bevor, begleitet von entsetztem Schreien und Gekreische, die schrecklichste Bombenszene einsetzt. »Untergang ist überall gegenwärtig, Leben besteht aus den Zwillingsdämonen von Festlichkeit und Tod.«[30]
Im Kontrast zur Zartheit der Liebesgeschichte erscheint der Krieg in be-

A TIME TO LOVE AND A TIME TO DIE

sonderer Brutalität und schließlich Tragik. Wie sinnlos und absurd der Krieg und das Töten sind, zeigt Sirk deutlich mit dem tragischen Ende des Films: Ernst Graeber ist wieder zurück an der Front in einem russischen Dorf, aber der Urlaub hat ihn als Mensch verändert. Er ist zur Bewachung von Gefangenen, angeblichen russischen Partisanen, abkommandiert. Sein Kamerad Steinbrenner wartet richtig darauf, sie erschießen zu können. Ernst dagegen will das Leben der Russen retten. Als Steinbrenner ihn deswegen bedroht, tötet ihn Ernst in Notwehr. Die Gefangenen läßt er frei. Ernst liest gerade den Brief seiner Frau, die ihm mitteilt, daß sie ein Kind erwartet, da wird er – wohl aufgrund eines Mißverständnisses, oder ist es ein Kollaborateur? – von einem der Russen mit Steinbrenners Waffe erschossen. Elisabeths Brief, vom Wind weggeweht wie die schwarze Totenschleife in WRITTEN ON THE WIND, flattert in den Fluß. Die Hand des sterbenden Graeber versucht vergeblich, den Brief zu fassen. Der Fluß, Symbol für Vergangenheit und Zukunft, wird weiter fließen, das Leben geht weiter, die Frucht der Liebe wird bleiben: Das Kind von Elisabeth und Ernst wird geboren werden – in eine bessere Welt hinein, eine hoffnungsvollere Zukunft? »Um es dagegen zu erziehen«, wie Elisabeth in Remarques Roman erklärt. »Was soll werden, wenn diejenigen, die gegen all das sind, was jetzt passiert, keine Kinder haben wollen? Sollen nur die Barbaren welche haben?

Dreharbeiten zu A TIME TO LOVE AND A TIME TO DIE

Wer soll dann die Welt wieder in Ordnung bringen?« (Remarque 1954, S. 360).

Für die weibliche Hauptrolle in Sirks Liebesgeschichte war, wie Douglas Sirk berichtete, ursprünglich Marianne Koch vorgesehen, die nach ihrem Erfolg in DES TEUFELS GENERAL (Käutner, 1955) nach Hollywood geholt wurde und sich dort Cook nannte. Seit INTERLUDE stand sie bei Universal unter Vertrag. Paul Newman sollte die männliche Hauptrolle übernehmen. Das Studio änderte jedoch die geplante Besetzung. So spielen statt dessen die Schweizerin Lilo Pulver und ein Anfänger, den Universal als jugendlichen *leading man* und Ersatz für Rock Hudson aufbauen wollte: John Gavin, ein junger, gut aussehender Halbmexikaner. Nach Douglas Sirk hat der Film durch die unverbrauchte Natürlichkeit und Ernsthaftigkeit im Spiel der beiden jungen Hauptdarsteller an Echtheit und Überzeugungskraft gewonnen.

Auch Rainer Werner Fassbinder und Jean-Luc Godard finden Lilo Pulver in A TIME TO LOVE AND A TIME TO DIE überzeugend. Über den Film verfaßt Godard mit seinem berühmten Artikel »Des larmes et de la vitesse« (Tränen und Geschwindigkeit)[31] »eine irrsinnig lobende Kritik«, wie er selbst schreibt, und schwärmt: »...was ich so hinreißend finde bei Douglas Sirk, diese irre Mischung: Mittelalter und Modernismus, Sentimenta-

lität und Raffinement, unauffällige Einstellung und wahnsinniges Cinemascope«. Godard betrachtet Douglas Sirk als »einen Meister«, der es schafft, »uns die Dinge von so nah sehen zu lassen, daß wir sie berühren, daß wir sie atmen«; Sirk sei »ein ehrenwerter Regisseur, im klassischen Sinn des Adjektivs«. A TIME TO LOVE AND A TIME TO DIE hält Godard nach LE PLAISIR für den schönsten Titel der Filmgeschichte (Godard, S. 132–136).
In Deutschland ist der Film 1958 bei den Kritikern und beim großen Publikum kein Erfolg; die Zeit der Trümmerfilme ist längst vorbei – 1958 will man keine Kriegsgeschichten mehr sehen. Die Filmlisten der Zeitschrift FILMKRITIK stufen als »Ratschlag für Kinogänger« A TIME TO LOVE AND A TIME TO DIE (ZEIT ZU LIEBEN UND ZEIT ZU STERBEN) mit einem Punkt – Ulrich Gregor, Theodor Kotulla und Enno Patalas sind sich da einig – als »annehmbar, in Aussage und Gestaltung hinreichend, auch unterhaltsam« ein. Gregor hält »die Verschmelzung des ›privaten‹ mit dem ›allgemeinen‹ Erleben« formal und inhaltlich für mißlungen; der Film sei an seiner Aufgabe, »Widersprüchlichkeit des Erlebens... in der Durchdringung von Glück und Leiden sichtbar zu machen«, gescheitert (Gregor, S. 185).
Godard dagegen schreibt, er habe noch nie so sehr an Deutschland geglaubt wie bei diesem in Friedenszeiten gedrehten amerikanischen Film. Sirks Film sei schön, »weil man an den Krieg denkt, während man die Bilder der Liebe vorüberziehen sieht und umgekehrt« (Godard, S. 134/135).

IMITATION OF LIFE

War A TIME TO LOVE AND A TIME TO DIE für Douglas Sirk ein relativ persönlicher Film – durch sein Verhältnis zu Deutschland, im Guten wie im Schlechten, durch seine Zuneigung zu Remarque und dessen Roman, durch seine positive Beziehung zum Drehbuch, in das er viel von sich selbst hineinlegen konnte –, so kann man nicht gerade sagen, daß er sich zu Fannie Hursts Bestseller hingezogen fühlte oder sich darum riß, noch ein Remake zu drehen: Stahl hatte den Roman 1934 mit Claudette Colbert und Louise Beavers verfilmt.
Für Sirk ist IMITATION OF LIFE ein Studio-Projekt. Er geht an den Stoff heran mit der Absicht, einen Film für die Menschenwürde der unterdrückten Schwarzen zu machen und ihre Situation auf dem Umweg über Lana Turner zu verdeutlichen. Sirk realisiert, was zwischen den Zeilen von Fannie Hurst steht (Harvey, S. 55). Der deutsche Verleihtitel, der alles oder nichts sagt, heißt: SOLANGE ES MENSCHEN GIBT. »Ein großer, wahnsinniger Film vom Leben und vom Tod. Und ein Film von Amerika«, schreibt Rainer Werner Fassbinder (Fassbinder, S. 21).

Hauptthema des Films ist das Nachahmen, So-tun-als-ob, Pretending, in Variationen: »I pretend I'm a rich girl with strict parents«, sagt Sarah Jane. Der Bogen zur Ironie ist geschlagen, wenn man die ursprüngliche Bedeutung dieses Wortes nimmt – durch Verstellen der Stimme jemanden ärgern, necken. Nachahmen als Nachäffen, eine Ironie, die Sirk mit der Anwesenheit des Affen Satan in A SCANDAL IN PARIS verdeutlicht.

In sorgfältig inszenierten und unwirklich schönen Licht- und Bildkompositionen in Eastmancolor stellt Sirk mit Kameramann Russell Metty in IMITATION OF LIFE die in New York spielende Geschichte zweier Witwen dar – einer Weißen und einer Schwarzen – mit ihren beiden Töchtern, die zunächst als Kinder (Terry Burnham und Karen Dicker), dann, nach einem Zeitraum von zehn Jahren, als junge Mädchen (Sandra Dee und Susan Kohner) im Film erscheinen. Auf skeptische Weise bringt der Film mit diesem als Familie zusammenlebenden Frauenquartett das gesamte Spektrum an möglichen Beziehungen zwischen weiblichen Wesen (Haskell, S. 274).

Sirk hebt den Mutter-Tochter-Konflikt stark hervor und macht ihn zum gesamtgesellschaftlichen Konflikt in einer Welt, in der keiner wirklich etwas über den anderen weiß, weder eine Mutter über die Tochter, noch die eine Frau über die neben ihr lebende andere, wo also Menschen dicht nebeneinander Fremde bleiben. Sirk bereichert die Romanvorlage durch seine intensive Vermittlung des harten, bis zur Prostitution im weitesten Sinne gehenden weißen Show-Geschäfts. Der Film bringt im Grunde eine Anklage nach der anderen, sowohl was Loras Weg nach oben betrifft, als auch den von Sarah Jane, die als Weiße gelten will, weil im Amerika der 50er Jahre eine Schwarze nichts gilt. Sirk arbeitet mit zögernden Schnitten, »die den Zuschauer in Unsicherheit darüber stürzen, ob die Weißen in IMITATION OF LIFE die Schwarze unbewußt ausgeschlossen haben oder ob sie sich das nur eingebildet hat«.[32]

Am Strand von Coney Island, wo sich die beiden Witwen und ihre kleinen Mädchen 1947 kennenlernen, betätigt sich John Gavin als Fotograf. Wie in A TIME TO LOVE AND A TIME TO DIE spielt er in IMITATION OF LIFE wieder den sympathischen, harmlos-netten jungen Mann von nebenan. Er verliebt sich in die weiße Witwe. Seine künstlerischen Ambitionen opfert er der Liebe zu dieser Frau und wartet immerzu darauf, daß seine Liebe erwidert wird. Für Lora Meredith ist aber die eigene Karriere wichtiger als die Liebe. Doch – wie Earl Grant im Titelsong singt – »without love you're only living an imitation of life«: Ohne Liebe gibt man nur vor zu leben.

Lana Turner verkörpert in der Rolle der Lora Meredith eine Schauspielerin, die mit Werbespots anfängt und – von dem opportunistischen Agenten Allen Loomis (Robert Alda) betreut – schließlich Erfolg am Broadway hat. Den Bühnenautor David Edwards (Dan O'Herlihy), in dessen

Lana Turner und John Gavin in IMITATION OF LIFE

Komödien sie spielt, gibt sie als Liebhaber auf, als sie seine Stücke nicht mehr braucht. In dem Moment, wo sie – auf dem Gipfel ihres Ruhms – von Theater und Film genug hat, greift sie auf den Fotografen Steve zurück und ist bereit, ihn zu heiraten.

Sandra Dee als Tochter Susie sieht aus wie die perfekte Imitation von Lora. Nur hat sie – im Gegensatz zur Mutter, die mögliche echte Gefühle ausklammert, um nicht von der Karriere abgelenkt zu werden – noch Gefühle. Zumindest leidet Susie. Einmal unter der vergeblichen Liebe zu dem Fotografen Steve Archer, der ihre Mutter verehrt – eine Parallele zu Lana Turners damaliger Situation, in der ihre Tochter Cheryl Crane den Liebhaber Johnny Stompanato erschoß –, und zum anderen unter dem Mangel an Mutterliebe. Mütterliche Zuwendung erhält die wohlstandsverwahrloste weiße Tochter von Annie Johnson (Juanita Moore), die mehr als eine Haushälterin und schwarze Mammy verkörpert: Annie ist die Mutter schlechthin.

Von ihrer eigenen Tochter, der hellhäutigen Sarah Jane, wird Annie Johnson ironischerweise als Mutter abgelehnt: Annies Mutterliebe steht ihr immer dann im Wege, wenn sie als Weiße gelten will. Als Kind ist es Sarah Jane gelungen, sich in der Schule als Weiße auszugeben, bis die

Mutter ihr an einem Regentag die Gummistiefel und den Regenschirm nachträgt. Als die All-Mutter Annie an Weihnachten die Weihnachtsgeschichte vorliest, während Lora ihre erste Rolle lernt, taucht zwischen den beiden Kindern die Frage auf, ob Jesus schwarz oder weiß war. Tiefernst, beschwörend, sagt die kleine Sarah Jane: »Er war weiß, so wie ich!« – eine Antwort voll hintergründiger Ironie. Sarah Jane möchte lieber tot sein als eine Farbige.

In einer Parallelmontage werden die beiden jungen Mädchen gezeigt: Sarah Jane beobachtet, wie Susie und Steve zu einem Ausritt aufbrechen, was Wunscherfüllung für Susie symbolisiert – nur eine scheinbare, darin besteht die Ironie. Die frustrierte Sarah Jane tanzt – ähnlich wie Marylee in WRITTEN ON THE WIND – einen einsamen Tanz und gibt ihrem Unschulds-Plüschlämmchen einen Tritt.

»Is your mother a nigger?« fragt der weiße Freund Frankie (Troy Donahue – schon in THE TARNISHED ANGELS hieß er Frank), den Sarah Jane heiraten möchte und den sie aufgefordert hat, mit ihr zum Fluß zu gehn. Er schlägt sie brutal, bis sie am Boden liegt, und verläßt sie, weil ihre Mutter eine Negerin ist. Für Sirk bedeutet die sehr stilisierte, »expressionistische« Szene eine extreme Entwürdigung für Sarah Jane – nicht nur durch den Boyfriend, sondern durch die Gesellschaft (Harvey, S. 57). Wegen ihrer hellen Haut erleidet sie das Schicksal eines Mischlings, obwohl sie sich wie eine rebellische junge Schwarze verhält. 1956 spielte Susan Kohner als 20jährige in dem Film THE LAST WAGON (Delmer Daves) neben Richard Widmark das Halbblut Jolie. In IMITATION OF LIFE, wo sie als hellhäutige Schwarze den biblischen Namen Sarah trägt, überzeugt ihre Darstellung der Sarah Jane nicht zuletzt deshalb, weil auch Susan Kohner das Schicksal dieser Figur am eigenen Leib, an der eigenen Haut nachvollziehen kann: Sie ist von Vaters Seite jüdisch und von Mutters Seite mexikanisch-spanisch, also nach US-amerikanischer Vorstellung *colored*, eine Farbige.

Sarah Jane läuft der Mutter davon, die das Verhalten der Tochter – *to pretend* – als Lüge und Sünde betrachtet. Doch IMITATION OF LIFE betreiben alle Figuren des Films. Selbst Annie Johnson, die aus Kummer über ihre Tochter stirbt, als Lora Meredith den Höhepunkt ihrer Karriere erreicht, ist nicht frei von dem Bedürfnis, der Welt etwas vorzumachen und wenigstens am Ende zu triumphieren. Sie hat gespart für ein pompöses Begräbnis, das Sirk phantastisch in Szene setzt: Die schwarze Gospelsängerin Mahalia Jackson singt ungeschönt von der Empore hoch oben auf die trauernde Menschenmenge in der Kirche herab vom Leid der irdischen Welt – »The trouble of this world« – mit der Hoffnung auf ein besseres Leben im Jenseits. Es ist eine grandiose Auferstehungsfeier: Annie hat das Leid überstanden und überwunden, das ihr die weiße Gesellschaft angetan hat, indem sie die Tochter zur »Lügnerin« werden ließ und ihr

Lana Turner und Juanita Moore in IMITATION OF LIFE

entfremdete. Die Tochter bekennt sich am Sarg zur Mutter und damit zu sich selbst; sie hat ihre Identität als schwarze Frau gefunden und wird das Leid nicht mehr akzeptieren wie die Mutter. Vier Schimmel ziehen die schwarze Kutsche mit dem Sarg, eine Musikkapelle begleitet den Leichenzug, den das Licht »ins Surreale hebt« (Jeremias, S. 8). Nicht enden wollend sind die Reihen der Menschen, die die Straßen säumen und Annie die letzte Ehre erweisen. Die Szene »wird zur wortlosen Apotheose auf eine Schwarze, die als einzige in diesem Film ihr eigenes Leben annimmt, indem sie es instinktiv für andere vergißt. Dieses Bekenntnis eines Areligiösen zu einer Religion, die Worte nicht nötig hat«, meint Brigitte Jeremias, »war im Jahre 1958 revolutionär.«[33]
In der Schlußszene, die John Gavin, Lana Turner und die beiden Mädchen in einer schwarzen Limousine beim Trauerzug vereint, lächeln sich diese vier übriggebliebenen Hauptfiguren an, als seien die Probleme gelöst, und tun so, als gäbe es ein Happy-End. Der Zuschauer ahnt, daß es nicht so ist. Die menschliche Situation ist hoffnungslos. »Es sei denn, wir verändern die Welt« (Fassbinder, S. 23).
Wolfram Knorr stellt fest: »Freilich, bei aller Perfektion, Sirks Filme – und IMITATION OF LIFE besonders – sind und bleiben Melodramen, die

dialektische Spannungen ins ›große Leiden‹ wegideologisieren. Die menschlichen Frustrationen werden letztlich nicht ausgestanden, sondern hinwegprojiziert« (Knorr, S. 58).
Viele – nicht nur Fassbinder – haben bei diesem Melodrama geweint. Ist der Film deswegen ein *weepie*, ein rührseliges Machwerk, wie ein Großteil der New Yorker Kritiker 1959 versicherte?
Eine der bewegendsten Szenen in IMITATION OF LIFE ist die, in der Annie von ihrer Tochter Sarah Jane im Motel in Hollywood endgültig Abschied nimmt. Für ihre schauspielerische Leistung, die von den eindringlichen Rollen nicht zu trennen ist, werden Juanita Moore und Susan Kohner beide als »beste Nebendarstellerin« für die Oscar-Verleihung 1959 vorgeschlagen; Shelley Winters erhält allerdings den Preis für ihre Nebenrolle in THE DIARY OF ANNE FRANK (Stresau, S. 257/58).
Es ist sicher kein Zufall, daß Sirks letzter Hollywood-Film, der für Universal zum bis dahin größten Kassenerfolg wurde, mit Annies »Heimgang« und Loras Absage an das Gefühle verhindernde Showbusiness endet. Annie und Lora sind »müde«. Douglas Sirk, so scheint es, ist hollywoodmüde. Nach einem Höhepunkt, den IMITATION OF LIFE darstellt, tritt er bei Universal zurück.

7 Rückkehr nach Europa

Tessin

Nach IMITATION OF LIFE verlassen Hilde und Douglas Sirk Hollywood. Sirk plant, für Allied Artists in Frankreich einen Film über den 1955 verstorbenen Pariser Maler Maurice Utrillo – mit Louis Jourdan in der Hauptrolle – zu drehen; ein 1956 erschienenes Buch von Francis Carco hatte er mit großem Interesse gelesen. Sirk fliegt nach Paris, um mit Eugène Ionesco über das Drehbuch zu sprechen.
Die beiden Hauptfiguren sind Suzanne Valadon und ihr unehelicher Sohn Maurice. Als Maurice acht Jahre alt wird und sein Vater, ein Trinker, längst verschwunden ist, heiratet der spanische Maler Miguel Utrillo Suzanne Valadon, und der Kleine erhält seinen Namen. Der Junge wächst weiterhin völlig sich selbst überlassen auf, verfällt schon als Kind dem Alkohol und wird wegen Faulheit und Undiszipliniertheit aus der Schule, aus dem Internat, aus der Banklehre beim Crédit Lyonnais geworfen. Er kommt wieder zur Mutter nach Montmagny, aber dort treibt er sich nur herum und betrinkt sich sinnlos. Seine Trunksucht führt zu Phasen von Wahnsinn und Stumpfsinn, und so wird er immer wieder ins Asyl gebracht und schließlich in St. Anne interniert. Dort wird er zum Malen und Zeichnen gezwungen. Schließlich läßt er sich auf dem Montmartre nieder und malt dort aus innerer Überzeugung seine ungewöhnlichen Bilder. Die nur 16 Jahre ältere Suzanne Valadon, die sich als Putzmacherin und Jahrmarktsakrobatin durchschlug und Modell wurde für Degas, Renoir und Toulouse-Lautrec, hat in der Zwischenzeit unter der Anleitung dieser Künstler längst ihr eigenes Talent als Malerin entwickelt. Maurice Utrillo wird der Schüler seiner Mutter. THE STREETS OF MONTMARTRE soll der Filmtitel lauten.
Douglas Sirk ist gezwungen, das Filmprojekt aufzugeben, als er einen Kreislaufkollaps erleidet und sein Arzt dringend von jeglicher Filmarbeit für die Dauer von mindestens einem Jahr abrät.
So lehnt Sirk in der Folge ein Angebot ab, für Warner Brothers THE DARK AT THE TOP OF THE STAIR zu drehen. Der Film wird 1960 von Delbert Mann realisiert.
Die erzwungene Pause verschafft Sirk den notwendigen Abstand. »Es gab noch andere Gründe für mein Weggehen; für eine Weile gesundheitliche vor allem. Doch hatte ich auch für mich selbst keine Zeit, solange

ich in Hollywood war und einen Film nach dem anderen machte. Ich verkümmerte intellektuell, las nicht mehr, außer Haufen von Skripten, und redete nur über Film...« (Rasner/Wulf, S. 510).
Hilde und Douglas Sirk lösen sich immer definitiver von Hollywood und siedeln sich in der italienischen Schweiz an. Schon in den 40er Jahren, als Douglas Sirk zwischen Dreharbeiten zur Erholung in die Schweiz fuhr, hatten sie im Tessin in den Weinbergen oberhalb von Locarno ein Grundstück mit Blick auf den See gekauft. Jetzt bauen sie dort ein Holzhaus mitten in den Reben, legen einen Nutzgarten an und fühlen sich ein wenig zurückversetzt in die Zeit auf ihren Farmen in Amerika, wo sie – wie nun in Vernate – in engem Kontakt mit der Natur und vom Ertrag ihrer Landarbeit leben. Es ist eine produktive Zeit in jeder Hinsicht. Douglas Sirk nimmt seine Malerei wieder auf und beschäftigt sich mit Literatur seiner eigenen Wahl. Hilde und Douglas Sirk schreiben unentwegt, jeder für sich und gemeinsam. Es entstehen Gedichte und ein Roman mit dem Titel DIE KINDER DES GENERALS – in Erinnerung an einen Asta-Nielsen-Film von 1912 (Urban Gad), aber auch wieder Filmentwürfe und Drehbücher.
Nach einigen Jahren entschließen sich Hilde und Douglas Sirk, das Haus in Vernate, in dessen Nähe sich O. W. Fischer inzwischen einen Landsitz hat bauen lassen, zu verkaufen: Die vielen Stufen hinauf zum Weinberg werden im Winter zu mühselig. Bevor Hilde und Douglas Sirk endgültig in ein Appartmenthaus am Monte Bré bei Lugano ziehen, wohnen sie vorübergehend in dem fast leerstehenden Hotel Esplanade in Locarno in der Nähe der alten Leipziger Freunde Friedl und Jochen Huth. Viele Male werden sie bis zum Tod des Drehbuchautors im Dezember 1984 die unzähligen Stufen zu ihm hinaufsteigen.
In der Nachbarschaft, am Steilhang über Ascona, wohnt Erich Maria Remarque, mit dem die Sirks seit den Vorbereitungen zu A TIME TO LOVE AND A TIME TO DIE 1956 bis zu seinem Tod 1970 eine tiefe Freundschaft verbindet. Dazu Hilde Sirk: »Das war sehr schlimm für uns, daß er gestorben ist. Er war einer von den Menschen, denen man nah war. Man ist nicht mit vielen Leuten nahe, besonders wenn man so ein zurückhaltender Mensch wie Detlef ist.«
Zuletzt wird Sirks Zurückhaltung durch die beeinträchtigte Sehkraft noch verstärkt: Seit einigen Jahren lassen ihn seine Augen im Stich. Das Blindsein, von dem in amerikanischen Zeitungen zu lesen war, ist ihm glücklicherweise erspart geblieben. Seine Ideen notierte Douglas Sirk wie eh und je auf einem Schreibblock, einer Papierserviette, einem Zeitungsrand. Größere Entwürfe diktierte er seiner Frau Hilde.

PROJEKTE

Der Kontakt zu Hollywood bricht nie vollständig ab. So erhält Douglas Sirk als Mitglied der »Academy of Motion Picture Arts and Sciences« jedes Jahr eine Einladung zu den Vorführungen der für den Oscar nominierten Filme.
In die frühen Jahre im Tessin fallen mehrere Filmprojekte. Der Autor Charles Grayson, der am Drehbuch für BATTLE HYMN beteiligt war, kommt in die Schweiz und arbeitet einige Wochen mit Douglas Sirk an einem Filmprojekt nach Graysons Roman ARENA (Halliday, S. 172).
1961 schlägt Ross Hunter die Verfilmung von MADAME X mit Lana Turner in der Hauptrolle vor. Sirk kommt in Versuchung, lehnt aber dann ab. Er ist von Hollywood weggegangen, weil er solche abgedroschenen Stoffe nicht mehr bearbeiten wollte. Das Stück von Alexandre Bisson, von Sirk schon in der Spielzeit 1922/23 am Theater in Chemnitz aufgeführt, war in den Jahren 1909 bis 1937 bereits fünfmal verfilmt worden, bevor Ross Hunter auf die Idee kam, die rührselige Geschichte einer Frau, deren Sohn aufwächst, ohne die Mutter zu kennen, ein sechstes Mal zu drehen. 1966 produziert Ross Hunter MADAME X mit dem Regisseur David Lowell Rich als aufwendigen Farbfilm mit reißerischer Werbung für Lana Turner als Titelheldin. Mit dieser Universal-Reklame hätte sich Douglas Sirk nicht mehr identifizieren lassen wollen.
Ein weiteres Filmprojekt wird von Richard Schweizer, einem Freund von Thomas Mann, vorgeschlagen. Douglas Sirk soll den Roman DER ZAUBERBERG verfilmen, Erika Mann das Drehbuch verfassen. Thomas Manns 1924 geschriebener Roman spielt in der Epoche vor dem Ersten Weltkrieg. Es ist die Erziehungs- und Bildungsgeschichte des lungenkranken hanseatischen Patriziersohnes Hans Castorp, der sich sieben Jahre lang zur Heilung in einem internationalen Schweizer Sanatorium aufhält. Dort kommt er mit interessanten Menschen der verschiedensten Berufe und Stellungen zusammen – Gestalten, die Sirk als Filmfiguren gereizt hätten. Es ist bedauerlich, daß Douglas Sirk befürchtete, die im ZAUBERBERG vorhandene Gesellschaftskritik wäre überholt und er müßte einen Kostümfilm daraus machen (Halliday, S. 172). George Sanders und Akim Tamiroff könnte man sich gut als Insassen des Sanatoriums vorstellen. Das Projekt zerschlägt sich. 1982 dreht der bereits mit sorgfältigen Literaturverfilmungen wie DIE WILDENTE (1976) oder STERNSTEINHOF (1975) hervorgetretene H. W. Geissendörfer seine Version von DER ZAUBERBERG.
Zugsmith tritt 1962 an Sirk heran mit CONFESSIONS OF AN OPIUM EATER nach dem Roman von Thomas de Quincey, ein Projekt, das Sirk selbst noch in Hollywood dem Produzenten vorgeschlagen hatte. Es kommt nicht zustande, und Zugsmith dreht den Film selbst.

Das Zugsmith-Projekt FANNY HILL lehnt Sirk ebenfalls ab. Er hat sich inzwischen auch innerlich von der Filmarbeit zurückgezogen und für eine Tätigkeit am Münchener RESIDENZTHEATER entschieden.

Theater in München

Bereits im Frühjahr 1963 bietet sich dem inzwischen 66jährigen Sirk eine willkommene Regie-Aufgabe. Unter der Intendanz von Helmut Henrichs ist Kurt Meisel am RESIDENZTHEATER in München als Regisseur und Darsteller tätig. Als ganz jungen Schauspieler hatte ihn der Schauspieldirektor Detlef Sierck in den frühen 30er Jahren ans ALTE THEATER nach Leipzig engagiert und danach in drei Filmen eingesetzt: in SCHLUSSAKKORD als brutalen und provozierend erotischen Baron Salviany, in DAS HOFKONZERT als harmlos verliebten Leutnant Florian Schwälbe und später in A TIME TO LOVE AND A TIME TO DIE als betrunkenen SS-Mann Heini.

Durch Meisels Vermittlung wirkt Sirk am RESIDENZTHEATER als Regisseur – unter seinem alten Namen. So gelangt von 1963 bis 1967 jedes Jahr ein Stück in der Inszenierung von Detlef Sierck zur Aufführung.

Am 25. Juli 1963 steht CYRANO VON BERGERAC erstmalig in München auf dem Programm – mit Kurt Meisel in der Titelrolle des draufgängerischen und doch verzichtenden Dichters mit der großen Nase, der seine Cousine Roxane (Ursula Lingen) liebt, aber für den Rivalen (Karl Walter Diess) Gedichte schreibt. Dieses volkstümliche Stück des Franzosen Edmond Rostand hatte Detlef Sierck bereits am 18. Juni 1926 in Bremen auf die Bühne gebracht. Rostand war 1897, in Siercks Geburtsjahr, mit seiner romantischen »heroischen Komödie« zum gefeiertsten Bühnendichter von Paris avanciert. Hält der Kritiker Erich Pfeiffer-Belli, der Joseph Kainz als Cyrano vor Augen hat, die Besetzung mit Meisel auch nicht für glücklich, so gesteht er doch der Aufführung »die größten Meriten« zu: »Detlef Sierck hat das köstliche, etwas zu lang geratene Stück sehr farbig und aufwendig, sehr reell und stimmungsvoll inszeniert; vielleicht war die Riesenbühne des Residenztheaters manchmal etwas zu prall mit den vielfältigsten Personagen bevölkert.«[34]

Im Februar 1964 ist die Premiere von Eugène Ionescos menschlich-grotesker Tragödie DER KÖNIG STIRBT – mit Kurt Meisel als König Bérenger I., dem bewußt ist, daß er in einer Stunde nicht mehr leben wird.

Der 73jährige Willy Birgel ist im April 1965 Hauptdarsteller in dem Drama DER STURM, Shakespeares reifstem Werk, in dem Prospero, der Herzog von Mailand, das Böse durch seine Weisheit überwindet.

Kurt Meisel (Mitte) mit Albert Lippert und Willy Birgel in SCHLUSSAKKORD

In dem Stück DER PARASIT, das in dem intimeren CUVILLIÉS-THEATER aufgeführt wird, hat Kurt Meisel im Februar 1966 als Schmarotzer Selicour wieder eine Hauptrolle; er gibt »der Figur die fatale Glätte, die routinierte Perfidie des gesinnungslosen Politikers und des Moralisten mit doppeltem Boden«. Detlef Sierck wird als »intelligenter Führer des einzelnen Darstellers und damit des Ensembles« bezeichnet: »Das Publikum klatschte, als ob es den 1828 gestorbenen Autor Picard und den deutschen Bearbeiter des Lustspiels, Friedrich Schiller, mit den Darstellern auf die Bühne zwingen wollte.«[35]

Im Oktober 1967 gelangt Molières Komödie DER GEIZHALS in einer modernisierten, psychologisch ausgerichteten Fassung zur Aufführung, im CUVILLIÉS-THEATER mit Bühnenbildern von Siegfried Stepanek, wie bei der Komödie DER PARASIT.

Theater in Hamburg

Eine Inszenierung in seiner Geburtsstadt Hamburg bedeutet für Detlef Sierck die Wiederbegegnung mit einem amerikanischen Bühnenautor, unter dessen Einfluß er die Figuren von WRITTEN ON THE WIND gestaltet hatte: Tennessee Williams. Als deutschsprachige Erstaufführung in der Übersetzung von Jan Lustig inszeniert Detlef Sierck im März 1969 am THALIA THEATER das Drama KÖNIGREICH AUF ERDEN: In dem Dreipersonenstück – in der Besetzung mit Gisela Peltzer als die alternde ehemalige Varieté-Schauspielerin Myrtle, Siegfried Wischnewski als der vitale Farbige Küken und Joachim Ansorge als sein schwindsüchtiger Halbbruder Lot – geht es um die auf Kosten der Frau ausgetragene Rivalität zwischen zwei Brüdern, die Stellvertreter zweier gegensätzlicher Welten sind. Der Tod des einen und ein offenes Ende mit Mississippi-Überflutung der väterlichen Farm bringen Anklänge an Sirksche Filme.

Das 1968 von Tennessee Williams geschriebene Stück hat zwei Originaltitel, die in biblischer Sprache die Ambivalenz der sich in sieben Szenen abwickelnden Geschichte ausdrücken: KINGDOM OF EARTH und THE SEVEN DESCENTS OF MYRTLE. Dem Zuschauer geht es wie bei WRITTEN ON THE WIND, wo er Interesse und Mitgefühl für Marylee, Kyle und Jasper Hadley empfindet, aber auch Mitch verstehen kann, der nicht länger ertragen will, daß er immer als »Drecksstück« hinter Kyle zurückstehen oder für dessen Boshaftigkeiten büßen muß. Es entspricht Sirk, wenn Tennessee Williams sagt: »Für mich gibt es weder Bösewichte noch Helden, sondern nur richtige oder falsche Wege, die der Mensch einschlägt – nicht aus freier Entscheidung, sondern aus Notwendigkeit oder unter dem Einfluß gewisser, ihm noch unverständlicher Faktoren seines eigenen Inneren, seiner Lebensumstände und seiner Herkunft.«[36]

Filmhochschule in München

Im Wintersemester 1974/75 beginnt Douglas Sirk auf Anregung von Rainer Werner Fassbinder und dank der Bemühungen von Professor Wolfgang Längsfeld eine Lehrtätigkeit an der HOCHSCHULE FÜR FERNSEHEN UND FILM in München. Die Lehrziele für die angehenden Regisseure in

Sirks Seminaren für »Film und Fernsehspiel« sind Literaturadaption, Schauspielerführung und Kameraführung. Sirk arbeitet mit den Studenten in Gruppen von acht bis 13 Teilnehmern. Er bedingt sich für die Realisation der Kurzfilme erstklassiges Material in 35 mm und erstklassige professionelle Mitarbeiter aus, was die Darsteller und die Techniker (Kameramann, Beleuchter) angeht. Zwischen 1975 und 1978 entstehen an der HOCHSCHULE FÜR FERNSEHEN UND FILM unter Sirks künstlerischer Leitung drei Kurzfilme, von denen zwei auf Einaktern von Tennessee Williams basieren. Dann verhindert Sirks Augenleiden eine Fortsetzung der Arbeit an der Hochschule. Sein Drehbuch nach Strindberg-Vorlagen – DAS SCHWARZE TAGEBUCH – bleibt unverfilmt.

Bei Retrospektiven werden die drei Kurzfilme meist hintereinander gezeigt, und so betrachtet man sie unwillkürlich als Einheit, sozusagen als Episodenfilm.

Es sind drei Frauengeschichten – also drei Erzählungen, in deren Mittelpunkt jeweils eine weibliche Hauptfigur steht –, drei Studien über Frauen, die von ihren Träumen und von ihren Erinnerungen leben. Alle drei Frauen haben jemanden, der ihnen zuhört; diese männlichen Figuren dienen als Katalysator und gleichzeitig als Stellvertreter für den fragenden und zuhörenden Zuschauer.

Da ist in SPRICH ZU MIR WIE DER REGEN eine junge, enttäuschte Frau (Renate Reger), die sich die Platte »Memories are made of this« auflegt: »One man, one wife, one love through life...« Der Mann (Christian Quadflieg) hat sie enttäuscht und vielleicht betrogen, sie hat gewartet. Er ist zurückgekommen, versucht sich zu erinnern, wo er »rumgesoffen« hat, und fordert sie auf: »Erzähl mir was... Wir haben schon viel zu lange nicht mehr miteinander gesprochen. – Ich will hier liegen und dir zuhören wie dem Regen.« Da bricht es aus ihr heraus: Sie will weggehen und allein und ohne Angst an der Küste leben und alt werden. In ihrem letzten Satz jedoch bittet sie den Mann: »Komm zurück ins Bett!«

Das Leben in dem armseligen New Yorker Zimmer von SPRICH ZU MIR WIE DER REGEN wirkt trostlos und grau an diesem Sonntagnachmittag. Regen prasselt gegen ein Fenster, hinter dem rot eine Reklame für COCA COLA zu ahnen ist. Ein Ventilator produziert Schattenspiele. Es gibt Lichtinseln wie in THE TARNISHED ANGELS.

Dietrich Lohmann, der Kameramann bei diesem nach einem Einakter von Tennessee Williams entstandenen Kurzfilm, hat zwölf Filme mit Fassbinder gedreht, darunter DER HÄNDLER DER VIER JAHRESZEITEN.

In SYLVESTERNACHT geht es um eine Frau (Hanna Schygulla), die sich arrangiert hat mit ihrem bürgerlichen Leben in der höheren Gesellschaftsschicht von Arthur Schnitzlers Wien Anfang des Jahrhunderts. Sicherheit, Schmuck und Pelz hat sie der Flüchtigkeit des Glücks vorgezogen. Sie findet einen jüngeren Zuhörer, der die Vergangenheit zurückholt, ihre Erinnerungen lebendig werden läßt. Sie ist halb Mutter, halb mögliche Geliebte für den jungen Mann (Christian Berkel), mit dem sie allein am Fenster des eleganten Salons steht und auf die verschneiten Büsche und kahlen Bäume des Parks hinausschaut. Ein Vergleich mit ALL THAT HEAVEN ALLOWS drängt sich auf.[37]

Jörg Schmidt-Reitwein, der Kameramann des 18-Minuten-Farbfilms, ist von Achternbuschs und Herzogs Filmen bekannt.

In BOURBON STREET BLUES ist die Hauptfigur eine Trinkerin, eine Möchte-gern-Adlige, die von ihren Illusionen lebt. Sie findet jemanden, mit dem sie reden und ihre Illusionen teilen kann, einen jüngeren Mann, der sich in seine eigene Lebenslüge flüchtet, aber für diese Frau tröstend ist.

Erneut ist ein kurzes Stück von Tennessee Williams, THE LADY OF LARKSPUR LOTION, Grundlage für die Arbeit mit den Studenten. Kameramann bei dem 24minütigen Farbfilm BOURBON STREET BLUES ist Michael Ballhaus, der bei vierzehn Filmen für Fassbinder hinter der Kamera stand, so auch bei DIE EHE DER MARIA BRAUN.

BOURBON STREET BLUES spielt im französischen Quartier von New Orleans, einem armseligen Viertel, und beginnt mit einem Blues, den ein Mundharmonikaspieler (Richard L. Wagner) spielt. Er sitzt auf der Treppe in der heruntergekommenen Pension von Mrs. Wire (Doris Schade). Hier wohnen ein Schriftsteller (Rainer Werner Fassbinder) und eine Mrs. Miller-Raczinski (Annemarie Düringer), deren Zimmer, mit diversen Spiegeln ausgestattet, als Schauplatz des Films dient. Die Platte, die sie auflegt, signalisiert ihren Gemütszustand: »You loved me, then you left me... I'm alone and so unhappy.« Die Fenster haben Jalousien, die das Licht reizvoll variieren und Lichtstreifen hervorrufen. Ein Ventilator produziert Schatten-Licht-Spiele auf der Wand und auf den Gesichtern.

Der Schriftsteller, der sich als Anton Tschechow vorstellt, nimmt Partei für Mrs. Miller-Raczinski gegen die Zimmerwirtin. Die »feindliche« Zimmerwirtin löst die Solidarisierung aus: »Lassen Sie diese arme Person da in Ruhe.« Im Konflikt zwischen Realität und Illusion finden sich zwei nur durch ihre Lebenslüge lebensfähige Menschen – »tote Vögel«, wie Mrs. Wire sagt –, Gescheiterte, deren Menschlichkeit und Melancholie anrührend und sogar liebenswert erscheinen.

Die drei Filme SPRICH ZU MIR WIE DER REGEN, SYLVESTERNACHT und BOURBON STREET BLUES, als Lektionen gedacht, bringen konzentriert und mit einfachsten Mitteln alles, was für Sirk thematisch und stilistisch wesentlich ist.

Die Figuren befinden sich zwar im geschlossenen Raum, der zugleich die Auswegslosigkeit und die Isoliertheit ihres Lebens zeigt, aber es gibt Fenster, die man öffnen und schließen kann, und in ihren Träumen, Fantasien

und Erinnerungen befinden sich die Frauen draußen – bei Spaziergängen am Strand und im Wind in SPRICH ZU MIR WIE DER REGEN, einem Spaziergang im Schnee in SYLVESTERNACHT und »nur zwei Minuten oder so« vom irrealen Mittelmeer in BOURBON STREET BLUES. Sirk-Filme en miniature: Fast ohne Handlung, eher Gedichte, wie Douglas Sirk sagt; Impressionen in Skepsis und Licht.
Bei SYLVESTERNACHT steht in der Liste der studentischen Mitarbeiter der Name Doris Dörrie, die heute als Regisseurin von sich reden macht. Beim Max-Ophüls-Festival 1984 geht der Publikumspreis an Doris Dörrie für MITTEN INS HERZ, dessen Titel im übrigen ein Zitat aus LA HABANERA darstellt. 1986 wird ihr Film MÄNNER beim Internationalen Festival der Filmkomödie in Vevey als beste Komödie mit dem »Goldenen Spazierstock« ausgezeichnet, bei der Verleihung des Deutschen Filmpreises erhält sie ein Filmband in Silber, und wegen des großen Erfolgs in den USA vertritt ihr Lustspiel MÄNNER die Bundesrepublik beim Wettbewerb um den »Oscar«.

Würdigungen

Wie Truffaut und Godard in den späten 50er Jahren, als sie für die CAHIERS DU CINÉMA Kritiken über die in Frankreich anlaufenden Sirk-Filme schrieben, betont der Filmkritiker Andrew Sarris in den 60er Jahren den persönlichen Stil des Regisseurs und erkennt die Vorurteile der »plotbesessenen« amerikanischen Kritiker gegen das Genre des *female weepie*, des Melodrams, als Hindernis für eine Wertschätzung von Sirks Werk (Sarris, S. 109). Sarris betrachtet sich als einen der frühen »Sirkianer«. Für ihn liegen bis heute in den Eingangsbildern von THE TARNISHED ANGELS und den Schlußbildern von A TIME TO LOVE AND A TIME TO DIE mehr Film-Feeling und Power, als in der ganzen Filmgeschichte – mit Ausnahme von einigen wenigen Werken – zu finden ist.[38] Wenn sonst nichts, dann werde die Zeit Douglas Sirk rechtfertigen, seine Ehre retten, wie sie es schon bei Josef von Sternberg getan habe, schrieb Andrew Sarris 1968 (S. 109). Er und andere haben es bei Sirk bereits getan.
In der Zeit nach dem Scheitern der Studentenrevolution von 1968 und dem Schock des Vietnamkriegs führt eine allgemeine Tendenz zur Rückbesinnung auf Gefühlswerte und zu einer Wiederentdeckung des Melodram, damit auch der Sirkschen Filme, als »eine Form des Protests, vielleicht nicht so sehr gegen die Ungerechtigkeit der Welt als gegen das Unglück in ihr« (Seeßlen, S. 9). In Frankreich, Deutschland, England, in der Schweiz, in Italien und Spanien und in Amerika stoßen Sirks Filme auf großes Interesse, die Zahl seiner Anhänger wächst.

Douglas Sirk mit seiner Frau neben Peter Kern und Hanna Schygulla bei einem Podiumsgespräch in Düsseldorf (1978)

Im Herbst 1970 wird Douglas Sirk in München mit einer Retrospektive von sechs Hollywood-Filmen am Stadtmuseum gewürdigt. Rainer Werner Fassbinder ist von diesen Filmen beeindruckt und besucht Sirk im Tessin. Im Februar 1971 erscheint Fassbinders Artikel über Douglas Sirk und die sechs Filme in der Zeitschrift FERNSEHEN UND FILM und trägt in der Folge zu einer neuen Wertschätzung des Regisseurs bei.
1971 erscheint der Interview-Band SIRK ON SIRK von Jon Halliday, der Douglas Sirk in einem französischen Filmlexikon als den vernachlässigsten Regisseur des amerikanischen Kinos und eine der interessantesten Persönlichkeiten der gesamten Filmgeschichte entdeckte. Auf Initiative von Halliday, dessen Buch Grundlage für weitere Forschungen und Publikationen wird, findet 1972 am National Film Theatre in London eine Retrospektive von Sirk-Filmen statt. Auch beim Film-Festival in Edinburgh gibt es 1972 eine Sirk-Retrospektive: mit 17 Filmen und einer wichtigen Buchdokumentation.[39] Douglas Sirk ist anwesend und hält Seminare ab.
Ende 1973 bringt Enno Patalas am Münchner Stadtmuseum eine größere Retrospektive von mehr als 20 Sirk-Filmen.
Im Frühjahr 1974 veranstaltet das Filmpodium der Stadt Zürich auf Anre-

Hilde und Douglas Sirk in Locarno

gung von This Brunner und Bernd Uhlmann im Studio Commercio eine Douglas-Sirk-Retrospektive mit 16 Filmen. Sirk sieht dort nach 30 Jahren seinen Film SUMMER STORM wieder. Die University of Connecticut Film Society zeigt im Herbst 1974 das gesamte amerikanische Werk von 29 Filmen.
Im Winter 1974/75 wird Douglas Sirk an die HOCHSCHULE FÜR FERNSEHEN UND FILM in München berufen, um Meisterklassen zu leiten. Er dreht dort mit den Studenten die Kurzfilme SPRICH ZU MIR WIE DER REGEN (1975), SYLVESTERNACHT (1977) und BOURBON STREET BLUES (1978). Eine Verfilmung von Sirks Drehbuch DAS SCHWARZE TAGEBUCH wird geplant. BOURBON STREET BLUES und die beiden anderen Kurzfilme werden auf mehreren Filmfestspielen und Retrospektiven gezeigt.
Douglas Sirk sieht 1977 eine Reise in die USA vor. Das Museum of Modern Art in New York zeigt innerhalb der Retrospektive UNIVERSAL PICTURES 65 YEARS 16 Filme von Douglas Sirk. In der Folge finden weitere Douglas-Sirk-Retrospektiven und Ehrungen statt, so in New York (Dezember 1977 und 1979) und Berkeley (1979), in Luxemburg beim Filmkongreß XXe CICI (1980) und in Paris (1978 und 1982).[40] An einigen Veranstaltungen nimmt Sirk teil, hält Vorträge und Seminare für Film-

Douglas Sirk am 22. Januar 1986 in seiner Wohnung in Ruvigliana

studenten. 1980 widmet die ARD Sirk eine Retrospektive, das ZDF eine Dokumentation.[41] Der Schweizer Filmemacher Daniel Schmid, dessen Film HÉCATE Sirks Einfluß verrät, dreht 1984 im Auftrag der TVSR mit dem Kameramann Roberto Berta ein Filmporträt über den Regisseur.

Von Lugano aus nimmt Douglas Sirk regelmäßig an den Filmfestspielen in Locarno teil. In diesem Rahmen finden Sirk-Retrospektiven und eine Ausstellung statt. Außerdem hält Sirk, der den Kontakt zu jungen Cinéasten immer geschätzt hat, in Locarno verschiedentlich Seminare. 1978 erhält er den Silbernen Leoparden.

Im Rahmen der Verleihung des Deutschen Filmpreises 1978 wird dem Regisseur – zusammen mit Lili Palmer, Ruth Leuwerik, Rudolf Platte, Gerd Fröbe und dem Kollegen Franz Seitz – in Berlin »für langjähriges

und hervorragendes Wirken im deutschen Film« ein Filmband in Gold überreicht.
Die Reihe der veröffentlichten und unveröffentlichten Artikel reißt nicht ab. 1979 erscheint in den USA das Buch DOUGLAS SIRK von Michael Stern. Ende 1984 kommt in Frankreich der schöne Band DOUGLAS SIRK von Jean-Loup Bourget heraus.
1985 organisiert das Filmpodium in Zürich anläßlich Sirks offiziellem 85. Geburtstag von April bis Juni die umfassendste Retrospektive, die es je gab: Sämtliche Filme aus den Jahren 1935 bis 1978 sind zu sehen, mit Ausnahme von SLEEP, MY LOVE, TAKE ME TO TOWN und CAPTAIN LIGHTFOOT. Im gleichen Jahr zeigt das 9. Internationale Filmfestival in Hongkong unter dem Thema AUTEUR IN 50'S HOLLYWOOD Universal-Filme von Douglas Sirk parallel zu Filmen von Nicholas Ray.[42] Deutschsprachige Fernsehprogramme senden als Geburtstagswürdigung Sirk-Filme. Verschiedene ausländische Sender bringen aus dem gleichen Anlaß Fernsehdokumentationen. Peter W. Jansen widmet Sirk eine ganze Sendung von KULTUR AKTUELL.
Am 17. Januar 1986 wird Douglas Sirk eine späte Ehrung zuteil: Im Rahmen des Bayrischen Filmpreises 1985, wo die Jury neben drei weiteren Preisträgern Xaver Schwarzenberger für das Melodrama DONAUWALZER auszeichnet, wird dem Regisseur ein erstmals vergebener undotierter Ehrenpreis für »herausragende Verdienste um das deutsche Filmschaffen« zuerkannt. Da Douglas Sirk beim Festakt im Münchener CUVILLIÉS-THEATER aus gesundheitlichen Gründen nicht anwesend sein kann, nimmt Helmut Oeller, der Präsident der Münchner HOCHSCHULE FÜR FERNSEHEN UND FILM, aus der Hand von Ministerpräsident Franz Josef Strauß den bayrischen Oscar stellvertretend entgegen: einen zierlichen Rokoko-Pierrot nach einem Modell von Bustelli aus der Nymphenburger Porzellanmanufaktur. Die Preisverleihung wird vom Bayrischen Rundfunk in einer Fernsehsendung direkt übertragen. Ruth Leuwerik hält die Laudatio, die bei Zarah Leander anfängt und bei Rock Hudson und Jane Wyman aufhört. Die Begründung der Jury lautet, Sirk habe Melodramenmuster kreiert, die vom Fernsehen aufgegriffen und auf breitester Basis vermarktet worden seien, und auf die jüngere Regiegeneration habe er einen enormen Einfluß.[43]
»Aus der Fülle seiner Erfahrungen, seines Schaffens gibt er uns den Mut für unser Handwerk. Der deutsche Film, wenn er jetzt überall Reputation einholt, wäre arm ohne seine Hilfe, sein Verständnis, seine Imagination«, schreibt der Filmemacher Walter Bockmayer in seiner »Hommage à Douglas Sirk« und fügt hinzu: »Sirk, das ist der Verzicht auf cinéastischen Hochmut. Ohne Verlust der Substanz« (Bockmayer, S. 8).

8 Sirk und Fassbinder

So gescheit wie keiner

Im Winter 1970/71 fand im Tessin ein für die deutsche Filmgeschichte entscheidendes Ereignis statt – die erstaunliche Begegnung zwischen Douglas Sirk und Rainer Werner Fassbinder. Das »proletarische enfant terrible« und der »aristokratische Intellektuelle« – wie reimt sich das zusammen? Wie kam es zu einer Begegnung, aus der Freundschaft werden sollte, zwischen zwei so gegensätzlich wirkenden Menschen?
Douglas Sirk schildert das erste Zusammentreffen: »Es ist schon eine Anekdote, ein bißchen unseriös. Wir wohnten hier in Ruvigliana in einem Haus, das wir gemietet hatten. Es war zu Weihnachten. Das ganze Tessin lag im Schnee, als es an meiner Haustür klingelte. Die Köchin ging, um zu öffnen, und sagte: ›Da sind ein paar merkwürdige Menschen – ob ich die wohl hereinlassen darf?‹ Es war ein wildes Schneetreiben, und draußen stand also eine Gruppe von jungen Menschen, die sich für mein unwissendes Auge so präsentierten, als wenn sie irgend etwas erbetteln wollten. Sie waren vollkommen verschneit, steckten unter Kapuzen, und einer von ihnen sagte: ›Wohnt hier Douglas Sirk?‹ Sie kamen herein – er hat sich sehr zivil vorgestellt – ›Ich bin Fassbinder‹ –, und ich war sehr erfreut, ihn zu sehen. Ich habe Fassbinder mit seiner ganzen Gesellschaft – da waren die Caven und der Raben und die Schygulla[45] – bei uns in den Livingroom geführt, ihnen sozusagen unter meinen Büchern Platz gemacht.«[46]
Eine kurze Korrespondenz war vorausgegangen: Fassbinder hatte Sirk einige Manuskripte zugesandt, Sirk hatte in einem längeren Brief dazu Stellung genommen. Sirk erläutert: »Fassbinder hatte mir sozusagen als Boten das Urmanuskript von KATZELMACHER geschickt. Ich war sehr begeistert. Ich fand darin einen neuen Ton. Eine ausgezeichnete, klare, durchsichtige Arbeit. Ich wußte damals noch nicht, wer er war, kannte nur dieses Buch und dachte, das ist ein Anfänger, ich muß so klar wie möglich schreiben; wenn ich einen zu verschlüsselten Rat gebe, so ist das gefährlich.«
Für Sirks Brief hatte sich Fassbinder bedankt und den Wunsch geäußert, ihn persönlich kennenzulernen.
Der junge Filmemacher kommt mit einem neuen Drehbuch, um die Meinung des erfahrenen Regisseurs darüber zu hören. Sirk will es »in den

nächsten Tagen« lesen. »Da hat Rainer« – so Juliane Lorenz, Fassbinders Cutterin und enge Vertraute – »zu ihm gesagt: ›Ach nein, bitte, es ist nicht so lang. Ich würde gerne darauf warten, vielleicht können Sie es doch gleich jetzt lesen.‹ Sirk hat dies dann wohl auch gemacht. Rainer sagte zu ihm dann, nachdem Sirk es für gut und verfilmbar hielt: ›Wenn Sie das Drehbuch für schlecht befunden hätten, würde ich aufhören, Filme zu machen.‹ Ich habe ihm das übrigens sofort geglaubt«, sagt Juliane Lorenz. »In solchen Aussagen oder Aussprüchen hat sich Rainer auch niemals nur der Wirkung wegen ausgedrückt. Es war ihm – allein schon wie er es mir erzählt hatte – todernst dabei!«[47] Die Verfilmung des Drehbuchs mit dem Arbeitstitel »Der Obsthändler« beginnt Rainer Werner Fassbinder im August 1971; als Film stellt DER HÄNDLER DER VIER JAHRESZEITEN eine »Hommage an Sirk« dar.[48]

Douglas Sirk erinnert sich an die erste Begegnung: »Wir verbrachten einen der anregendsten Abende meines Lebens zusammen. Wir haben die ganze Nacht gesprochen. Ich war sehr gut aufgelegt.«

Fassbinder hatte im November 1970 gerade DAS BRENNENDE DORF nach Lope de Vega inszeniert, und so kam die Rede auf spanische Literatur und spanische Mystik. »Ich habe die ganze Zeit eigentlich über eins gesprochen, wovon ich gar nicht gedacht hätte, daß es für die jungen Leute interessant gewesen wäre – über Calderon, über dieses wunderbare Zusammenfallen von Religiosität und dem Wortprunk des Barocks. Ich habe vorgelesen und Fassbinder das Stück DER SCHULZE VON ZALAMEA empfohlen. Fassbinder war von der unerhörten Schaffenskraft von Calderon und Lope de Vega beeindruckt und sagte, so fruchtbar möchte er auch sein. Dieser Wunsch durchzog sein ganzes Leben. Wir sind seit der Zeit Freunde geblieben.«

Unmittelbar nach diesem Zusammentreffen mit Sirk schreibt Fassbinder: »So kommt es, daß man in Lugano in der Schweiz einem Mann begegnen kann, der so wach ist, so gescheit wie keiner, dem ich je begegnet bin« (Fassbinder, S. 12).

Das Wasser nicht reichen

Wie kam der damals 25jährige Rainer Werner Fassbinder dazu, dem über 70jährigen Douglas Sirk Manuskripte zu schicken? Woher wußte er überhaupt von Sirk?

Möglich, daß Fassbinder – trotz seiner Abneigung gegen klassisches Theater – sich in den Jahren 1963 bis 1967 für Sirks Inszenierungen am Münchener Residenztheater interessierte (CYRANO VON BERGERAC, DER KÖNIG STIRBT, DER STURM, DER PARASIT, DER GEIZHALS) oder nur Kurt

Meisel in einem der Stücke sehen wollte. Möglich, daß er durch ausländische Filmzeitschriften auf Douglas Sirk aufmerksam wurde.
Fest steht, daß es Ende 1970 in München eine kleine Sirk-Retrospektive gab. Zufall? Douglas Sirk hat nie an die Zufälligkeit von Ereignissen geglaubt. Alles ist für ihn eine glückliche Fügung oder eine unglückliche: »Das fängt damit an, daß der Schuhbändel aufgeht – im falschen oder im richtigen Augenblick!« So muß es im Sirkschen Sinn eine glückliche Fügung gewesen sein – und für Fassbinder der richtige Augenblick –, daß Enno Patalas im Filmmuseum im Münchner Stadtmuseum eine Reihe von Sirk-Filmen aus der Universal-Phase zeigte, und zwar ALL THAT HEAVEN ALLOWS, WRITTEN ON THE WIND, INTERLUDE, THE TARNISHED ANGELS, A TIME TO LOVE AND A TIME TO DIE und IMITATION OF LIFE. Vielleicht haben Jean-Luc Godards schwärmerische Äußerungen über A TIME TO LOVE AND A TIME TO DIE Fassbinder darin bestärkt, sich die sechs Hollywood-Melodramen anzuschauen – hielt er doch viel von Godard.
Rainer Werner Fassbinder sieht also diese Filme, und es fällt ihm wie Schuppen von den Augen. Das war es, was er gesucht hatte. Fassbinder bringt seine Begeisterung zu Papier für die Februarnummer 1971 der Zeitschrift FERNSEHEN UND FILM. So wollte er Filme machen: »Filme mit Blut, mit Tränen, mit Gewalt, Haß, Filme mit Tod und Filme mit Liebe. Sirk hat gesagt, man kann nicht Filme über etwas machen, man kann nur Filme mit etwas machen, mit Menschen, mit Licht, mit Blumen, mit Spiegeln, mit Blut...« Das waren »Filme von einem, der die Menschen liebt und sie nicht verachtet wie wir... Godard oder Fuller, sonsteiner oder ich, wir können ihm alle das Wasser nicht reichen.« Der enthusiastische Artikel, den Rainer Werner Fassbinder 1971 über die sechs Filme und den Besuch bei Douglas Sirk veröffentlicht, offenbart zugleich Fassbinders Erkenntnisse für seine eigene zukünftige Filmarbeit; denn was ihn bei Sirk und dessen Filmen überwältigt hat, wird er auf seine Weise realisieren.
In einem Interview sagt er: »Und dann bin ich zu ihm hingefahren..., weil ich wirklich völlig weg war von den Filmen... Ich hab ihn besucht, ja, um zu sehen, wie jemand ist, der solche Filme macht« (Wiegand, S. 77ff.). Der junge Fassbinder ist tief beeindruckt: Ein Mann wie Sirk, von höchstem Bildungsniveau, ein Mann, der in Deutschland anspruchsvolles Theater gemacht hatte, war bereit gewesen, einem Massenpublikum in Amerika Filme höchster Qualität zu bescheren, war sich nicht zu schade gewesen, seinem amerikanischen Produzenten Kassenerfolge zu liefern. Kunst gleich Volkskunst gleich Kunst fürs Volk. Sirks Ziel, wie die griechischen Dramatiker, wie Calderon, wie Shakespeare die Menge zu ergötzen, sollte auch Fassbinders Ziel werden.
Die Richtung, die Fassbinder einschlagen wird, geht schon Anfang 1974 eindeutig aus der Antwort auf die Frage, ob er den deutschen Hollywood-

film wolle, hervor: »Ja, ich will das unbedingt... Das wäre schon mein Traum, so einen deutschen Film zu machen, der so schön und so toll und so wunderbar und der trotzdem systemkritisch sein könnte, zumal es eine ganze Masse Filme aus Hollywood gibt, die keineswegs so simpel bestätigend sind, wie es immer oberflächlich behauptet wird« (Wiegand, S. 88 ff.). Rainer Werner Fassbinder sagt 1980: »Die Begegnung mit Sirk hat mir die Angst, auf eine Art und Weise profan zu werden, weggenommen. Dabei ist Sirk eben nicht, wie man sich Hollywood so vorstellt. Er ist ein hochgebildeter Europäer, unheimlich sensibel... Andere orientieren sich vielleicht an Hitchcock, für mich war Sirk eine einschneidende Begegnung« (Limmer, S. 92).
Die Begegnung mit den Filmen von Douglas Sirk bedeutet einen Wendepunkt in Fassbinders Filmschaffen. Die schon in seinen frühen Filmen erkennbaren filmischen Vorlieben und Möglichkeiten wird er unter dem Einfluß von Sirk zur Allgemeingültigkeit, Publikumswirksamkeit und Perfektion bringen. Und die Begegnung mit dem Menschen Douglas Sirk bedeutet im Leben Rainer Werner Fassbinders ein Innehalten, einen neuen Schritt und eine Chance, sich selbst zu finden.

Die zärtlichsten, die ich kenne

»Ich habe sechs Filme von Douglas Sirk gesehen. Es waren die schönsten der Welt dabei«, schreibt Fassbinder in jener Hymne von 1971. Und noch wichtiger: »Douglas Sirk hat die zärtlichsten gemacht, die ich kenne.« Fassbinder spricht nicht von den besten Filmen, sondern von den schönsten und den zärtlichsten, und das ist entscheidend. Nicht sein Verstand und Intellekt beurteilen die Filme, sondern seine Sinne, seine Gefühle sprechen auf Sirks Filme an, und Fassbinder erlaubt seinen Gefühlen zu reagieren, sperrt sich nicht dagegen, läßt das Herz sprechen, befreit den Kopf und kann nun – wie Douglas Sirk es ausdrückt – mit dem Herzen denken. Als Fassbinder über Sirks Film IMITATION OF LIFE 1971 schrieb, »Wir haben so geweint im Kino«, gehörte noch durchaus Mut dazu, zu weinen und darüber auch zu schreiben. »Fassbinder hatte eine Mordscourage«, meint Hilde Sirk. »Er hat sich getraut, zu Gefühlen zu stehen. Er hat sich getraut, zu sich selber zu stehen. Er hat sich gesagt, wenn es denen nicht gefällt, dann eben nicht. Er hat immer gesagt: Dann eben nicht!«
Zwar bahnte sich in den frühen 70er Jahren eine generelle Bewegung zurück zu den Gefühlen an. Aber Fassbinder war der erste und – in diesem Maße – der einzige junge Filmemacher in Deutschland, der in einer Abkehr von der Intellektualität des Jungen Deutschen Films zu Gefühlen

stand und Gefühle darstellte. Fassbinders Vorbild war Douglas Sirk, und Douglas Sirk hat Fassbinder als seinen Nachfolger bezeichnet. »Ohne das Wort Gefühl – so altmodisch es klingt – kommen Sie in einem Film nicht aus«, betont Douglas Sirk. »Wenn in einem Film nicht Gefühl da ist, und ich glaube, daß in meinen Filmen immer Gefühle da waren, und ich scheue mich auch gar nicht, das sehr merkwürdig von den Intellektuellen aufgenommene Wort auszusprechen – merkwürdigerweise sage ich Intellektuelle, ich bin selber wahrscheinlich einer –, wie gesagt, wenn Gefühl nicht da ist, dann fehlt das Wesentliche.« Douglas Sirk und Rainer Werner Fassbinder sind gleichermaßen wichtige Regisseure für ein »Kino der Gefühle«.

Gewalt, Haß, der Tod und die Liebe

1971 schreibt Fassbinder, Sirk habe Filme gemacht, »über die Leute mit etwa seinem Bildungsniveau in Deutschland höchstens lächeln würden«. W. Limmer zitiert Fassbinder 1980: »Ich würde sagen, der Sirk hat mir Mut gemacht, publikumswirksame Filme zu machen... Hollywood ist eben vorprogrammiert auf ganz bestimmte Muster, und die gesamte Dramaturgie von Hollywood-Filmen ist es, die mir bis dahin sehr blöd vorkam. Meine Skrupel als halbwegs gebildeter Europäer hätten mich vorher daran gehindert, Geschichten so zu erzählen« (Limmer, S. 91/92). Zu W. Wiegand sagt Fassbinder 1974: »...mit dem HÄNDLER ist das Neue da... daß die Filme da anfangen, nicht mehr nur Filme für mich und meine Freunde zu sein, sondern daß sie da anfangen, Filme für die Menschen zu sein... Ich finde, daß die Filme, die wir früher gemacht haben – auch wenn sie einfacher sind gegenüber den späteren – finde ich sie hochmütig und kalt gegenüber den späteren Filmen, die ich viel menschlicher finde, auch wenn sie durch die Perfektion kälter sind. Die perfektesten Filme sind Sirk-Filme meiner Ansicht nach, und sie sind trotzdem die menschlichsten, die ich kenne« (Wiegand, S. 84). Wenn aber ein so sensibler Intellektueller wie Sirk ihm zeigte, daß Perfektion die Menschlichkeit nicht ausschloß, daß Gefühl und Mitgefühl das Wichtigste überhaupt waren, dann brauchte er nicht mehr zu verbergen, daß er genauso empfand. Gesucht – gefunden. Adieu Kälte, Hochmut, elitäres Denken. Bonjour Wärme, Menschlichkeit, Allgemeingültigkeit.

Die definitive Hinwendung zum Melodram erfolgte bei Fassbinder zunächst durch die sechs Universal-Filme, die er 1970 sehen konnte. Zusätzlicher Einfluß kam 1973 durch eine große Sirk-Retrospektive im Münchener Stadtmuseum, wo 26 Filme, darunter Sirks frühe Melodramen der Ufa-Zeit, gezeigt wurden.

Hatte Fassbinder sich in seinen frühen Filmen auf melodramatische Elemente beschränkt und so immerhin seine Neigung angedeutet, so stürzte er sich jetzt auf das Genre des Melodrams.
Da das Melodram wie jedes Genre vorgegebene Konventionen hat, ergibt sich eine Parallelität der Themen bei Douglas Sirk und Fassbinder allein schon durch die Wahl des Genres mit den entsprechenden genrespezifischen Themen. Dazu gehört die Liebe, die nicht erwidert wird – die Liebe, die viele Enttäuschungen erlebt, bevor sie erwidert wird – die Liebe, die erst kurz vor Tod oder Trennung erwidert wird. Dazu gehören ungelöste oder unlösbare sexuelle oder emotionelle Probleme, meist auf die Familie bezogen. Dazu gehört die Traumwelt, die für den Zuschauer niemals erreichbar ist, und parallel dazu die Enthüllung für denselben Zuschauer, daß diese Traumwelt gar nicht so erstrebenswert ist, also nur scheinbar eine solche ist. Die Sehnsucht nach dem Unerreichbaren gehört ebenso selbstverständlich zum Melodram wie die Leidenschaft, die Leiden schafft, oder wie die Liebe als Schutzschild gegen die feindliche Außenwelt.
Diese relativ grob charakterisierten genretypischen Themen bereichert Douglas Sirk durch eine ganze Reihe von subtilen Motiven, die gleichermaßen in den nach 1971 gedrehten Filmen von Fassbinder auftauchen. Da sind, neben der Sehnsucht nach dem Geliebtwerden, die Angst vor der Liebe und vor der Einsamkeit, die Angst vor dem Leben und wiederum die Sehnsucht nach Glück und nach dem wahren Leben. Da ist die Auswegslosigkeit der Situation oder die Vergeblichkeit der Liebe und der Schmerz oder die Verzweiflung des Menschen darüber. »Allein kann er nicht sein, der Mensch, und zusammen auch nicht...Wo nichts geht, da sind sie immer ganz schön hinterher, die Menschen«, schreibt Fassbinder 1971 über Sirks Filme. Die Menschen – Frauen wie Männer – ersehnen sich immer das, was sie nicht haben (vgl. Kurowski, S. 74).
Für das Motiv der Vergeblichkeit läßt sich eine Reihe von parallelen Beispielen finden: Für die Frauen, die Hanna Schygulla in DIE EHE DER MARIA BRAUN und LILI MARLEEN spielt, ist die Karriere sinnlos, denn ihre Liebe, ihre Gefühle können sie nicht (er-)leben – sinnlos wie die Karriere von Lana Turner oder Susan Kohner in IMITATION OF LIFE und die von Barbara Stanwyck in ALL I DESIRE und THERE'S ALWAYS TOMORROW.
Barbara Sukowa wird in LOLA von Mathias Fuchs, und Hanna Schygulla wird in LILI MARLEEN von Hark Bohm so vergeblich geliebt, wie Lana Turner von John Gavin in IMITATION OF LIFE. Lola und Lana Turner, Wilkie und Maria Braun – ihnen allen ist die kleine Liebe zu wenig.
Die Vergeblichkeit der Liebessehnsucht wird von Maria Braun und Wilkie wie von Norma Miller verarbeitet durch Arbeit, ein Bewältigungsversuch, der eine Karriere produziert: Maria Braun, nachdem sie viele Male

vergeblich am Bahnhof gestanden und schließlich die Nachricht vom Tod ihres Mannes erhalten hat, stürzt sich wie besessen auf eine Karriere. Wilkie, als sie an der Grenze abgewiesen und so vom Geliebten getrennt wird, geht zu dem, der Karriere angeboten hat. Norma Miller geht zweimal aus Clifford Groves Leben und hält sich zum Trost an Karriere und Erfolg, als sie merkt, daß die Liebe sich nicht erfüllen wird. So wie die Modeschöpferin Norma Miller in THERE'S ALWAYS TOMORROW allein bleibt, so findet auch die Sehnsucht der Modedesignerin Petra von Kant keine Erfüllung. Im Grunde ist es auch bei Lora Meredith in IMITATION OF LIFE ein Bewältigungsversuch: Der geliebte Mann ist gestorben, und weil sie die große Liebe nicht mehr haben kann, wählt sie die Karriere und läßt sich durch die kleine Liebe nicht mehr davon abbringen. Hanna Schygulla in LILI MARLEEN will die Karriere und die Liebe und muß scheitern wie Barbara Stanwyck in ALL I DESIRE und THERE'S ALWAYS TOMORROW, denn beides zusammen ist nicht vereinbar.

Da sind die Versuche, die vermeintlich glücklichere Vergangenheit in die Gegenwart zu holen – zurück zur Kindheit: Lola kniet andächtig wie ein Kind neben dem väterlichen Armin Mueller-Stahl in der kleinen Kirche und singt: »Abendstille überall, nur am Bach...« Marylee geht wirklich zurück zum Bach, zum Fluß. Und »laß uns runter zum Fluß gehn«, bittet der sterbende Kyle. Da waren wir doch glücklich!

Zweifel und Unsicherheit gegenüber der eigenen gefährdeten Identität und die Suche nach der Identität ergeben ein Nachahmen der anderen, ein So-tun-als-ob, Anpassung. Die Menschen machen anderen etwas vor und machen sich selbst am meisten vor: *to pretend*. »Oh yes, I'm the great pretender« (Filmmusik in DIE BITTEREN TRÄNEN DER PETRA VON KANT) – die Imitation als Illusion. »Was man sich vormachen kann als Mensch, davon erzählen diese Filme. Und warum man das nötig hat, sich was vorzumachen«, schreibt Fassbinder 1971 über Sirks Filme.

Identitätssuche, Selbstzweifel, die zur Verzweiflung führen, und das Bewußtwerden von Vergeblichkeit oder Auswegslosigkeit führen zur Verdrängung des Unerträglichen aus dem Bewußtsein. Das Bewußtwerden des Scheiterns bewirkt bei einigen Figuren eine Verdrängung mit aktiven Bewältigungsversuchen: Der Mensch stürzt sich wie besessen auf Ersatzlösungen wie äußeren Erfolg, statt dem wahren Leben, oder Sex, statt Zärtlichkeit und Zuneigung, es werden Obsessionen daraus. Bei anderen Figuren führen die Versuche, der unerträglichen Situation zu entkommen, in passiver Form der Bewältigung zu einem Abgleiten in Krankheit und Sucht – Kyle Hadley und Hans Epp werden zu Alkoholikern – oder Formen von Wahnsinn und zum Selbstmord. Eine mögliche passive Reaktion ist das Verstummen.

Die deutsche Sprache besitzt Ausdrücke, die einen psychosomatischen Zusammenhang deutlich machen, wie »Ich bin sprachlos« oder »Es hat

ihm die Sprache verschlagen«. Vor Erregung, aus Angst, in einer kritischen Situation, durch einen Schock, aus psychischem Leid kann ein Mensch tatsächlich die Stimme verlieren, zeitweise sprachlos werden wie der Indianer in EINER FLOG ÜBER DAS KUCKUCKSNEST von Milos Forman oder wie Travis in PARIS, TEXAS von Wim Wenders. Wiegand schreibt, daß in Fassbinders Filmen viele Menschen in die Stummheit flüchten, so Marlene in DIE BITTEREN TRÄNEN DER PETRA VON KANT oder Hans in DER HÄNDLER DER VIER JAHRESZEITEN (Wiegand, S. 44).
In WRITTEN ON THE WIND verstummt Kyle in dem Moment, wo er sich für impotent hält, nachdem ihm der Arzt die (halbe) Wahrheit gesagt hat; er ist blockiert und kann sich seiner Frau nicht mehr mitteilen, so daß die für ihn folgenschweren Mißverständnisse möglich werden. In ALL THAT HEAVEN ALLOWS verstummt Ron Kirby im Country-Club, konfrontiert mit den eingebildeten Mitgliedern der Kleinstadtgesellschaft, und Cary Scott wird sprachlos den geschwätzigen Freundinnen gegenüber, die als Vertreterinnen der Gesellschaft besser wissen, was man tut und was nicht. Erst als Cary beleidigt und Ron provoziert wird, schlägt seine Stummheit um in Aggression. In IMITATION OF LIFE ist es Annie Johnson, die verstummt: Sie stirbt aus Kummer und Leid. Dafür spricht Mahalia Jackson um so deutlicher für sie! Auch Kyle verstummt schließlich ganz, wie auch Hans Epp, in dem heraufbeschworenen Selbstmord – der Lösung des für ihn unlösbaren Konflikts.

Von der Welt und was sie macht an einem

Sirks Hauptthema – der Mensch im Konflikt mit der Umwelt und mit sich selbst, häufig in einem Teufelskreis, den der zwiespältige, zerrissene Mensch nicht verlassen kann – findet sich bei Fassbinder immer wieder. Douglas Sirk und Fassbinder, beide unter dem Einfluß von Sigmund Freud, stellen ihre Menschen als Opfer, als Geschädigte einer teils repressiven, teils permissiven Erziehung dar.
Mutterlosen Familien – bzw. schwachen oder schlechten Vätern – bei Douglas Sirk stehen vaterlose Familien bei Fassbinder gegenüber. Schwache Eltern, lieblose Eltern – das Ergebnis sind Kinder, die als erwachsene Frauen und Männer scheitern. Scheiternde, Opfer von Erziehung und fehlender Nestwärme sind z. B. Kyle Hadley und Hans Epp: Wenn einer keine Mutter mehr, dafür aber einen Vater hat (Jasper Hadley), der seinen Sohn (Kyle) nicht so haben will, wie er ist, sondern ihn gern so hätte, wie ein anderer ist (Mitch), und es ihm noch dauernd vorhält – wie kann er da ein Mensch mit einer Identität werden? Wenn einer eine Mutter hat (Frau Epp), die dem Sohn (Hans Epp) sagt: »Daß du in die Legion gegan-

gen bist, ist deine Sache. Aber daß du einen so netten und freundlichen Jungen wie den Wagner Manfred mitziehst... Die Besten bleiben draußen, so einer wie du kommt zurück«, und auf den Einwand des Sohnes, er habe sich geändert, zurückgibt: »Was Teufelchen vormittag, bleibt Teufelchen nachmittag«, – wie soll er da nicht an sich zweifeln und verzweifeln! Das ist alles todtraurig, und zum Tod führt das auch bei beiden Figuren.
Die ersehnte Liebe zwischen den Menschen ist nicht möglich, obwohl sie alle schreien: »Ich will doch nur, daß ihr mich liebt.« Denn wie könnten sie lieben, da sie als Kind nicht geliebt worden sind und so nie gelernt haben, sich selbst oder andere zu lieben. So antwortet Kyle auf Lucys Frage, ob er sie liebe: »Dich lieben – ich liebe ja nicht einmal mich selbst!« Geschädigte müssen scheitern.
Das Thema der Unterdrückung durch Erziehung und Umwelt, das Thema Liebe als Beziehung zwischen Unterdrücker und Opfer und die Auffassung, daß die Unterdrücker genauso wie die Opfer Unterdrückte, nämlich Opfer derselben niederdrückenden Erziehung sind, findet sich bei Fassbinder wie bei Sirk. »Das ist eine Hauptangelegenheit bei Fassbinder – und bei mir immer gewesen«, bestätigt Sirk. Wie in Sirks Filmen wird auch in Fassbinders Filmen ein spontanes Handeln aus dem Gefühl heraus durch die Umwelt abgewürgt. »Ich würde glauben«, meint Douglas Sirk, »bei mir mehr als bei Fassbinder.« Über INTERLUDE schreibt Fassbinder 1971: »Nach Douglas Sirks Filmen scheint mir die Liebe noch mehr das beste, das hinterhältigste und wirksamste Instrument gesellschaftlicher Unterdrückung zu sein.«
Ist Douglas Sirk und Rainer Werner Fassbinder das Gedankengut Freuds gemeinsam mit dem Glauben an Umwelt- und Erziehungseinfluß und Schuld, so zeigen auch beide Regisseure existierende Klassengegensätze und deren negative Auswirkungen, so Sirk z. B. in ALL THAT HEAVEN ALLOWS oder in WRITTEN ON THE WIND, dort mehrfach deutlich gemacht durch die Äußerungen des Kneipenwirts – »Bleib doch in deinen Kreisen!«, »Ich würde im Country-Club sitzen und den besten Whisky trinken.« Dann bei Kyle und Mitch, auch bei Marylee und ihren diversen Liebhabern; Fassbinder z. B. in LOLA (zusätzlich noch bei dem Paar Adorf/Zech), in PETRA VON KANT oder in HÄNDLER (seiner großen Liebe I. Caven ist er nicht gut genug) und schließlich, gekoppelt mit dem Rassenproblem als Unterdrückung, in IMITATION OF LIFE und ANGST ESSEN SEELE AUF. »Da begreift man was von der Welt«, schreibt Fassbinder 1971 über Sirks Filme, »und was sie macht an einem.«
Das Befangen-Sein durch das Gefangen-Sein in einer repressiven Umwelt führt zum Verkümmern der menschlichen Beziehungen, zur Lieblosigkeit. Die Angst vor der Einsamkeit und die große Sehnsucht nach Liebe und Glück drängen die Menschen dazu, auf Biegen und Brechen

zum andern zu gelangen. Das Bewußtsein der Vergeblichkeit macht die Menschen noch unglücklicher, die Konflikte und Widersprüche in ihnen selbst machen sie krank. So steht oft am Ende ein Zerbrechen.

Laufen einer Sehnsucht hinterher

Opfer und Resultat seiner Kindheit und Jugend und seiner (Um-)Welt – wie Kyle und Marylee in WRITTEN ON THE WIND oder wie Sarah Jane in IMITATION OF LIFE – ist Rainer Werner Fassbinder im Grunde selbst wie eine von Sirks Figuren und fühlte sich deshalb spontan zu ihnen hingezogen. »Dorothy macht etwas Böses«, schreibt Fassbinder über WRITTEN ON THE WIND, »sie hetzt ihren Bruder auf gegen Lauren und Rock. Trotzdem liebe ich sie wie selten einen Menschen im Kino.« Und er stellt fest: »Alle Sirkschen Figuren laufen einer Sehnsucht hinterher« (Fassbinder, S. 16 ff.), nach Liebe und nach Glück. Fassbinder schreibt 1979 über sich und Werner Schroeter: »Ich kenne keinen außer mir, der so verzweifelt konsequent einer wahrscheinlich infantilen, dummdreisten Utopie von so etwas wie Liebe... hinterherrennt, und den immer gleichen graugrünen Erfahrungen hilflos gegenübersteht« (Fassbinder, S. 77/78). Der Titel von Fassbinders nächstem Film nach QUERELLE sollte – nach dem Refrain eines Liedes von Joachim Witt – ICH BIN DAS GLÜCK DIESER ERDE heißen; der Refrain geht allerdings weiter: »Ach, wär das schön, wenn's so wäre«. Eine Möglichkeit? Resignation? Eine kleine Hoffnung? »Wenn Sie Fassbinder mit der Pinzette isolieren«, meint Douglas Sirk, »so kommt da ein Geschöpf alleine an, das entsetzlich einsam, entsetzlich allein ist und sich nach Liebe sehnt, die Liebe ersehnt und nicht finden kann oder in ihr getäuscht wird oder der Ansicht ist, daß Liebe überhaupt unmöglich ist.«

Lauter Niederlagen

Schon von seiner Phase des *film noir* her war Fassbinder zum scheiternden Menschen hingezogen. So ließ sich Fassbinder auch in Sirks Filmen besonders faszinieren von den Niederlagen und schreibt über THE TARNISHED ANGELS: »Lauter Niederlagen. Dieser Film ist eine einzige Ansammlung von Niederlagen.« So werden auch viele seiner eigenen Filme – wie DER HÄNDLER DER VIER JAHRESZEITEN oder DIE EHE DER MARIA BRAUN – Filme von scheiternden Menschen wie Robert Shumann oder Kyle und Marylee Hadley.

Jeder Mensch sieht in einem Film das, was er hineinsieht, was ihm entspricht, was seiner Grundstimmung oder seiner u. U. konträren momentanen Stimmung entgegenkommt. Jeder liest in einem Buch das, was er hineinliest, was er darin lesen will oder seinem Wesen entsprechend herauslesen muß. »Die sind sehr verzweifelt, die Filme«, steht in Fassbinders Artikel über die sechs Sirk-Filme. »Da bricht man zusammen im Kino.« Fassbinders Sicht von diesen Filmen stimmt Douglas Sirk zu, und Hilde Sirk spricht von einer wesensmäßigen Übereinstimmung der beiden Regisseure, schränkt allerdings ein: »Bei Sirk ist es heller. Heller als bei Fassbinder. Ich glaube jedenfalls, daß immer Hoffnung in seinen Erzählungen ist, während es bei Fassbinder sehr ins Pessimistische geht. Er glaubt nicht an die Welt.« Finden wir bei Fassbinder oft Trostlosigkeit, so ist bei Sirk in vielen Figuren zumindest die Hoffnung, die Möglichkeit einer Änderung: »Hope, the impossible dream, keeps me alive«, heißt es in Fedors Manuskript in SUMMER STORM. Dieser Satz gilt für LaVerne und viele andere Sirk-Figuren. Während Fassbinder in Sirks Filmen vor allem das Scheitern und immer nur die Niederlagen empfunden hat, haben Kritiker und Publikum in Deutschland und Amerika nur auf die Hollywood-Fassade geschaut und sich von ihr blenden lassen.

Das letzte, wo ich hinwollte

Sirks Welt – das zertrümmerte Berlin der 40er Jahre und die kleinliche Kleinstadt der 50er Jahre – wird zu Fassbinders neuer Filmwirklichkeit. Fassbinders thematische Hinwendung zur Nachkriegszeit in Berlin und zu den 50er Jahren in der entsprechenden Kleinstadt-Atmosphäre erfolgte durch jene Sirk-Filme, die während der Eisenhower-Ära realisiert wurden. Es sind Jahre der Fortschritts- und Zukunftsgläubigkeit, der Anpassung und Verlogenheit, der Prüderie und Doppelmoral, des »guten Tons« und des Fernsehapparats. Voll Abscheu, aber zugleich fasziniert, hatte Fassbinder 1971 über ALL THAT HEAVEN ALLOWS geschrieben: »Nach dem Film ist die amerikanische Kleinstadt das letzte, wo ich hinwollte.« Für seinen Film LOLA nimmt Fassbinder die Kleinstadt-Welt der Cary Scott aus ALL THAT HEAVEN ALLOWS und stellt mit Lola eine Hauptfigur hinein, die viele Züge der Marylee aus der Glamour-Welt von WRITTEN ON THE WIND trägt.
In dem Film DIE EHE DER MARIA BRAUN stellt er in die Trümmerwelt von A TIME TO LOVE AND A TIME TO DIE mit Maria Braun eine Hauptfigur hinein, die fast alle Züge der Lora Meredith aus IMITATION OF LIFE trägt.
In LILI MARLEEN verbindet sich die Scheinwelt von IMITATION OF LIFE mit

der Kriegswelt von A TIME TO LOVE. Die Naziatmosphäre in LILI MARLEEN läßt eine andere Naziszene vor Augen treten – den Besuch Ernst Graebers beim Schulfreund, einem arrivierten Nazi.
Ähnlich wie Sirk in seiner Kleinstadt-Trilogie mit ALL I DESIRE, THERE'S ALWAYS TOMORROW und ALL THAT HEAVEN ALLOWS über die amerikanische Provinz, hat Fassbinder einen Zyklus über die Bundesrepublik der Nachkriegszeit und der 50er Jahre gestaltet.
Wie in Sirks Filmen – von negativer Kritik als *woman's pictures*, *sob stories* und *women's weepies* eingestuft – spielen Frauen die Hauptrolle in vielen Fassbinder-Filmen nach 1971, »...wobei Frauen die Seismographen der jeweiligen gesellschaftlichen Situation sind«, wie W. Schütte schreibt, »und die Ästhetik der Filme zugleich mit den historischen Sujets die ihnen adäquate Filmästhetik zu rekonstruieren versuchten: Gesellschafts- und populäre Mediengeschichte in einem.« Douglas Sirk meint: »DIE EHE DER MARIA BRAUN ist zweifellos stärker als zum Beispiel ALL I DESIRE, weil diese Kriegszeit ein allgemein möglicheres Schicksal hervorbringt und weil der Film diesen enormen geschichtlichen Hintergrund hat.« Daß bei Fassbinder die Zeitgeschichte einen noch stärkeren Ausdruck findet, liegt mit daran, daß in Deutschland Krieg und Wiederaufbau elementare und gravierende Ausmaße hatten. Zudem hat Fassbinder zu seiner Filmwirklichkeit die innere und äußere Distanz von 20 Jahren im Gegensatz zu Sirk, der als Emigrant seine Existenz als Regisseur nicht noch einmal aufs Spiel setzen wollte und als Betroffener unter Senator McCarthy nur vorsichtiger Berichterstatter und Kritiker sein konnte.
Dennoch wird Sirks Realität deutlich als eine Welt, in der den Menschen durch Konventionen die Arme (zum Umarmen) und Beine (zum Hinlaufen, zum Weglaufen) gefesselt sind. Was man tut und was man nicht tut, bestimmen die Mitglieder der Kleinstadtgesellschaft, die Nachbarn, der Arzt.
In der skeptischen Einstellung gegenüber Ärzten, die sich bei Fassbinder bis zur panischen Angst vor Ärzten und gleichzeitig vor Krankheiten steigerte, stimmen Douglas Sirk und Fassbinder überein. Die überwiegend negative – zumindest dubiose – Rolle des Arztes, der als Vertreter der repressiven Gesellschaft Menschen zugrunde richtet, findet sich nach 1971 in vielen Fassbinder-Filmen, in DIE EHE DER MARIA BRAUN noch sympathisch und selbst als Opfer oder in DIE SEHNSUCHT DER VERONIKA VOSS als Mörder und Mörderin.
Noch stärker als die Erwachsenen achten Jugendliche und erwachsene Kinder in Sirks Filmen auf die Einhaltung der Normen und die Durchführung der Ansprüche, welche die Gesellschaft stellt. Konventionen sind ihnen wichtiger als Emotionen. Eine ähnlich negative Rolle, wie sie Jugendliche und erwachsene Kinder bei Sirk spielen, finden wir bei Fassbin-

der in den Filmen CHINESISCHES ROULETTE, DER HÄNDLER DER VIER JAHRESZEITEN, ANGST ESSEN SEELE AUF und MUTTER KÜSTERS' FAHRT ZUM HIMMEL.

Sie, er und die Umwelt

Den Film ANGST ESSEN SEELE AUF sieht Fassbinder selbst als sein Remake von ALL THAT HEAVEN ALLOWS, der »Geschichte mit dem Gärtner«, wie er Sirks Film immer bezeichnete. Ali ist ein einfacher, »primitiver« Mensch und ein »Baumstamm« wie Rock Hudson.
Wie in ALL THAT HEAVEN ALLOWS ist es den (erwachsenen) Kindern peinlich, daß die Mutter den viel jüngeren, sozial niedriger stehenden Mann liebt und heiraten will. Was sollen denn die Nachbarn denken, was werden denn die Leute sagen! »Sie, er und die Umwelt« – so umreißt Fassbinder kurz die Konstellation in Sirks Film. »Die Umwelt ist böse.« Jane Wyman als Cary ist noch unentschlossen. Brigitte Mira als Emmi ist entschlossen: Druck von außen stärkt die Bindung von Emmi und Ali. Die intervenierenden egoistischen (erwachsenen) Kinder zeigen in beiden Filmen die gleiche Gefühllosigkeit: Wie Jane Wyman von den erwachsenen Kindern als makaberen Trost zu Weihnachten einen Fernsehapparat erhält, so soll Emmi mit dem gleichen Geschenk beschwichtigt werden, soll Lebensersatz für die wahre Lebendigkeit ins Haus geliefert bekommen. So wie Jane Wyman als Cary Scott sich im Metzgerladen durch ihre Einkaufsgewohnheiten verrät, so verrät Emmi durch die Art ihrer Einkäufe, daß sie nicht allein ist.
Die kontrollierenden, Moral predigenden Nachbarinnen, die Klatschbasen und die sogenannten Freundinnen von Cary – allesamt Vertreterinnen des Systems, die das ungleiche Liebespaar unmöglich finden – entsprechen Emmis Arbeitskolleginnen und Nachbarinnen, und diese Nebenrollen dienen bei beiden Regisseuren als Kommentatoren für den Zuschauer.
So wie Jane Wyman am Schluß am Bett des verunglückten Rock Hudson steht, so steht Emmi neben dem kranken Ali und hält seine Hand. »Aber jetzt, wo sie da ist, da ist das kein Happy-End, obwohl sie zusammen sind, die beiden. Wer sich so Schwierigkeiten macht mit der Liebe, glücklich wird der nicht sein können später«, hatte Fassbinder 1971 über ALL THAT HEAVEN ALLOWS geschrieben.
Den Kritikern wird klar, daß bei Fassbinder etwas Neues zum Durchbruch kommt: »Das Erstaunlichste an diesem lakonischen Film«, schreibt W. Schütte, »ist nicht nur Fassbinders Mut, sich an das heikle Thema zu wagen, sondern auch seine Fähigkeit, diese Liebesgeschichte und ihre

Schwierigkeiten ohne falsches Pathos, kühl fast und doch voller Sympathie mit seinen beiden Hauptfiguren so zu erzählen, daß keine Unglaubwürdigkeit aufkommt.«[49] Ähnlich äußert sich P. Buchka nach ANGST ESSEN SEELE AUF über Fassbinder: »Noch nie aber hat er die Personen in ihrer Hilflosigkeit, mit ihren Wünschen nach einem kleinen Glück so genau und ohne Sentimentalität mitfühlend beschrieben... die Protagonisten Emmi und Ali aber werden differenziert, mit all ihren Widersprüchen gesehen.«[50]
Emmi und Ali halten zusammen gegen die böse Umwelt, so wie Lilo Pulver und John Gavin in A TIME TO LOVE sich finden, weil der böse Krieg um sie herum stattfindet. »Krieg als Zustand und Nährboden für ein Gefühl«, wie Fassbinder schreibt. Auf ähnlicher Basis bildet sich übrigens die Zuneigung zwischen Maria Braun und dem schwarzen amerikanischen Besatzungssoldaten Bill. Es gilt, was Fassbinder über das Paar in A TIME TO LOVE sagt: »Und weil sie so verzweifelt sind und allein, fangen sie an, sich zu lieben.« Auf dieser Basis akzeptiert Maria Braun Bills Liebe und lehnt sich an ihn – »My man is dead!« »Die Liebe«, schreibt Fassbinder über A TIME TO LOVE, »die hat hier ja keine Probleme. Die Probleme, die passieren draußen.« In dem Augenblick, wo die Probleme nicht mehr draußen passieren, wo also der intensive Zusammenhalt gegen das Draußen nicht mehr notwendig ist, ändert sich die Situation: Als die Umwelt in ANGST ESSEN SEELE AUF Emmi und Ali duldsam und wohlwollend gegenübersteht, gerät die Beziehung in eine Krise. In dem Augenblick, wo die »böse Umwelt« ihren Mann Ali hat krank werden lassen, finden sich Emmi und Ali wieder. In dem Moment, wo Ron Kirby nach dem Sturz hätte tot sein können, weiß Cary endlich, daß sie sich gegen die Umwelt für den Mann entscheiden wird. Nur bei Bedrohung und Gefährdung von außen kann die Liebe sich halten, entsprechend der Interpretation, die Fassbinder der »kleinen Liebe« in A TIME TO LOVE gab: »Remarque sagt, ohne Krieg wäre hier eine ewige Liebe, Sirk sagt, ohne Krieg wäre hier keine Liebe« (Fassbinder, S. 21).

Kann etwas anderes entstehen

Fassbinder schöpfte großzügig Anregungen unterschiedlichster Art aus Sirks Filmen und gestaltete damit seine eigenen Figuren, Geschichten und Filme. »Fassbinder war natürlich sehr eigenständig. Er hatte durchaus seine eigene Handschrift«, sagt Hilde Sirk. »Aber er wurde immer von Sirk angeregt – und zuerst sehr beeinflußt –, um das dann umzusetzen in seine eigene Sprache. Fassbinder war wie Sirk ein Mensch von einer ungeheuren Phantasie.«

Eine Situation mit schon erreichtem Wohlstand und sozialem Prestige bildet häufig den Rahmen für Sirks Filmgeschichten. So handelt es sich bei ALL I DESIRE um die Familie eines Schuldirektors, bei THERE'S ALWAYS TOMORROW um die Familie eines arrivierten Geschäftsmannes, bei ALL THAT HEAVEN ALLOWS um die Witwe eines angesehenen Bürgers, in WRITTEN ON THE WIND geht es um die Familie eines Ölmillionärs, in IMITATION OF LIFE um die Witwe eines erfolgreichen Regisseurs (wo die Heldin durch den Tod des Mannes allerdings in relativ armselige Verhältnisse gerät). Die Situation mit relativem Wohlstand und sozialem Ansehen gilt es einerseits zu erhalten, andererseits macht die materialistische Orientierung die ganze Leere des erreichten Lebens deutlich, d. h. Sirks Filme handeln von der Leere, derer sich die Personen als Mangel bewußt werden, und von den Lösungsversuchen, Glück und Liebe in dieses leere Leben hineinzubringen, und von der Vergeblichkeit dieser Versuche, da alles schon schiefgelaufen ist. »Aber sie sind nicht glücklich«, schreibt Fassbinder über die Menschen in Sirks Filmen, »was ihnen fehlt, das ist die Liebe.«

Fassbinders Menschen sind auch nicht glücklich. Er zeigt jedoch in seinen Filmen den Zustand, der möglicherweise vor dem Zeitpunkt liegt, bei dem die Sirkschen Geschichten einsetzen: eine Situation mit materiellen Nöten oder ohne soziale Anerkennung, die zu den Aufstiegswünschen und zum angepaßten Verhalten und zum Verdrängen oder Zurückstellen der Gefühle führt, ähnlich wie es bei Sirk das Verhalten der Lora Meredith in IMITATION OF LIFE klarmacht. Dann zeigt er uns quasi als Schluß den Zeitpunkt, wo Zeit für Gefühle wäre, nachdem alles andere erreicht ist. Aber die Gefühle sind dann aus unterschiedlichen Gründen nicht mehr möglich, und darin besteht das erneute Unglück der Menschen.

Überzeugende Handlungsführung, präzise und folgerichtige Handlungskonstruktion lassen bei Fassbinder wie bei Sirk den Drehbuchautor und den Theaterregisseur erkennen, der Stücke bühnenwirksam umschreibt oder selbst Stücke und Drehbücher verfaßt.

Ganz gewiß hatte Fassbinder auch Douglas Sirk im Kopf, als er in MUTTER KÜSTERS' FAHRT ZUM HIMMEL Mord und Selbstmord von Hermann Küsters nur am Radio mitteilt, ähnlich wie in SCHLUSSAKKORD nicht gezeigt wird, wie sich der Ehemann erschießt, sondern der Selbstmord nur erzählt wird. Hier würde Siegfried Kracauer vielleicht einwenden, das sei eben ein Theatertrick und als filmisches Mittel nicht geeignet.

In Fassbinders Filmen werden ähnliche Beziehungen aufgebaut wie bei Sirk, manchmal finden wir deren Umkehrung wie in der Beziehung zwischen Esslin, der Lola liebt, und Lola, die ihn behandelt wie einen Bruder (Umkehrung des Verhältnisses von Mitch und Marylee). Lola und Lolas Mutter (Karin Baal) sind in ihrem Verhältnis – und als Figuren – vergleichbar mit Sarah Jane und ihrer Mutter in IMITATION OF LIFE. Die von

Sirk bekannte Formierung eines idealen Elternpaares (oder der Hinweis auf den potentiellen oder idealen Vater) taucht in DER HÄNDLER DER VIER JAHRESZEITEN auf: Das Kind Renate wendet sich dem potentiellen und zukünftigen Vater zu. Und in dem Film LOLA läuft Lolas Tochter Mariechen nach der Hochzeit zum gefühlsmäßig wahren Vater.
Über Sirks Filme äußert sich Fassbinder, bei Sirk sei ihm klargeworden, daß man auch seriös arbeiten könne, ohne sich der Hollywoodschen Dramaturgie total zu entziehen (Limmer, S. 91). In einem Essay über Chabrol schreibt Fassbinder bewundernd, allerdings ohne hier ausdrücklich den Namen zu nennen, über Sirks Werk: »Jedes Genre ist so unterlaufen, alles kann man so machen, daß es sich in der Wirkung ins Gegenteil verkehrt. Man schaue sich nur die aufgezwungenen Happy-Ends in den Hollywood-Filmen an, die konnte man eben auch so und so machen« (Fassbinder, S. 34). In Limmers Interview spricht Fassbinder über seine eigenen Filme: »Wenn ein Film traurig, böse oder was auch immer aufhört, muß... doch klarwerden, es muß irgend etwas anderes geben. Nur über die Sehnsucht jedes einzelnen nach etwas anderem kann etwas anderes entstehen« (Limmer, S. 78).
Das Ende des Fassbinder-Films DIE EHE DER MARIA BRAUN bezeichnet Douglas Sirk selbst als »eine Sirksche Lösung«. Das Ende von LOLA könnte von Douglas Sirk sein. Es ist ein ironisches Happy-End: Der Held (Armin Mueller-Stahl) hat Lola zwar geheiratet, aber er ist korrumpiert, zumindest angepaßt, und Lola wird weiterhin Beziehungen zu Mario Adorf pflegen. Sirk und Fassbinder weisen in ihren Filmen eine Vorliebe für offene Enden auf. Eine deutliche Übereinstimmung gibt es – neben weiteren Parallelen wie die der Familiensituation, des Ausbrechens aus der Ehe, des Wochenendes außerhalb des Hauses, der Figur des Geschäftsmannes, der Existenz einer an Krücken gehenden Tochter und der intervenierenden Rolle dieses Kindes – beim Ende von THERE'S ALWAYS TOMORROW und dem von CHINESISCHES ROULETTE: Die Geschichte geht nach dem Film weiter; dem Zuschauer bleibt es überlassen, sie zu Ende zu denken. Der Zuschauer kann, über das Mitfühlen hinaus, zum Nachdenken aktiviert werden.

Mit Blumen, mit Spiegeln

Wirkte KATZELMACHER – arm an filmischen Mitteln im Sinne Kracauers – noch wie eine gefilmte Bühneninszenierung, so entfernt sich Fassbinder unter dem Eindruck von Sirks Filmen von jeglicher Kargheit. Er erkennt die Bedeutung der Ausstattung. 1971 schreibt er: »Und dann sind die Leute bei Sirk alle in Räume gesetzt, die schon extrem von deren gesell-

schaftlicher Situation geprägt sind... In Janes Haus kann man sich eben nur auf eine bestimmte Art bewegen. Da fallen einem eben nur bestimmte Sätze ein, wenn man was sagen will, und bestimmte Gesten, wenn man was ausdrücken will.«
Fassbinder entdeckt eine Vorliebe für üppigen und für sorgfältigen Dekor. Beeindruckt haben ihn Sirks Räume mit den Pflanzen und Blumen, den Spiegeln und Fensterwänden, die Häuser mit den großen Treppen und Eingangshallen. Maria Braun hat es geschafft: Sie hat für sich und den Mann ein Haus mit einer nicht ganz so großen Treppe gebaut. Wir sehen sie immer wieder hektisch die große Diele durchqueren, die Treppe im Negligé oder im schwarzen Korsett und mit wallenden blonden Locken hinauf- und hinunterlaufen wie Marylee Hadley in WRITTEN ON THE WIND. Sie ist voll Unruhe, voll Angst vor den Gefühlen und der Liebe und vor allem vor der Angst zu entdecken, was sie schon ahnt, daß die Liebe zwischen ihr und ihrem Mann nämlich gar nicht in der Art existiert, wie sie es sich ausgemalt hat. Ihre Ehe ist keine – wie die zwischen Kyle und Lucy keine ist. Und weil weder die Ehe, noch die Liebe eine ist, kann ihre Seele auch nicht dieses Haus bewohnen. In WRITTEN ON THE WIND entfliehen Lucy und Mitch dem Haus, das ihre Seele beklemmend abtötet.
Die typischen Sirk-Motive der Auswegslosigkeit und des Gefangenseins in privaten Gefängniswelten und Gräbern des Lebendigen – Haus und Leben als Grab, Gruft, Gefängnis oder Käfig – hat Fassbinder für seine Filme aufgegriffen. »Und dann wieder das Haus«, schreibt er über Sirks Filme, »in dem alles passiert. Beherrscht, sagt man, von einer großen Treppe. Und Spiegeln. Und immer Blumen. Und Gold. Und Kälte. Ein Haus, wie man es sich baut mit viel Geld. Ein Haus mit all den Versatzstücken, die man sich anschafft, wenn man Geld hat, und in denen man sich nicht wohlfühlen kann« (Fassbinder, S. 17). Häuser von hochherrschaftlichem Luxus mit Gittern, Pflanzen, Glaswänden, die zum Grab des Lebendigen werden wie für Astrée in LA HABANERA, haben Fassbinder fasziniert. So dreht er z. B. MARTHA im Kreuzlinger Jugendstilsanatorium Bellevue, einer Villa, die für Martha zum Grab wird. Martha und Effie Briest, wie Zarah Leander als Astrée Gefangene in einem erdrückend üppig ausgestatteten Haus, teilen im übrigen mit Astrée und Gloria Vane die Naivität, die Faszination für den vornehmen älteren Mann, die sich in Angst vor diesem verwandelnde Liebe und schließlich das Unglücklichsein in der zunächst verlockend scheinenden Fremde. EFFIE BRIEST, in Schwarzweiß gedreht wie Sirks Ufa-Filme, und der Farbfilm MARTHA zeigen deutlich optischen und thematischen Einfluß von LA HABANERA, ZU NEUEN UFERN und SCHLUSSAKKORD.
Über Fassbinders Filme schreibt Wiegand etwas, das auch für Sirks Filme zutrifft: »Dort leben die Menschen wie exotische Fische in einem Aquarium. Durch Zimmerpalmen und Blumenschmuck hat er den Räumen...

diesen Effekt gegeben. Wir betrachten die Menschen dabei wie durch eine Glaswand, die sie selber nicht zu bemerken scheinen, bis einige von ihnen sie dann eines Tages doch erkennen und ahnen, daß da draußen, jenseits der Scheibe, das eigentliche, das wirkliche Leben sein muß« (Wiegand, S. 39). Auch Sirks Figuren werden als Luxus-Goldfische im Aquarium bezeichnet (Dubuquoy, S. 105), ihr Leben findet im Goldfischglas und im goldenen Käfig statt (Basinger, S. 17 ff.). Es ist ein »Sein ohne Sein« – ein Ausdruck Fassbinders aus einem Lied für Ingrid Caven. Wie Sirk engt Fassbinder die Figuren ein durch Türrahmen, verwendet ornamentierte Gitter, Wandschirme oder Raumteiler wie in ALL I DESIRE, WRITTEN ON THE WIND oder ALL THAT HEAVEN ALLOWS, um körperliche Trennung zwischen zwei Personen zu demonstrieren, und signalisiert damit, daß sie sich in Wirklichkeit innerlich fremd und fern sind.

Fassbinder hat von Sirk auch die Technik übernommen, diesen Zustand zu verdeutlichen, indem die Kamera (und damit der Zuschauer – bei Douglas Sirk häufig auch eine Filmfigur, die sich ausgesperrt fühlt, wie z. B. Barbara Stanwyck in ALL I DESIRE) die Personen durch große Glasscheiben betrachtet, die wie Schaufensterscheiben wirken oder wie Aquariumwände. Rainer Werner Fassbinder erklärt eine Szene in ICH WILL DOCH NUR, DASS IHR MICH LIEBT mit Vitus Zeplichal und Elke Aberle hinter dem Schaufenster eines Stehcafés: »... plötzlich, als letztes, sieht man dieses Paar in einer ganz merkwürdigen Welt, gleichzeitig ausgestellt und eingesperrt... Klar, das war irgendwie ein Zufall, daß ich dieses Motiv bekommen habe, denn wir können ja hier nicht so arbeiten wie in den USA, wo man sich zuerst so etwas ausdenkt und dann im Studio bauen läßt... Solche Motive wie hier sind dann letztlich doch kein Zufall... Das, was wir machen, geht ja doch von Dingen aus, die wir gesehen und gespeichert haben« (Pflaum/Fassbinder, S. 58). Was Fassbinder gesehen und gespeichert hat, ist nicht zu übersehen. 1971 hatte er geschrieben: »... da weiß man, was man hat, wenn man Douglas Sirk im Kopf hat, oder?«

In DESPAIR – EINE REISE INS LICHT und DIE DRITTE GENERATION benützt Fassbinder in bis zum Extrem gesteigerter Symbolhaftigkeit Sirks Spiegel und Glaswände. »Wie Fassbinder noch Reflexe seiner Akteure als Schatten ihrer selbst in die Bilder komponiert, wie seine Aufnahmen durch die ingeniöse Spiegeltechnik mehrfach übereinanderkopiert werden«, schreibt der Kritiker H. D. Seidel über DESPAIR, »das macht ihm in der technischen Beherrschung derzeit kaum jemand nach.«[51]

H. C. Blumenberg findet DIE DRITTE GENERATION »so aufdringlich ästhetisierend, als hätte ein enterbter Sohn von Douglas Sirk alle, aber auch wirklich alle Manierismen Fassbinders böswillig parodieren wollen«.[52]

Die Schauplätze in QUERELLE bestehen fast nur mehr aus Glas und Stein:

aus den totalen Glaskästen der Feria-Bar und den Mauern der Hafenanlage. In Mauerhöhlen können Querelle und Gil ihre Liebe wenigstens verbergen. Dekor als Notwendigkeit.

Mit all diesen wahnsinnigen Sachen

Zur Einstimmung bei Dreharbeiten hat sich Fassbinder gemeinsam mit seinem Team und den Schauspielern Sirk-Filme angesehen, z. B. WRITTEN ON THE WIND bei der Arbeit an LOLA.[53] Er hat sich durch Sirks Filme anregen lassen, angefangen bei Genre und spezifischen Themen, über Handlungsinhalte, Art der Sozialkritik, Wahl der Epochen, Erzähltechniken, Figurengestaltung, Schauspielerwahl, Schauspielerführung, Stilelemente und optische Mittel wie Kameraführung und Lichtgestaltung, bis hin zu Details in der Ausstattung. Da gibt es z. B. übereinstimmende Details bei der Kostümierung und den Requisiten. In WRITTEN ON THE WIND trägt Dorothy Malone als Marylee Hadley einen breitrandigen schwarzen Hut in jener in die Filmgeschichte eingegangenen, oft kopierten Szene im Zeugenstand des Gerichtssaals: Sie senkt den Kopf – der breite Hutrand verbirgt ihren Gesichtsausdruck und schützt sie. Der gleiche Hut taucht wieder auf in DIE EHE DER MARIA BRAUN auf den Köpfen von Hanna Schygulla und Christine Hopf-de Loup als Notarin. Das graue Schneiderkostüm aus WRITTEN ON THE WIND, zu sehen an der Karrierefrau Lauren Bacall und an der desillusionierten Dorothy Malone, wenn sie als Geschäftsnachfolgerin des Vaters am Schreibtisch sitzt, trägt die vorhin erwähnte Notarin in DIE EHE DER MARIA BRAUN und ebenso Maria Braun, als sie zur tüchtigen Geschäftspartnerin Oswalds aufgestiegen ist. Dieselbe Maria Braun läuft am Ende im Haus mit der großen Diele und der Treppe mit offenem lockigem blonden Haar im schwarzen Korsett herum – so kennen wir bereits Marylee Hadley. Und wie Marylee Hadley taucht Barbara Sukowa in LOLA überraschend im knallroten Kabriolett auf, trägt als Lola häufig schwarzes Korsett, schwarze Strumpfgürtel oder offene Negligés, lächelt verführerisch und geheimnisvoll, wirft den Kopf mit der blonden Haartracht zurück und tanzt den aufwühlenden Tanz der Verzweifelten – eben wie Marylee Hadley. »Sirk hat gesagt, man kann nicht Filme über etwas machen, man kann nur Filme mit etwas machen«, hatte Fassbinder 1971 geschrieben, »...eben mit all diesen wahnsinnigen Sachen, für die es sich lohnt.«

Und sie nicht verachtet

Nachdem Fassbinder in Sirk einen Regisseur entdeckt hat, »der die Menschen liebt und sie nicht verachtet wie wir«, trachtet er für sich selbst, Sirks Haltung zu erreichen, und betrachtet nun generell die Einstellung anderer – seien es Regisseure oder Schriftsteller – zu ihren Figuren unter diesem Gesichtswinkel. Wie sehr Fassbinder von Sirk durchdrungen ist, zeigen seine »ungeordneten Gedanken zu Filmen von Chabrol«. Geschult durch Sirks Filme, fällt ihm auf, daß es bei Chabrol kein Mitleid gibt, er sieht die Verachtung, die Chabrol den Menschen, d. h. den Filmfiguren und dem Publikum gegenüber zeigt. Hatte Fassbinder bei seinem ersten Spielfilm den Namen Chabrol noch in der Widmung stehen mit der Begründung, er »strebt, wie ich, gesellschaftliche Veränderung an, indem er ganz unten anfängt, indem er Gefühle analysiert« (Fassbinder, S. 134), so genügt Fassbinder nach der Sirk-Erfahrung eine Analyse von Gefühlen nicht mehr, und er wirft Chabrol vor, er frage nicht nach den wahren Bedürfnissen und den wahren Gefühlen. Und über spätere Filme schreibt er: »Es sind immer noch nicht die Umstände und die Systeme, die den Menschen so machen, was Chabrol interessiert, sondern das Ergebnis, wenn es pittoresk genug ist. Und das eben ist unmenschlich ... fatalistisch, zynisch und menschenverachtend« (Fassbinder, S. 30 und 34). Sirks Zärtlichkeit für die Figuren, Sirks Menschlichkeit vermißt Fassbinder hier und fällt mit diesen Äußerungen zugleich ein Urteil über die eigenen früheren Filme.
Mit dem Ziel, seine Filmfiguren wie Douglas Sirk mit Zärtlichkeit zu behandeln, konzipiert nun auch Rainer Werner Fassbinder seine Gestalten, und so gehen in der Folge Fassbinders Figuren über reine Typen des *film noir* und über das Abbild seiner persönlichen Kontakte hinaus.
Der Wandel bei der Behandlung der Figuren in Fassbinders Filmen wird von den Kritikern bemerkt. Schrieb J. Schumann noch 1969 über KATZELMACHER: »Karge Figuren in kargem Rahmen«, so sieht W. Schütte bei Emmi und Ali in ANGST ESSEN SEELE AUF 1974 bei diesen »beiden Menschen ein Pathos der Würde und der Kraft, das mir im Werk dieses Regisseurs neu zu sein scheint« und »Sympathie mit seinen beiden Hauptfiguren«.[54] Die Weiterentwicklung wird deutlich, wenn W. Roth – zunächst über KATZELMACHER – schreibt: »Diese so kalt und lieblos gezeichneten Personen ... Daß Menschen voneinander abhängig sind und diese Abhängigkeit ausnützen, daß Liebe in Ausbeutung umschlägt ... Dennoch bleiben Zweifel an der Wirksamkeit des Films: Denn diese Einsichten werden als Modell vorgeführt, nicht als Erfahrung. Nimmt man dagegen das Paar Emmi/Ali in ANGST ESSEN SEELE AUF, ein menschliches, differenziert gezeichnetes Paar, wird Fassbinders Fortschritt als ein Geschichtenerzähler, der zum Nachdenken anregen will, deutlich« (Roth, S. 98f.).

In Sirks Filmen hat Fassbinder eine Art von Melodrama kennengelernt, bei der die Figuren nicht genrespezifisch überzeichnete oder vereinfachte Typen sind, sondern differenzierte, psychologisch durchdachte Menschen mit Schwächen und Widersprüchen. Die Wirkung auf Rainer Werner Fassbinder ist unübersehbar. Viele Fassbinder-Figuren übernehmen Züge von Sirk-Figuren.

Übereinstimmung in der Optik und in der Konzeption der Figur als zwiespältiger Charakter besteht bei Robert Stack als Kyle Hadley und Hans Hirschmüller als Hans Epp. Für die Figur der Lola nahm Fassbinder die Optik und einen Teil des Charakters von Dorothy Malone als Marylee Hadley, diesem bemitleidenswerten armen Wesen mit seiner Mischung aus frivolem, verdorbenem Luder und naivem, kleinem Mädchen, das vom großen Glück träumt. Lola und Marylee haben ein widersprüchliches Wesen, sind *split characters* wie viele Sirk-Figuren, gespalten, ambivalent – Auflösung der Eindeutigkeit, der Identität, zum Zerrissensein. Auch aus der eindeutigen Gestalt von Genets Querelle hat Fassbinder schließlich eine ambivalente Figur im Sirkschen Sinn gemacht. Und wieder geht es in seinem Film um die Identitätssuche seiner Figuren. »Wir nähern uns unserer Identität! Nur wer wirklich mit sich identisch ist, braucht keine Angst mehr vor der Angst zu haben. Und nur wer keine Angst hat, kann wertfrei lieben; das äußerste Ziel aller menschlichen Anstrengung: sein Leben leben!«[55]

Da denken die Frauen

Waren in frühen Filmen Fassbinders Frauenfiguren wie Nana S. aus Godards Film VIVRE SA VIE und Viridiana aus Buñuels gleichnamigem Film Leitbilder gewesen, so gewinnt nun Sirks Frauenbild großen Einfluß. Im Mittelpunkt der Handlung stehen bei beiden Regisseuren meist Frauen, die handeln. Aktion, Entschlußkraft sind die Stärke von Irmgard Epp, Maria Braun, Wilkie/Lili Marleen, Lola oder Norma Miller, Naomi Murdoch, Lucy Moore, Lora Meredith. Dagegen sind die männlichen Figuren oft unentschlossen, zweifelnd, schwach, nicht erwachsen: Sie reagieren nur – Reaktion, oft Resignation, statt Aktion.

Die sanften, nachgebenden, unentschlossenen Frauen wie Jane Wyman und Joan Bennett hingegen verkörpern bei Fassbinder allenfalls Brigitte Mira in ANGST ESSEN SEELE AUF und Karin Baal in LOLA. Diese Frauen werden kritisch als Opfer einer von ihnen praktizierten permissiven Erziehungsmethode gesehen, d. h. als schwache Mütter werden sie von ihren egoistischen Kindern unterdrückt und ausgebeutet. Auf der Strecke bleibt die Beziehung zum Partner. Diese Situation tritt ein in THERE'S

ALWAYS TOMORROW und ALL THAT HEAVEN ALLOWS oder in ANGST ESSEN SEELE AUF und LOLA: Lola nimmt ihrer Mutter den Mann weg, zu dem diese Zuneigung hegt und der als Partner für sie in Frage käme.
Fassbinder gibt auf die Frage, »Sind Sie ein Weiberfeind... Man erinnert sich an Schopenhauer«, die Antwort: »Das war auch kein Weiberfeind, sondern ein Mensch, der die Frauen nur ernster genommen hat als andere Leute« (Limmer, S. 81).
Ähnlich äußert sich Douglas Sirk, der sich im übrigen selbst als Schopenhauerianer bezeichnet, über Strindberg, von dessen Frauenbild er sehr beeinflußt war. Interessant ist in diesem Zusammenhang, daß Fassbinder 1974 – auf Anregung von Sirk – das Stück FRÄULEIN JULIE von Strindberg inszenierte.
Was Fassbinder als Regisseur von Sirk übernehmen konnte, war die Sensibilität gegenüber Frauengestalten. Dem Genre entsprechend, sind es manchmal Schauspielerinnen und Sängerinnen aus der Unterhaltungsbranche. Frauen sind bei Douglas Sirk keine hirnlosen Sexobjekte, auch keine Typen wie *femme fatale* oder »gute Kameradin« (Patalas, S. 108), sondern ganz individuell gestaltete menschliche Wesen, die Bedürfnisse und Gefühle haben, Konflikte erleben, Entscheidungen treffen und – wie Fassbinder es 1971 formulierte – denken: »Bei Douglas Sirk, da denken die Frauen... Sonst reagieren Frauen immer, tun was, was Frauen eben tun, und hier, da denken sie.« Sirks Haltung, Frauen vor allem als Menschen zu sehen, kommt Fassbinders Einstellung gegenüber Frauen entgegen. Auf dieser Basis gelingt dem Regisseur Rainer Werner Fassbinder, wie seinem Vorbild Douglas Sirk, eine außergewöhnlich einfühlsame Gestaltung der Frauenfiguren mit fundierter psychologischer Begründung des Verhaltens. Und er hat nicht vergessen, da wo es paßte, den Glamour der Sirkschen Frauen hinzuzufügen. Frauengestalten wie Maria Braun, Emmi, Lola oder Veronika Voss sind ohne Sirk nicht denkbar.

Imitation des Lebens

Lana Turner, Darstellerin einer Imitation des Lebens in Sirks Film IMITATION OF LIFE, hatte Fassbinder sich zunächst vorgestellt als Hauptdarstellerin für ein Remake von ALL THAT HEAVEN ALLOWS, fand aber statt dessen für den Film ANGST ESSEN SEELE AUF, seine abgewandelte »Geschichte mit dem Gärtner«, Brigitte Mira, die mit ihrer Herzlichkeit und Wärme in der Rolle der Emmi überzeugt und mit ihrem Gesicht und der verhaltenen Art des Spiels wie eine zwanzig Jahre ältere Jane Wyman wirkt. Ein Glück, daß Lana Turner für Fassbinder zuviel Geld verlangte

und er sie nicht genommen hat. Hätte sie jemals die Innigkeit und Ausdrucksstärke einer Jane Wyman oder die Ausstrahlung und Tiefe einer Brigitte Mira erreichen können?
Lana Turner war Fassbinder zu teuer. So machte er aus Hanna Schygulla in LILI MARLEEN und aus Rosel Zech in DIE SEHNSUCHT DER VERONIKA VOSS einen Ersatz und keine schlechte Kopie. Schon in SATANSBRATEN gibt es übrigens eine Figur, die Lana heißt, gespielt von Y Sa Lo. Hanna Schygulla in LILI MARLEEN entspricht Lana Turner in IMITATION OF LIFE, wobei zu sagen ist: Lana Turner ist wahrscheinlich die mittelmäßige Schauspielerin, die sie im Film darstellen soll; Hanna Schygulla spielt die mittelmäßige Künstlerin. Rosel Zech sieht gar nicht aus wie der dunkelhaarige, geheimnisvoll wirkende Ufa-Star Sybille Schmitz, deren Lebensgeschichte sie in VERONIKA VOSS nachempfindet. Sie ist optisch mehr an Lana Turner in IMITATION OF LIFE orientiert; stellt man sich diesen Film auch schwarzweiß vor, könnten manche Einstellungen in VERONIKA VOSS aus Sirks Film stammen.

Menschen, denen man glauben kann

Ganz bewußt hat Fassbinder unter Sirks Einfluß daran gearbeitet, nicht nur zu den Filmfiguren, sondern auch zu den Schauspielern ein ähnliches Verhältnis herzustellen, wie er es bei Sirk bewundert hatte.
Da Fassbinder bei Sirks Filmen die Vorteile der großen Studio-Produktionen erkennen konnte, denen jederzeit eine Auswahl an erstklassigen professionellen Leuten zur Verfügung stand, versuchte er, vergleichbare Bedingungen zu schaffen: Ein relativ gleichbleibendes Team von aufeinander eingespielten Mitarbeitern hatte er schon, so daß bei einem neuen Projekt Anpassungsschwierigkeiten weitgehend wegfielen. Die professionelle Seite verstärkte er durch den Einsatz von internationalen Stars und erfahrenen deutschen Schauspielern aus den 50er Jahren.
Fassbinder versucht durch diese Schauspieler, deren reifes Spiel zum Teil weit über ihre früheren darstellerischen Leistungen hinausgeht, zusätzlich eine authentische Wirkung für seine in den 50er Jahren angesiedelten Filme zu erreichen. Wie Douglas Sirk setzt er arrivierte oder vergessene oder solche Schauspieler, deren Karriere schon bröckelte, in neuer und ungewöhnlicher Weise ein. In ACHT STUNDEN SIND KEIN TAG taucht als Gregor der Kabarettist Werner Finck auf, der in Sirks erstem Spielfilm, der Komödie APRIL, APRIL! von 1935, eine Hauptrolle hatte. Auch Rudolf Platte und Johanna Hofer, die in VERONIKA VOSS spielen, waren in Sirk-Filmen zu sehen. Alexander Allerson in ICH WILL DOCH NUR, DASS IHR MICH LIEBT oder CHINESISCHES ROULETTE hat große Ähnlichkeit mit

Willy Birgel in SCHLUSSAKKORD und ZU NEUEN UFERN. Was Douglas Sirk bei seiner Filmarbeit befolgt hat,»nämlich durchaus auch mit Leuten zu arbeiten«, die eigentlich gar keine Schauspieler sind«, wie er erklärt, »sondern nur durch ihre Persönlichkeit wirken und eigentlich sich selbst darstellen wie Rock Hudson«, praktiziert auch Fassbinder. »Entscheidend ist eher«, sagt er 1976, »daß Schauspieler der Arbeit gegenüber eine professionelle Haltung einnehmen« (Pflaum/Fassbinder, S. 112). 1970 hatte er in den sechs Sirk-Filmen erkannt: »... daß Sirk ein Regisseur ist, der mit Schauspielern maximale Ergebnisse erzielt. Daß bei Sirk selbst... Knattermimen... zu Menschen werden, denen man glauben kann und möchte« (Fassbinder, S. 24).

Empfinden aus Montage und Musik

Musik gehört von der Definition her zum Begriff Melodrama und spielt schon deshalb eine wesentliche Rolle im filmischen Melodram. »Das intensive Empfinden des Zuschauers«, schreibt Fassbinder über Sirks Filme, »kommt nicht aus der Identifikation, sondern aus Montage und Musik.« Dem Song »Imitation of Life« entspricht für das »Sein ohne Sein« der Fassbinder-Figuren das Lied »Oh yes, I'm the great pretender« (DIE BITTEREN TRÄNEN DER PETRA VON KANT). Wird bei Douglas Sirk die Vergeblichkeit im Titel-Song »Written on the Wind« oder im Titel-Lied »La Habanera – Der Wind hat mir ein Lied erzählt...« ausgedrückt, so bei Fassbinder z. B. in DER HÄNDLER DER VIER JAHRESZEITEN mit dem Schallplattenlied »Meine Sehnsucht kann keiner stillen...«. Wurde bei Fassbinder die Sehnsucht nach Zärtlichkeit und Liebe zunächst zaghaft über Musik mitgeteilt (durch den Sehnsuchtswalzer von Franz Schubert in KATZELMACHER, in DER AMERIKANISCHE SOLDAT mit dem Song »So much tenderness« von Rainer Werner Fassbinder und Peer Raben, dann mit der Musik einer Schallplatte, die Hans Epp in DER HÄNDLER hört), so verkörpern später die Frauenfiguren in LILI MARLEEN, LOLA und VERONIKA VOSS ihre Sehnsucht durch eigenen Gesang, und das Hauptthema wird sogar in einem der Filmtitel – DIE SEHNSUCHT DER VERONIKA VOSS – ausdrücklich genannt.

In einer melodramatischen Szene mit einem Sehnsuchtslied führen die Frauenfiguren fort, was Douglas Sirk mit Zarah Leander in ZU NEUEN UFERN und LA HABANERA praktiziert hat: Bald nach einem Auftritt von totaler Präsenz, einer Szene voll aufwühlender Emotionen, zum Ausdruck gebracht durch ein Lied und die Art der Darbietung dieses Liedes, tritt die Frauengestalt ab. Für sie ist es das Ende des bisherigen Lebens, manchmal das Ende des eigenen Lebens. Das Motiv: Tod gekoppelt mit dem Höhepunkt eines Festes. Wie in LA HABANERA beim Fest des schon mit tödlichem Gelbfieber infizierten Don Pedros im Beisein der unwissentlichen Mörder Zarah Leander ein Lied vom unerreichbaren vergangenen Glück erzählt, so singt die todgeweihte Rosel Zech, umringt von ihren Mördern, bei ihrem Fest »Memories are made of this... one man, one wife, one love through life...« – ein Lied, das Douglas Sirk in dem Kurzfilm SPRICH ZU MIR WIE DER REGEN verwendet hat. Ähnliches gilt für Lysiane in QUERELLE: Sie besingt Liebe als Zerstörung: »Each man kills the thing he loves«. Diese Gegenüberstellung und zugleich Verknüpfung von Liebe und Tod, als Motiv in Fassbinders Filmen bis hin zum letzten Film, QUERELLE, zu finden, ist Leitmotiv aller Sirkschen Melodramen.

Schatten, wo keine sein dürften

»Bei Douglas Sirk gab es schon eine gewisse Abklärung in Technik und allem«, meint Hilde Sirk, »während Fassbinder eben noch sehr jung war und sich herumschlug mit seinen Problemen.« In Sirks Film ALL THAT HEAVEN ALLOWS erkennt Fassbinder die Funktion der Nahaufnahme: »Rock hat immer noch keine rechte Bedeutung«, schreibt er 1971, »und wenn er die hat, hat er auch die Nahaufnahme. Das ist eben einfach und schön. Und jeder kapiert's.« Dem Filmemacher Fassbinder, der bis dahin mit relativ einfachen Mitteln und mit starrer oder zumindest träger Kamera gearbeitet hatte, imponierten die Kamerabewegungen bei Sirk. Über THE TARNISHED ANGELS schreibt er: »Und da sind Fahrten drin in dem Film, und Kranbewegungen und Schwenks.« Fassbinder sagt 1974, er versuche das, was er früher in der Sprache hatte, in die Struktur der Bewegungen und die Struktur der Bilder zu legen; das habe mehr Wirkungen auf die Gefühle der Leute (Wiegand, S. 86/87). Das entspricht Sirks Anschauung: »Motion is emotion« – (physische) Bewegung ist (psychische) Bewegung, d. h. Kamera-Bewegungen können den Zuschauer bewegen, Emotionen wecken. »Die Struktur der Bilder, die großen Einstellungen – wie Sie Ihre Kamera einstellen, das ist ein großer Augenblick«, meint Douglas Sirk. »Ich habe deshalb auch gesagt, die Einstellung und das Licht sind die Philosophie des Regisseurs.«
Von Sirks Lichtführung ist Fassbinder begeistert: »Ich habe zu wenig vom Licht gesprochen, wie sorgfältig es ist oder wie es Sirk hilft, die Geschichten zu verändern, die er erzählen mußte. Und daß es außer ihm eigentlich nur noch Josef von Sternberg gibt, bei dem das Licht so gut ist«, schreibt Fassbinder 1971.
Angesprochen auf dieses Zitat, meint Douglas Sirk mit dem »kleinen

glücklichen Lächeln«, das Rainer Werner Fassbinder so gut kannte: »Das ist ein großes Kompliment. Sternberg war ein großartiger Licht-Regisseur. Der großartigste, den es gab. Beim Schwarzweißfilm spielt das Licht eine noch größere Rolle als beim Farbfilm. Nehmen wir KATZELMACHER. Ich habe mit Fassbinder lange darüber gesprochen. Das Licht darf nicht zu stark sein, sonst bekommen Sie zu starke Schwarzweiß-Wirkung. Sie müssen sozusagen eine Tusche darüber legen. Es muß tuschiert werden, als ob – wenn Sie Maler sind – es mit dem Pinsel gezeichnet wäre.« Sirks Vorliebe für »unnaturalistisches Licht« fasziniert Fassbinder. 1971 hatte Fassbinder geschrieben: »Das Licht bei Sirk ist immer so unnaturalistisch wie möglich. Schatten, wo keine sein dürften, helfen Empfindungen plausibel zu machen, die man sich gern fremd halten möchte.«

Pflaum stellt 1976 fest: »In der grundsätzlichen Verwendung des Lichts hat Fassbinder eine ganz deutliche Entwicklung gemacht... Die Dramatik einer Szene entsteht bei ihm nie durch die Lichtführung, Licht dient in seinen Filmen der Atmosphäre der Bilder« (Pflaum/Fassbinder, S. 82). Das ist genau die filmische Sprache des Regisseurs Douglas Sirk: Selbst in seinen späten Kurzfilmen – SPRICH ZU MIR WIE DER REGEN, SYLVESTERNACHT und BOURBON STREET BLUES – existieren Stimmungen als reine Kreationen aus Licht.

Fassbinder hat sich auch von Sirks ungewöhnlicher Farbdramaturgie in ALL THAT HEAVEN ALLOWS und in WRITTEN ON THE WIND beeinflussen lassen und sie in überzeugender Weise benutzt. Er hat Sirks Technik der kalten und warmen Gefühlswelten, durch farbiges Licht produziert, vor allem für LOLA übernommen. So wie in Szenen von ALL THAT HEAVEN ALLOWS und WRITTEN ON THE WIND kaltes, blaues Licht, Gefühlskälte demonstrierend, plötzlich zu Orange oder Rosa wechselt, wenn die Stimmung sich ändert, so wie Lauren Bacall, als sie guter Hoffnung ist, erglüht, als wäre die ganze Szene in Morgenröte getaucht, so sehen wir die Darsteller Armin Mueller-Stahl und Barbara Sukowa im Auf und Ab ihrer schwankenden und erwartungsvollen Gefühle – z. B. in der Szene im Auto – von Blau, Orange oder Rosa überhaucht. In QUERELLE schließlich hat Fassbinder Sirks Farbdramaturgie noch konsequenter angewendet und zum absoluten Höhepunkt geführt.

Für viele seiner Filme hat Fassbinder Sirks Einsatz von Spiegeln und die Technik der objektiven und subjektiven Kamera benützt. »Der Spiegel«, erklärt Douglas Sirk, »ist immer eine Konkurrenz sozusagen für den Menschen, der vor dem Spiegel steht. In dem Augenblick, in dem Sie sich im Spiegel sehen, ahnen Sie etwas von sich selber, was unter Umständen sehr unangenehm ist. Sie ahnen also Teile von sich selber, die Sie gar nicht wissen wollen – oder die Sie sehr wohl wissen wollen. Der Spiegel ist ein zweiter Mensch.«

Beiden Regisseuren war die Kamera außerordentlich wichtig. Beide haben gemeinsam mit dem Kameramann die Verantwortung für das Ergebnis getragen. Douglas Sirk hat für jede Einstellung durch die Kamera geschaut, und ganz ähnlich hat Fassbinder gearbeitet. Beide schätzten eine relativ konstante gleichbleibende Zusammenarbeit mit einem ihrer Auffassung entsprechenden Kameramann. Beide wußten, daß sie mit dem richtigen Kameramann optimale Ergebnisse erzielen konnten. Douglas Sirk hatte in Hollywood versucht, in der Einengung durch Studiobedingungen und vorgegebene Drehbücher, immer zusammen mit einem auf ihn eingestimmten Kameramann, eine künstlerische Herausforderung zu sehen und zu beweisen, daß einschränkende Zwänge die Kreativität stimulieren können.

Hab jemanden gefunden

Fassbinder hatte nach den Sirk-Filmen, die er sich 1970 anschauen konnte, geschrieben:»Ich möchte sie alle sehen, alle 39, die Sirk gemacht hat. Dann bin ich vielleicht weiter, mit mir, mit meinem Leben, mit meinen Freunden.« Drei Jahre später, Ende 1973, bringt das Filmmuseum im Münchner Stadtmuseum die große Sirk-Retrospektive, gleichzeitig zeigen ARD, ZDF und die Dritten Programme einige Sirk-Filme. Unmittelbar danach wird Douglas Sirk an die Hochschule für Fernsehen und Film in München berufen, um Meisterklassen zu leiten. Durch die örtliche Nähe vertieft sich die Freundschaft zwischen Rainer Werner Fassbinder und Douglas Sirk.
In den Jahren, in denen Sirk den Lehrauftrag an der Hochschule hat, besucht Fassbinder den älteren Freund öfter in der Münchner Wohnung. »Er kam oft zu mir«, erzählte Douglas Sirk, »und die Freundschaft festigte sich. Bleiben wir mal bei dem bescheideneren Ausdruck Bekanntschaft. Wenn Sie darüber hinausgehen, dann verlieren Sie den wirklichen Kontakt mit ihm, dann kommen Sie ihm zu nahe, das heißt, dann zeigen sich alle seine negativen Eigenschaften. Dann versucht er, Sie zu beherrschen. Fassbinder war allgemein gefürchtet, weil er sehr grob werden konnte. Er galt als sehr grober Klotz. Er hat Leute beleidigt, bedrückt und unterdrückt, und er war zu mir immer von einer ganz unwahrscheinlichen Zurückhaltung«, erinnert sich Douglas Sirk. »Das heißt, er ahnte die Scheuheit in mir. Er wollte nie die zarte Haut, die um mich hing, zu einer harten Haut machen. – Er war bei mir immer der zarteste Mensch, den es gibt.« Hilde Sirk fügt hinzu:»Er war ein so ungemein liebenswürdiger Mensch. Ich werde nie vergessen – wir saßen zusammen im Restaurant, und der Kellner nannte mich gnädige Frau. Da schaute mich Fass-

binder lange und groß an und sagte: Sie sind die einzige wirkliche gnädige Frau, die ich kenne.«
In Sirks Münchener Zeit beginnt die kulturpolitische Kontroverse und öffentliche Polemik in Frankfurt um Fassbinder und sein Drama DER MÜLL, DIE STADT UND DER TOD, für das er Figuren – darunter einen Juden – aus einem Roman von Gerhard Zwerenz genommen hatte. Es ist eine Zeit, in der Fassbinder von vielen Seiten angegriffen wird, eine Phase der Mißerfolge.
In dem problemreichen Jahr 1977 planen beide Regisseure einen Aufenthalt in New York: zum großen Fassbinder-Festival und zur Retrospektive der Universal Pictures am MUSEUM OF MODERN ART. Douglas Sirk wird durch ein Augenproblem verhindert. Nach dem außergewöhnlichen Erfolg seiner Filme in New York und den negativen Erfahrungen in der Bundesrepublik äußert Fassbinder im Sommer 1977 in einigen Interviews, er werde in Amerika filmen.
Douglas Sirks Rolle als Berater wird sich zeigen. »Fassbinder war damals viel berühmter als ich«, meint Douglas Sirk. »Ich war bekannt, aber nicht berühmt. Ich habe 1979 erlebt, wie die Leute in New York Schlange standen, um seine Filme zu sehen. Und jemand fragte mich: Wo können wir lernen, Filme so zu machen wie Sie und Fassbinder?«
»Fassbinder fragte mich in vielen Dingen um Rat. Sehr naiv, was aber gut war, denn nur so kann man ja Rat geben.«
Von der kindlich-liebevollen, symbolischen Identifikation mit Douglas Sirk und der Übernahme des Sirkschen, aus Ufa-Zeiten stammenden Titels »Spielleiter«, bis zur Konsultation in der schwerwiegenden Entscheidung, ob für Fassbinder eine Filmarbeit in Hollywood in Frage komme, reicht das breite Spektrum der Einflüsse, die auf Douglas Sirk zurückgehen. Der engste Kontakt besteht zwischen 1975 und 1978.
In BOURBON STREET BLUES, dem kleinen Film, der 1978 während der Arbeit Sirks an der HOCHSCHULE FÜR FERNSEHEN UND FILM in München entstand, ist die Freundschaft der beiden dokumentiert.

Nur eine Stimmung

1978 klatscht Rainer Werner Fassbinder – für DESPAIR prämiert – Beifall, als auch sein Vorbild Douglas Sirk aus der Hand des Innenministers das Filmband in Gold »für langjähriges und hervorragendes Wirken im deutschen Film« empfängt. »Fassbinder hat sich darüber belustigt, daß ich mich erkundigt habe, ob das Gold echt ist«, erinnert sich Douglas Sirk lächelnd. »Man hat mir versichert, ja. Es kam mir falsch vor, weil es so verschwenderisch gehandhabt wird.« Die letzte hervorragende Leistung

Douglas Sirk erhält das Filmband in Gold

bestand in der Arbeit mit den Studenten an der Hochschule für Fernsehen und Film in München und dem Ergebnis dieser Arbeit, jenen drei kleineren Filmen, deren letzter BOURBON STREET BLUES war. Sirks persönlicher Assistent bei den Dreharbeiten ist Georg Borgel, der in DIE EHE DER MARIA BRAUN als Requisiteur mitgearbeitet hat und – so Juliane Lorenz – »heute einer der besten Regieassistenten Deutschlands ist«. Männlicher Darsteller in der Drei-Personen-Geschichte nach Tennessee Williams ist Fassbinder. Er spielt die Rolle eines erfolglosen Schriftstellers, der sich in die Existenz eines 780-Seiten-Romans hineinsteigert: »Es gibt keine Lügen«, sagt er, der sich Anton Pawlowitsch Tschechow nennt, »außer den Lügen, die ein Mensch zum Leben braucht.«
»Das ist keine Besetzung von meinem Mann gewesen«, erklärt Hilde Sirk, »wir waren überhaupt noch gar nicht in München, Douglas war noch hier in Lugano. Und dann telefonierten die plötzlich von der Hochschule: ›Fassbinder ist da gewesen und hat gesagt, er spielt die Rolle.‹ Die Studenten waren außer sich vor Aufregung, daß der Fassbinder die Rolle spielen wollte, wo er doch so beschäftigt war und mitten in der Produktion von zwei Filmen steckte! Und dann stellte sich noch die Annemarie Düringer zur Verfügung. Wir kamen dann nach München, und mein Mann hat sich um die restliche Besetzungsliste gekümmert.«
Kameramann ist Michael Ballhaus, Darsteller sind neben Rainer Werner

Rainer Werner Fassbinder mit Doris Schade in BOURBON STREET BLUES

Fassbinder die beiden Schauspielerinnen Annemarie Düringer und Doris Schade. Die Düringer wird zu den Darstellern in BERLIN ALEXANDERPLATZ gehören, und in VERONIKA VOSS wird Fassbinder Annemarie Düringer und Doris Schade gemeinsam zwei gefühllose, geldgierige Wesen spielen lassen. Über den Film BOURBON STREET BLUES meint Douglas Sirk: »Er hat eigentlich keine Story. Nur eine Stimmung.« Über die Dreharbeiten mit Rainer Werner Fassbinder berichtet Douglas Sirk: »Bei den letzten Aufnahmen hat Fassbinder sich versteckt. Er hat sich unter dem Tisch verkrochen, und ich habe gesagt, wo bist du denn? Man hat gar nichts von ihm gesehen. Er wollte sich nicht in den Vordergrund stellen. Mit den jungen Leuten war er so sanft wie möglich, obwohl er den Ruf hat, grob und sogar brutal zu sein. Fassbinder ist eine einzigartige Persönlichkeit und ein wunderbarer Schauspieler.«

Schon ein Wahnsinn, Amerika

Da die Tätigkeit an der Hochschule Douglas Sirk über mehrere Jahre zeitweise in München hält, hat Rainer Werner Fassbinder die Möglichkeit, ihn häufig zu sehen. Der junge Fassbinder hat die Bemerkung

eines amerikanischen Produzenten in Erinnerung, der Sirk gegenüber sagte, ein Film müsse in Kansas City gefallen und in Singapur. Fasziniert hatte er bereits 1971 geschrieben: »Das ist schon ein Wahnsinn, Amerika, was?«
»Während der Bekanntschaft mit Fassbinder«, berichtet Douglas Sirk, »war ich unausgesetzt mit ihm im Gespräch geblieben über seine Möglichkeit, nach Amerika zu gehen. Ich selber hatte 20 Jahre Amerika hinter mir und war danach wieder zu Vorträgen, Seminaren und Retrospektiven dort.« Sirk war gerade von einem USA-Aufenthalt zurückgekommen, »und wir sprachen darüber. Fassbinder wollte unbedingt nach Amerika, und ich habe ihm sehr zugeraten. Das ist immer eine große Ehre, nach der Kapitale der Filme, nach Hollywood, zu kommen«, erklärt Douglas Sirk, »und Sie haben diese große Auswahl von guten Schauspielern dort. Nichts ist zu teuer. Wenn Sie sagen, ich will das und das haben, aber es muß erstklassig sein, bekommen Sie's auch. Ich habe Fassbinder gesagt: ›Ein so großes Talent wie du kann in Amerika weiter atmen als hier in Deutschland, das ist gar keine Frage, und ich würde dir sehr empfehlen, nach Amerika zu gehen.‹ – Damals bestand die engste Verbindung zu Fassbinder.«
Je länger und besser Douglas Sirk den jungen Filmemacher kennt, desto klarer wird ihm, daß Fassbinder nicht nach Amerika paßt. »Ich habe ihm den endgültigen Rat gegeben, nicht nach Amerika zu gehen. Denn für Amerika war Fassbinder zu romantisch, ein zu romantischer Denker und Mensch. Mit romantisch meine ich nicht, daß er im Calderonschen Sinn romantisch ist, sondern eine Figur, die eben so wie Shakespeares Puck – der auch eine romantische Figur ist – eine schweifende Figur, eine wechselnde Figur ist.«
Douglas Sirk schildert die Situation, in der er den entscheidenden Rat gab: Bei einem Empfang in der Villa Geerhus in Berlin saßen Fassbinder und Douglas Sirk zusammen im Park. »Ich sagte: ›Hör mal, ich habe dir jetzt ständig zugeraten, nach Amerika zu gehen. Dein Talent ist danach. Aber ich weiß nicht, ich möchte dich eigentlich warnen davor. In Amerika mußt du dich darauf gefaßt machen, daß du über Nacht berühmt oder wieder unberühmt bist.‹ Und ich habe ihm einen kleinen Vortrag gehalten, weil er sehr versessen war auf die Idee, nach Hollywood zu gehen, und gesagt: ›Du paßt nicht nach Amerika.‹ Und plötzlich sagte er aus dem Nichts heraus: ›Weißt du, das habe ich auch schon gedacht. Es ist so gut, daß du mir das sagst, das ist ein wirklicher Freundschaftsbeweis. Du hast vollkommen recht. Ich gehe nicht nach Amerika. Es ist nichts für mich.‹ – Ich bekam sofort ein großes Schuldbewußtsein. Ich dachte, mein Gott, da habe ich jemandem davon abgeraten, nach Hollywood zu gehen, und er hat wirklich darauf gehört. – Aber Fassbinder hätte auf die Dauer nicht nach Amerika gepaßt.« Hilde

Sirk ergänzt: »Überhaupt, er konnte gar nicht verpflanzt werden. Amerika oder nicht Amerika oder irgendwo anders – er mußte in seiner Atmosphäre leben und zugrunde gehen.«

Und in der Seele

Durch Sirks Filme und die Gespräche mit Sirk ist Fassbinder vieles klar geworden, was er bisher nur ahnte. Diese Erfahrung brachte ihn – wie z. B. in dem Essay über die Menschenfeindlichkeit Chabrols – zu deutlichen Formulierungen seiner Überlegungen, die er als »ungeordnete Gedanken« bezeichnet. »...mein Leben«, überlegt er, »wäre anders verlaufen, als es mit Döblins ›Berliner Alexanderplatz‹ im Kopf, im Fleisch, im Körper als Ganzes und in der Seele, lächeln Sie meinetwegen, verlaufen ist« (Fassbinder, S. 81). Was er über Döblin schreibt, bezieht sich für Fassbinder in gleichem Maße auf Sirk, vor allem »in der Seele«. War Döblins Roman für Fassbinder »Lebenshilfe« in der Pubertät, so wurde Sirk mit seinen Filmen »Lebenshilfe« für den jungen Mann: »Ich hab jemanden gefunden, der in einer Art und Weise Kunst macht, daß ich gemerkt habe, was ich an mir verändern muß«, sagte er 1979 im Beisein von Douglas Sirk in einem Interview.[56] Die »ungeordneten Gedanken« über Döblins Roman lesen sich an vielen Stellen wie Aussagen, die Fassbinder auch über Sirk hätte machen können und tatsächlich auch gemacht hat. »Das Wesentliche«, schreibt er über BERLIN ALEXANDERPLATZ, »ist also nicht seine Geschichte... das Wesentliche ist ganz einfach, wie das ungeheuerlich Banale und Unglaubwürdige an Handlung erzählt wird. Und mit welcher Haltung zu den Figuren des Geschehens, die der Autor dem Leser entblößt, während er ihn andrerseits lernen läßt, eben diese bis zur Mittelmäßigkeit Entblößten mit allergrößter Zärtlichkeit zu sehen, sie zu lieben am Ende... Was also macht diesen Plot zu so etwas Großem? Es ist das Wie, versteht sich.« Fassbinder reflektiert über Döblin mit einem an Sirk erinnernden Vokabular und Gedankengut. »In BERLIN ALEXANDERPLATZ wird auch den objektiv kleinsten und ganz einfach mittelmäßigen Emotionen, Gefühlen, Glücksmomenten, Sehnsüchten, Befriedigungen, Schmerzen, Ängsten, Bewußtseinsdefiziten gerade der scheinbar unscheinbaren, unwichtigen, unbedeutenden Individuen zugestanden, den sogenannten Kleinen wird hier die gleiche Größe zugebilligt, wie sie in der Kunst gemeinhin nur den sogenannten Großen zugebilligt wird« (Fassbinder, S. 86 und 88). Ähnlich lautet der Refrain bei einem Chanson, das er für Ingrid Caven geschrieben hat: »Im kleinen Leben liegt der große Schmerz, der große Schmerz. Die Großen brauchen für ihr großes Leben

ohnehin kein Herz« (Caven/Raben). Das ist nichts anderes als eine kurze Definition des Melodrams.
Fassbinder stellt fest, wie wichtig es ist, daß »... der Autor die ihm adäquate Form gefunden hat, und das hat Döblin mit BERLIN ALEXANDERPLATZ mit schlafwandlerischer Sicherheit getan. Und ob Döblin nun James Joyces ULYSSES kannte, bevor er BERLIN ALEXANDERPLATZ schrieb, oder ob er ihn nicht kannte, das macht seinen Roman nicht besser oder schlechter.« Entsprechend könnte man hinzufügen: Ob Fassbinder nun Sirks Filme kannte oder nicht, bevor er z. B. ANGST ESSEN SEELE AUF drehte, das macht seine Filme nicht besser oder schlechter, und man wird Fassbinder zustimmen: »... entscheidend ist doch, ob ein Autor die richtigen Mittel für seine Intentionen wählt, nicht, ob er auch noch deren Erfinder ist« (Fassbinder, S. 89). Gewiß wird Fassbinder nicht kleiner durch die Gegenüberstellung mit Sirk, eher wird Sirk größer.

Lächeln Sie meinetwegen

Die vielen jungen deutschen Filmemacher, auf der Suche nach Vätern, fanden keine, denn es gab keine. Die Leute, die in den 20er und den frühen 30er Jahren dem deutschen Film zu internationalem Ansehen verholfen hatten, waren emigriert oder in ihrer künstlerischen Arbeit verbogen worden.
Auf seiner tastenden Suche war Fassbinder auf Douglas Sirk und seine Filme gestoßen und hatte sofort gewußt und gefühlt, wie wichtig diese Begegnung war.
Fassbinders großes Glück bestand darin, daß er sich nicht wie die meisten anderen damit begnügen mußte, Filme als Vorbilder zu nehmen. Und auch darin, daß er in Douglas Sirk nicht den Vater fand, mit dem ein Sohn notwendigerweise in Konflikt gerät, sondern den älteren Freund, der in genügend großer Distanz sowohl der gütige, weise Berater und Helfer als auch der bewunderte Mensch sein konnte. Juliane Lorenz ist sich sicher, daß er Douglas Sirk auf der Brudersuche begegnet ist, »... daß eben Sirk für Rainer Werner Fassbinder nicht nur eine Vaterfigur, ein filmästhetischer Führer war, sondern eben auch dieses zweite Ich, dieser Bruder«.[57]
Neben den œuvrebedingten Gemeinsamkeiten gab es grundsätzliche persönliche. Da waren zwei Buben, die nach dem Willen ihrer Väter mit Anspruchsvollem gefüttert werden sollten und statt dessen lieber bis zur Erschöpfung Fußball spielten oder ins Kino rannten, kinoversessen waren – der eine heimlich, nur mit Wissen und Unterstützung der Großmutter, und beim andern kümmerte sich niemand darum, oder die Großmut-

ter duldete alles. Douglas Sirk und Rainer Werner Fassbinder sind früh mit Literatur und Kunst in Berührung gekommen. Auch Fassbinder – so scheint es – sollte »ein Gebildeter im Sinn der deutschen Tradition werden«, wie er es von Douglas Sirk schreibt (Fassbinder, S. 11/12). Jedenfalls – die Vorstellung vom »proletarischen enfant terrible« ist offensichtlich eine Mär.
Vergessen wir einmal für einen Augenblick, daß mehr als eine Generation die beiden trennte, dann kann man sich vorstellen, wie zwei Kinder – ein schmaler blonder und ein stumpiger dunkelhaariger Junge – mit gleichen Interessen, nämlich Fußball und Kino, sich finden, wie zwei junge Männer von Anfang zwanzig miteinander links gerichtetes, provozierendes Theater machen und wie zwei sensible, phantasievolle, energiereiche Männer, die mit dem Herzen denken wollen, aus einer ihnen gemeinsamen anarchisch-skeptischen Perspektive heraus zusammen Filme drehen – über die Sehnsucht und die Verzweiflung der Menschen.
Tatsächlich machen sie immer wieder Pläne. Aus der Begeisterung Sirks über Calderon, die er bei dem ersten Treffen auf Fassbinder übertragen hatte, entsteht bei Fassbinder die Idee, zusammen mit Douglas Sirk spanische Literatur zu verfilmen.
Douglas Sirk spricht mit Fassbinder über die Idee, einen Film über Rosa Luxemburg zu machen. »Ich habe mich damit lange vorher schon beschäftigt, zu der Zeit nämlich, als ich für die Ufa Filme machte«, erzählt Sirk. »Da war schon Nazizeit, und es wäre sofort als antinazistisch eingestuft worden, wenn ich einen solch heiklen Stoff verfilmt hätte. Die Leute, mit denen ich besser bekannt war damals, haben alle gesagt: Verrückt, das jetzt zu machen.«
Fassbinder möchte dem Freund ein großes Alterswerk gönnen. Vorübergehend arbeitet Douglas Sirk daran, DAS SCHWARZE TAGEBUCH als Drehbuch auf Spielfilmlänge zu bringen. »Rainer war ganz tief davon überzeugt, daß Sirk noch einen Film machen muß. Er wäre bereit gewesen, als Co-Produzent zu fungieren, wenn Sirk die Regie übernimmt«, erklärt Juliane Lorenz. Zum Produzenten – so Juliane Lorenz – sagte Fassbinder, er könne sich ganz auf ihn verlassen, und »sollte irgend etwas Unvorhersehbares während dieser Dreharbeiten eintreten, dann werde ich jederzeit bereit sein, den Film zu Ende zu machen«.[58] Später ist Rosel Zech daran interessiert, nach DIE SEHNSUCHT DER VERONIKA VOSS mit Douglas Sirk einen Film zu drehen, für den Jörg Graser ein Drehbuch verfaßt. Verschiedene Krankheitsphasen Sirks – vor allem Augenprobleme – kommen den Plänen in die Quere. Schließlich stirbt Fassbinder unerwartet am 10. Juni 1982.
Douglas Sirk und Rainer Werner Fassbinder haben beide ihr Werk geliebt. Fassbinder, der von seinen Filmen gesagt hat, er liebe sie, als wären es seine Kinder, schreibt 1971 über Sirk als von einem, der »mit einem

ganz kleinen glücklichen Lächeln sagen kann: Ich habe schon das, was ich gemacht habe, manchmal sehr geliebt.« Distanz zu ihrem Werk gab es keine, und wie Douglas Sirk war Fassbinder ein aufrichtiger Regisseur: Niemandem wollten sie etwas vormachen, wenn auch ihre Filme davon handeln, wie Menschen sich und anderen etwas vormachen.
So stimmt es, wenn Douglas Sirk zu mir sagt: »Fassbinder und ich, wir sind in allen Sachen ein bißchen ähnlich.« Trotz großer Scheu bestand bei beiden immer der Anspruch sich selbst gegenüber, etwas ganz Besonderes und Ungewöhnliches zu werden. Was bei Fassbinder 1977 in einem Interview in L'Express an Größenwahn erinnert – »ich will das für den Film werden, was Shakespeare für das Theater, Marx für die Politik und Freud für die Psychoanalyse waren: einer, nach dem nichts mehr so ist wie zuvor« –, klingt bei Douglas Sirk bescheidener: »Ich bin ein sehr scheuer Mensch. Aber ich bin auch ein großer Reflektierer. Das heißt, es gibt bei mir ständig Spiegelungen. Und plötzlich spiegelt sich mir ein Bild von mir selbst, in dem die Scheuheit gar keinen Platz hat. Ich hatte große Energie und habe immer sehr bewußt gearbeitet, immer mit dem ›Vorwort‹, ich will NICHT etwas ganz Gewöhnliches sein oder sagen oder gemacht haben.« Der Antrieb ist identisch. Rainer Werner Fassbinder wollte ein Shakespeare des Films werden. Douglas Sirk – mit seinen publikumswirksamen künstlerischen Komödien und Melodramen – ist vielleicht einer geworden.
Fassbinder bewunderte die Perfektion von Sirks Filmen und sah, daß eine Kombination von Perfektion und Menschlichkeit realisierbar ist. Fassbinder hat für sich selbst versucht und erreicht, was er an Sirk bewundert hat: In einem perfekt gestalteten sogenannten Hollywoodfilm Klischees und Trivialität des Melodrams zu verändern und so statt Sentimentalität eine glaubwürdige Darstellung von wirklichen Emotionen zu zeigen. »Ich habe darauf immer sehr geachtet, daß der Zuschauer spürt, das sind echte Gefühle. Ich würde mich also bitter schämen, wenn ich das nicht machte«, erklärt Sirk. Gefühlsduselei findet nicht statt. Gefühle jedoch vor den Intellekt zu stellen, entspricht dem Wesen beider Regisseure.
Sirk und Fassbinder – eine Begegnung: Ausgeführt wurde die Wirkung einzelner Werke und des Gesamtwerkes von Sirk auf Fassbinder und die geniale Art des Rainer Werner Fassbinder, Anregungen und Vorbilder zu verarbeiten und umzusetzen oder als Zitate in Godards Sinn zu verwenden, »Godards Zitate, die auch immer Eingeständnisse dessen sind, daß man Nachfolger ist und verehrte Meister hat« (Kurowski, S. 185). Dargestellt wurde außerdem der nicht zu unterschätzende Einfluß, den Douglas Sirk als Regisseur-Persönlichkeit und als Mensch auf Fassbinder hatte.
Nun gibt es eine Reihe von Leuten, die Sirks Verbindung zu Fassbinder mit Argwohn und Abscheu betrachtet haben. Diese Leute sind der Meinung, die Beziehung zu Fassbinder habe Sirk geschadet. Seinem Ruf viel-

leicht, seiner Seele – »lächeln Sie meinetwegen« – hat die Freundschaft gewiß nicht geschadet. Für den Menschen Douglas Sirk war es wohltuend, geliebt, verehrt und bewundert und vor allem gebraucht zu werden. Er genoß es, einen so genialen Schüler zu haben. Die Bewunderung und Zuneigung war eine gegenseitige. Die Begegnung zwischen diesen beiden Menschen war nicht nur eine ausgesprochen schöpferische, sie war eine glückliche.
Fassbinder hatte Douglas Sirk zweifellos viel zu verdanken. Umgekehrt haben der Regisseur Douglas Sirk und seine Filme eine neue Publizität und Wertschätzung erfahren, die ohne Fassbinders Vermittlung nicht denkbar ist: Indirekt hat er durch seinen Mut zu Gefühlen und seine Hinwendung zum Melodrama den Weg bereitet und grundlegendes Verständnis geweckt. Direkt hat Rainer Werner Fassbinder dadurch auf Sirk aufmerksam gemacht, daß er seine Bewunderung für Douglas Sirk in Interviews und, schon davor, in jener Hymne auf Douglas Sirk und seine Filme kundtat, die nach der Veröffentlichung 1971 in FERNSEHEN UND FILM in vielen anderen Sprachen erschien. Fassbinder weist sowohl auf die sozialpolitische als auch auf die ästhetisch-künstlerische Seite von Sirks Filmen hin und weist den Vorwurf des Kitsches zurück. Er läßt die mit Vorurteilen gegen Hollywood-Produkte Behafteten Sirks Filme mit anderen Augen sehen und macht diejenigen neugierig, die sonst beim Wort Hollywoodfilm abwinken und nicht mehr differenzieren.
Die Begegnung zweier ungewöhnlicher Menschen, abgebrochen durch den Tod des Jüngeren, wird lebendig bleiben in Fassbinders Werk, denn Douglas Sirk hat darin unauslöschbare Spuren hinterlassen.

Douglas Sirk starb am 14. Januar 1987 in Lugano.

9 Filmographie

Übersicht

1935	APRIL, APRIL!	
	DAS MÄDCHEN VOM MOORHOF	
	STÜTZEN DER GESELLSCHAFT	
1936	SCHLUSSAKKORD	
	DAS HOFKONZERT	
	LA CHANSON DU SOUVENIR	
1937	ZU NEUEN UFERN	
	LA HABANERA	
1938	ACCORD FINAL	Die Zehnte soll es sein
1939	BOEFJE	
1942	HITLER'S MADMAN	
1944	SUMMER STORM	Sommerstürme
1945	A SCANDAL IN PARIS	Ein eleganter Gauner
1946	LURED / PERSONAL COLUMN	Angelockt
1947	SLEEP, MY LOVE	Schlingen der Angst
1948	SLIGHTLY FRENCH	Leicht französisch
	SHOCKPROOF	Unerschütterliche Liebe
1950	THE FIRST LEGION	Beichte eines Arztes
	MYSTERY SUBMARINE	
	THUNDER ON THE HILL	Schwester Maria Bonaventura
1951	THE LADY PAYS OFF	Spielschulden
	WEEKEND WITH FATHER	Ein Wochenende mit Papa
	HAS ANYBODY SEEN MY GAL?	Hat jemand meine Braut gesehn?
1952	NO ROOM FOR THE GROOM	
	MEET ME AT THE FAIR	
	TAKE ME TO TOWN	Eine abenteuerliche Frau
1953	ALL I DESIRE	All meine Sehnsucht
	TAZA, SON OF COCHISE	Taza, der Sohn des Cochise
	MAGNIFICENT OBSESSION	Die wunderbare Macht
1954	SIGN OF THE PAGAN	Attila, der Hunnenkönig
	CAPTAIN LIGHTFOOT	Wenn die Ketten brechen
1955	ALL THAT HEAVEN ALLOWS	Was der Himmel erlaubt
	THERE'S ALWAYS TOMORROW	Es gibt immer ein Morgen
	WRITTEN ON THE WIND	In den Wind geschrieben
1956	BATTLE HYMN	Der Engel mit den blutigen Flügeln
	INTERLUDE	Der letzte Akkord
1957	THE TARNISHED ANGELS	Duell in den Wolken
	A TIME TO LOVE	Zeit zu lieben
	AND A TIME TO DIE	und Zeit zu sterben
1958	IMITATION OF LIFE	Solange es Menschen gibt

Ausführliche Filmographie für die Produktionsjahre 1934 bis 1978

Die Reihenfolge entspricht dem chronologischen Ablauf der Dreharbeiten. Neben den Originaltiteln stehen in Klammern die deutschen Kino- bzw. Fernsehtitel.

Berlin – Ufa

1934 ZWEI GENIES
Schwarzweiß, Länge: 291 m (knapp 10 Minuten).
Produktion: Universum Film AG. – Peter Paul Brauer. *Regie:* Detlef Sierck.
Drehbuch: L. A. C. Müller, Rudo Ritter. *Kamera:* Konstantin Irmen Tschet.
Musik: Max Jarcyk-Jansen. *Ton:* Bruno Suckau. *Bauten:* Carl L. Kirmse.
Darsteller: Fritz Odemar, Hans Hermann Schaufuß, Mady Rasche, Sascha O. Schöning, Carl Walther Meyer, Will Kaufmann, Georg Erich Schmidt, Erwin Biegel, Arthur Schröder, Bruno Fritz.
Zulassung: 14.12.1934 – verboten.

1935 DER EINGEBILDETE KRANKE
Schwarzweiß, Länge: 1031 m (37 Minuten).
Produktion: Universum Film AG. – Peter Paul Brauer. *Regie:* Detlef Sierck.
Drehbuch: L. A. C. Müller, Rudo Ritter. *Kamera:* Willi Winterstein. *Musik:* Hans Otto Borgmann. *Ton:* Walter Rühland. *Bauten:* Carl L. Kirmse. *Atelier:* Babelsberg.
Darsteller: Erhard Siedel, Marina v. Dittmar, Claire Reigbert, Fritz Odemar, Heinz Förster-Ludwig, Hugo Schrader, Baby Gray, Arthur Schröder, Otto Stöckel, Paul Schaefer.
Zulassung: 18.2.1935.

1935 DREIMAL EHE
Schwarzweiß, Länge: 410 m (knapp 15 Minuten).
Produktion: Universum Film AG. – Peter Paul Brauer. *Regie:* Detlef Sierck.
Drehbuch: Hans Fritz Köllner. *Kamera:* Willi Winterstein. *Musik:* Dr. Edmund Nick. *Ton:* Bruno Suckau. *Bauten:* Carl L Kirmse. *Aufnahmeleitung:* Karl Schulz. *Atelier:* Babelsberg.
Darsteller: Harald Paulsen, Elisabeth Lennartz, Hella Graf, Lore Schützendorf, Hans Leibelt, Rudolf Schündler, Gaby Gardner.
Zulassung: 18.3.1935.

1935 'T WAS ÉÉN APRIL
Produktion: Universum Film AG. *Regie:* Detlef Sierck und Jacques van Pol. *Kamera:* Willi Winterstein.
Darsteller: Johan Kaart, Jopie Koopman; Herman Tholen, Cissy van Bennekom, Rob Milton, Tilly Périn-Bouwmeester, Jac van Bijleveldt, Hilde Alexander.

1935   APRIL, APRIL!
Schwarzweiß, 2247 m (82 Minuten).
Produktion: Universum Film AG. – Peter Paul Brauer. *Spielleitung:* Detlef Sierck. *Drehbuch:* H. W. Litschke, Rudo Ritter. *Bild:* Willi Winterstein. *Schnitt:* Fritz Stapenhorst. *Musik:* Werner Bochmann. *Schlagertext* »Fang nie im April was an!«: W. Bochmann und E. Lehnow. *Ton:* Karlheinz Becker. *Bauten:* C. L. Kirmse. *Aufnahmeleitung:* Karl Schulz. *Atelier:* Ufa-Neubabelsberg.
Darsteller: Erhard Siedel, Lina Carstens, Charlott Daudert, Werner Finck, Paul Westermeier, Carola Höhn, Albrecht Schoenhals, Annemarie Korff, Hilde Schneider, Hubert v. Meyerinck, Herbert Weißbach, Wilhelm Eggers-Sell, Kurt Felden, Erwin Hartung, Gerhard Heine, Odette Orsy, Josef Reithofer, Wera Schultz, Dorothea Thies, W. Wiedfeld.
Zulassung: 3. 7. 1935. *Uraufführung:* 24. 10. 1935 – Berlin, Primus-Palast.

1935   DAS MÄDCHEN VOM MOORHOF
Schwarzweiß, 2251 m (82 Minuten).
Produktion: Universum Film AG. – Peter Paul Brauer. *Spielleitung:* Detlef Sierck. *Bild:* Willi Winterstein. *Schnitt:* Fritz Stapenhorst. *Drehbuch:* Lothar M. Mayring; nach der gleichnamigen Novelle von Selma Lagerlöf. *Musik:* Hans-Otto Borgmann. *Ton:* Bruno Suckau. *Bauten:* C. L. Kirmse. *Aufnahmeleitung:* Karl Schulz. *Atelier:* Ufa-Neubabelsberg. *Drehort:* Worpswede, Teufelsmoor.
Darsteller: Hansi Knoteck, Ellen Frank, Eduard v. Winterstein, Kurt Fischer-Fehling, Friedrich Kayßler, Jeannette Bethge, Theodor Loos, Lina Carstens, Franz Stein, Fritz Hoopts, Erich Dunskus, Erwin Klietsch, Hans Meyer-Hanno, Ellen Becker, Anita Düvel, Thea Fischer, Hildegard Hecker, Meta Jäger, Carl Christian Jönsson, Ilse Petri, Klaus Pohl, Betty Sedlmayer, Maria Seidler, Hildegard Sessack, Fanny Schreck-Normann, Dorothea Thies, Ilse Trautschold.
Zulassung: 4. 10. 1935. *Uraufführung:* 30. 10. 1935 – Berlin, Union Theater. Kurfürstendamm und U. T. Friedrichstraße.

1935   STÜTZEN DER GESELLSCHAFT
Schwarzweiß, 2290 m (84 Minuten).
Produktion: R. N. (Robert Neppach) Film Prod. GmbH. – Krüger-Ulrich. *Verleih:* Ufa Filmverleih GmbH. *Spielleitung:* Detlef Sierck. *Drehbuch:* Dr. Georg Klaren, Peter Gillmann; frei nach dem gleichnamigen Stück von Henrik Ibsen. *Bild:* Karl Drews. *Schnitt:* Friedel Buckow. *Musik:* Franz R. Friedl. *Bauten:* Otto Gülstorff. *Aufnahmeleitung:* Fred Lyssa. *Atelier:* Ufa-Neubabelsberg.
Darsteller: Heinrich George, Maria Krahn, Horst Teetzmann, Albrecht Schoenhals, Suse Graf, Oskar Sima, Hansjoachim Büttner, Karl Dannemann, Walter Süssenguth, Paul Beckers, Franz Weber, S. O. Schoening, Maria Hofen, Tony Tetzlaff, Gerti Ober.
Zulassung: 11. 12. 1935. *Uraufführung:* 21. 12. 1935 – Berlin, U. T. Kurfürstendamm und U. T. Friedrichstraße.

1936   SCHLUSSAKKORD
Schwarzweiß, 2789 m (101 Minuten).
Produktion: Universum Film AG. – Bruno Duday. *Spielleitung:* Detlef Sierck. *Regieassistenz:* Erich Kobler. *Drehbuch:* Kurt Heuser und Detlef Sierck. *Bild:* Robert Baberske. *Schnitt:* Milo Harbich. *Musik:* Kurt Schröder. Das Orchester

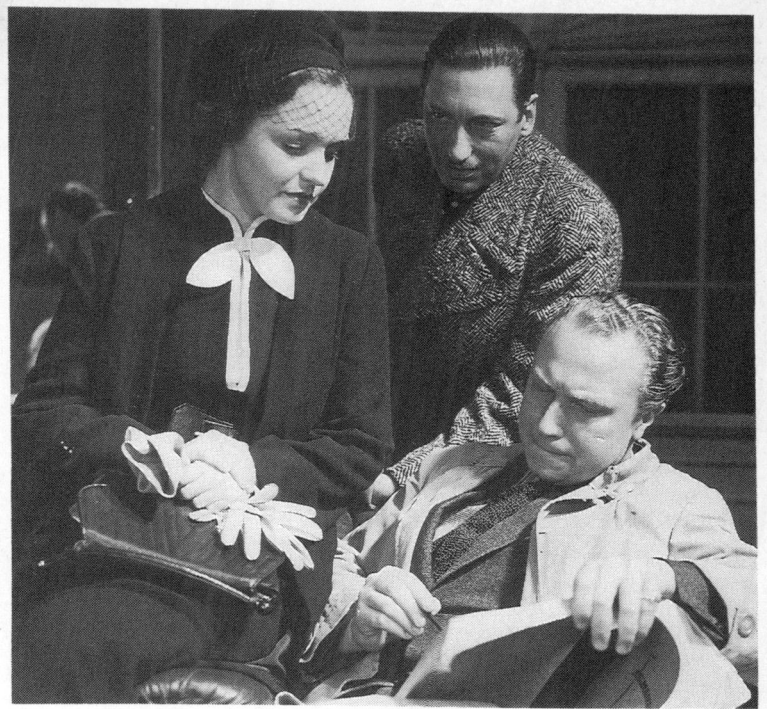

Detlef Sierck mit Maria von Tasnady und Willy Birgel während der Dreharbeiten zu SCHLUSSAKKORD

der Berliner Staatsoper / Berliner Solisten-Vereinigung. *Solisten:* Erna Berger, Luise Willer, Rudolf Watzke, Hellmuth Melchert; mit Musik aus der Neunten Sinfonie von Beethoven, der Nußknacker-Suite von Tschaikowskij und dem Judas-Oratorium von Händel. *Ton:* Dr. Fritz Seidel. *Bauten:* Erich Kettelhut. *Aufnahmeleitung:* Fritz Schwarz. *Atelier:* Ufa-Neubabelsberg.
Darsteller: Willy Birgel, Lil Dagover, Maria v. Tasnady, Theodor Loos, Maria Koppenhöfer, Albert Lippert, Kurt Meisel, Erich Ponto, Peter Bosse, Hella Graf, Paul Otto, Alexander Engel, Walter Werner, Eva Tinschmann, Carl Auen, Margarete Arndt-Ober, Erich Bartels, Rolf Becker, Johannes Bergfeld, Helmut Bergmann, Werner Bernhardy, Ilse Boy-Wölffer, Tony Bonsch, Ursula Deinert, Peter Elsholtz, Ly Eyk, Robert Forsch, Hildegard Friebel, Ruth Gehrs, Kurt Hinz, Marthe v. Kossatzky, Heinz Könecke, Liselotte Köster, Kurt Lenz, Richard Ludwig, Erich Meißel, Odette Orsy, Hermann Pfeiffer, Ernst Sattler, Paul Salzmann, Walter Steinweg, Werner Stammer, Friedrich Teidge, Ilse Trautschold, Inge Vesten, Tilly Wedekind, Bruno Ziener.

Zulassung: 10.6.1936. *Uraufführung:* 27.6.1936 – Dresden; 24.7.1936 – Berlin, Gloria-Palast. In Venedig 1936 prämiiert.

1936 DAS HOFKONZERT
Schwarzweiß, 2320 m (85 Minuten).
Produktion: Universum Film AG. – Bruno Duday. *Spielleitung:* Detlef Sierck. *Regieassistenz:* Erich Kobler. *Drehbuch:* Franz Wallner-Basté, Detlef Sierck; nach dem Theaterstück DAS KLEINE HOFKONZERT von Paul Verhoeven und Toni Imperkoven. *Bild:* Franz Weihmayr. *Schnitt:* Erich Kobler. *Musik:* Edmund Nick; Themen von Ferenc Vecsey und Robert Schumann; *Liedertexte:* Hans Bußmann, Kurt Heynicke, Eduard Möricke, Aldo von Pinelli. *Ton:* Erich Leistner. *Bauten:* Fritz Maurischat. *Aufnahmeleitung:* Fritz Schwarz, Fritz-Andreas Brodersen. *Atelier:* Ufa-Neubabelsberg. *Drehort:* Veitshöchheim bei Würzburg.
Darsteller: Mart(h)a Eggerth, Johannes Heesters, Otto Treßler, Herbert Hübner, Rudolf Klein-Rogge, Flockina v. Platen, Ernst Waldow, Hans Richter, Ingeborg v. Kusserow, Kurt Meisel, Alfred Abel, Hans Hermann Schaufuß, Edwin Jürgensen, Rudolf Platte, Iwa Wanja, Günther Ballier, Walther Blanke, Johannes Bergfeld, Fritz Berghof, Jac Diehl, Fritz Eckert, Rudolf Essek, Hildegard Friebel, Hans Halden, Carl Merznicht, Oskar Sabo, Willy Schur, Werner Stock, Arnim Süßengut, Tony Tetzlaff, Theo Thony, Inge Vesten, Max Vierlinger, Ruth v. Zerboni.
Zulassung: 15.12.1936. *Uraufführung:* 18.12.1936 – Berlin, Gloria-Palast.

1936 LA CHANSON DU SOUVENIR
Produktion: Universum Film AG. *Produktionsleitung:* Raoul Ploquin. *Spielleitung:* Detlef Sierck. *Dialog:* Georges Neveux. *Bild:* Franz Weihmayr. *Musik:* Edmund Nick. *Aufnahmeleitung:* Serge de Poligny.
Darsteller: Mart(h)a Eggerth, Max Michel, Colette Darfeuil, Pierre Magnier, Germaine Laugier, Arvel Boverie, Jean Coquelin, Jean Toulout, Robert Vattier, Marcel Simon, Félix Oudart.

1937 ZU NEUEN UFERN
Schwarzweiß, 2879 m (106 Minuten).
Produktion: Universum Film AG. – Bruno Duday. *Spielleitung:* Detlef Sierck. *Regieassistenz:* Fritz Andelfinger. *Drehbuch:* Detlef Sierck, Kurt Heuser; frei nach dem gleichnamigen Roman von Lovis H. Lorenz. *Bild:* Franz Weihmayr. *Schnitt:* Milo Harbich. *Musik und Worte:* Ralph Benatzky. *Lieder:* »Yes, Sir!«, »Ich steh' im Regen«, »Tiefe Sehnsucht«. *Ton:* Carl-Heinz Becker. *Bauten:* Fritz Maurischat. *Kostüme:* Arno Richter. *Aufnahmeleitung:* Georg Mohr. *Atelier:* Ufastadt.
Darsteller: Zarah Leander, Willy Birgel, Viktor Staal, Erich Ziegel, Hilde v. Stolz, Edwin Jürgensen, Carola Höhn, Jakob Tiedtke, Robert Dorsay, Iwa Wanja, Ernst Legal, Siegfried Schürenberg, Lina Lossen, Lissi Arna, Herbert Hübner, Mady Rahl, Lina Carstens, Horst Teetzmann, Horst Birr, Hans Kettler, Walter Schramm-Duncker, Fritz Hoopts, Franz Stein, Claus Pohl, Ekkehart Arendt, Hanns-Maria Böhmer, Curt Jürgens, Ilse v. Colani, Paul Bildt, Walter Werner, Werner Pledath, Karl Hannemann, Hella Graf, Karl Auen, Hans Waschatko, Else Boy, Boris Alekin, William Huch, Max Wilhelm Hiller, Oskar Höcker, Paul Schwed, Hermann Pfeiffer, S. O. Schoening, Lilli Schönborn, Ellen

Bang, Hildegard Friebel, Hanna Mohs, Thea Truelsen, Olga Schaub, Hansjoachim Büttner.
Zulassung: 20.7.1937. *Uraufführung:* 31.8.1937 – Berlin, Ufa-Palast am Zoo. In Venedig 1937 prämiiert.

1937 LA HABANERA
Schwarzweiß, 2692 m (98 Minuten).
Produktion: Universum Film AG. – Bruno Duday. *Spielleitung:* Detlef Sierck. *Regieassistenz:* Fritz Andelfinger. *Drehbuch:* Gerhard Menzel. *Bild:* Franz Weihmayr. *Schnitt:* Axel v. Werner. *Musik:* Lothar Brühne. *Liedertexte:* Bruno Balz (»La Habanera – Der Wind hat mir...«), Detlef Sierck (»ABC – Kinderlied« und »Du kannst es nicht wissen«). *Ton:* Hermann Fritzsching. *Bauten:* Anton Weber, Ernst Albrecht. *Kostüme:* Annemarie Heise. *Aufnahmeleitung:* Georg Mohr. *Atelier:* Ufastadt. *Drehort:* Teneriffa.
Darsteller: Zarah Leander, Julia Serda, Ferdinand Marian, Karl Martell, Boris Alekin, Paul Bildt, Edwin Jürgensen, Carl Kuhlmann, Michael Schulz-Dornburg, Rosita Alcaraz, Lisa Helwig, Geza v. Földessy, Franz Arzdorf, Roma Bahn, Günther Ballier, Bob Bauer, Werner Finck, Karl Hannemann, Harry Hardt, Max Wilhelm, Hans Kettler, Werner Kepich, Carl Merznicht, Ernst Rotmund, Werner Scharf, Franz Stein.
Zulassung: 17.12.1937. *Uraufführung:* 18.12.1937 – Berlin, Gloria-Palast.

Mitarbeit bei folgenden Filmen:

1937 LIEBLING DER MATROSEN
Schwarzweiß, 2495 m (91 Minuten).
Produktion: Mondial Internationale Filmindustrie AG., Wien. *Verleih:* Ufa Filmverleih GmbH. *Spielleitung:* Hans Hinrich. *Drehbuch:* K. P. Gillmann, Detlef Sierck, nach einer Idee von Rudolf Brettschneider. *Kamera:* Oskar Schnirch. *Musik:* Willy Schmidt-Gentner. *Ton:* Hans Bucek. *Bauten:* Hans Ledersteger.
Darsteller: Traudl Stark, Wolf Albach-Retty, Richard Romanowsky, Hertha Feiler, Lotte Lang.
Zulassung: 27.11.1937. *Uraufführung:* 8.2.1938 – Berlin, Union Theater Kurfürstendamm.

1938 DREIKLANG
Schwarzweiß, 94 Minuten.
Produktion: Georg Witt Film GmbH. *Verleih:* Ufa Filmverleih GmbH. *Spielleitung:* Hans Hinrich (Vorbereitung: Detlef Sierck). *Drehbuch:* Friedrich Forster-Burggraf und Detlef Sierck, nach den Novellen ERSTE LIEBE von Turgeniew und DER SCHUSS von Puschkin. *Kamera:* Werner Krien. *Musik:* Kurt Schröder.
Darsteller: Lil Dagover, Paul Hartmann, Rolf Moebius, Walter Werner, Ewald Wenk, Helga Marold, Carl Günther, Franz Weber.
Uraufführung: 24.5.1938.

1938 ACCORD FINAL (Die Zehnte soll es sein)
Schwarzweiß, 95 Minuten.
Produktion: France-Suisse Film – J. Weissmann. *Verleih:* Emelka-Film und Filmsonor. *Regie:* I. R. Bay (Ignacy Rosenkranz). *Supervision* (ungenannt): Detlef Sierck. *Regieassistenz:* Jean Huet. *Drehbuch:* I. R. Bay und Max Kolpe. *Dialoge:* Jacques Natanson. *Kamera:* Michael Kelber. *Schnitt:* Jean Oser, Charles Gaudin. *Musik:* Henry Herblay; Beethoven (Sinfonie Nr. 5), Lalo, Bazzini, Rimski-Korsakow. Das Orchester Pasdeloup, *Dirigent:* Albert Wolff, *Solist* (Violine): Zino Francescatti. *Musikalische Leitung:* Paul Dessau. *Ton:* Tony Leenhardt, Georges Leblond. *Ausstattung:* Jacques Krauss.
Darsteller: Kate de Nagy, Josette Day, Nane Germon, Liliane Desaffre, Marie-Jacqueline Chantal, Jeanne de Carol, Nicole Dumas, Jules Berry, Georges Rigaud, André Alerme, Aimos, Georges Rollin, Maurice Baquet, Bernard Blier, Jacques Baumer, Michel Vitold, Henri Lauriac, Gaston Modot, Paul Velsa, Yves Brainville, Marcel Carpentier, Georges Morton, Georges Paulais, Frédéric Mariotti, Hugues de Bagratide, Jacques Beauvais, Dubois.
Drehort: Genfer See bei Montreux (September 1938); Paris und Studio Filmsonor, Epinay (Oktober 1938). *Uraufführung:* 30. 12. 1938 – Genf und Lausanne.

1939 BOEFJE
Produktion: NV City Film, Rotterdam. *Regie:* Detlef Sierck. *Drehbuch:* Carl Zuckmayer und Detlef Sierck, nach dem gleichnamigen Roman von M. J. Brusse. *Kamera:* Akos Farkas. *Schnitt:* Rita Roland.
Darsteller: Annie van Ees, Guus Brox, Albert van Dalsum.

USA – San Francisco

1941 Kurzfilm über ein weinproduzierendes Kloster im Napa Valley, Calif.
Farbe, 30–40 Minuten. *Produktion:* F. Fromm.

Hollywood – United Artists und Columbia

1942 HITLER'S MADMAN
Schwarzweiß, 84 Minuten.
Produktion: Angelus Pictures / Metro-Goldwyn-Mayer – Seymour Nebenza(h)l, Rudolph Joseph. *Verleih:* United Artists. *Regie:* Douglas Sirk. *Regieassistenz:* Mel De Lay. *Drehbuch:* Peretz Hirshbein, Melvin Levy, Doris Maloy, nach einer Erzählung von Emil Ludwig und Albrecht Joseph und HANGMAN'S VILLAGE von Bart Lytton. *Kamera:* Eugene Shuftan (als Technischer Berater aufgeführt), Jack Greenhalgh. *Schnitt:* Dan Milner. *Musik:* Karl Hajos. *Ausstattung:* Fred Preble, Edward Willens.
Darsteller: John Carradine, Patricia Morison, Alan Curtis, Ralph Morgan, Howard Freeman, Ludwig Stössel, Edgar Kennedy, Jimmy Conlon, Blanche Yurka, Jorja Rollins, Al Shean, Elizabeth Russell, Victor Kilian, Johanna Hofer, Wolfgang Zilzer, Tully Marshall, Ava Gardner.

Drehzeit: August 1942, 1 Woche (Angelus Pict.), Oktober bis November 1942 (MGM). *Start:* Juli 1943. *Premiere New York:* 27.8.1943.

1944 SUMMER STORM (Sommerstürme)
Schwarzweiß, 105 Minuten.
Produktion: Angelus Pictures / M-G-M – Seymour Nebenza(h)l, Rudolph Joseph. *Verleih:* United Artists. *Produktionsleitung:* Walter Mayo. *Regie:* Douglas Sirk. *Regieassistenz:* Bill McGarry. *Drehbuch:* Rowland Leigh, nach DIE JAGDPARTIE von Anton Tschechow; Adaption Michael O'Hara (Douglas Sirk) und Douglas Sirk. *Dialog:* Robert Thoeren. *Kamera:* Eugene Shuftan (als Technischer Berater aufgeführt), Archie Stout. *Schnitt:* Greg(g) Tallas. *Musik:* Karl Hajos (Oscar-Nominierung). *Ausstattung:* Rudi Feld. *Bauten:* Emile Kuri. *Kostüme:* Max Pretzfelder.
Darsteller: George Sanders, Linda Darnell, Anna Lee, Hugo Haas, Edward Everett Horton, Lori Lahner, Sig Ruman, John Philliber, André Charlot, Mary Servoss, John Abbott, Robert Greig, Paul Hurst, Charles Trowbridge, Byron Foulger, Charles Wagenheim, Frank Orth, Elizabeth Russell, Ann Staunton, Nina Koschetz, Jimmy Conlon, Kate MacKenna, Fred Nurney, Sarah Padden, Sharon McManus, Gabriel Lionoff, Mike Mazurki, Woody Charles, Rex Evans, Kenneth Jones, Anita Venge, Francis Morris, Constance Purdy, Don Brody, Joyce Gates.
Drehzeit: Dezember 1943 – Februar 1944. *Start:* Juli 1944. *Premiere New York:* 22.10.1944.

1945 A SCANDAL IN PARIS (Ein eleganter Gauner)
Schwarzweiß, 100 Minuten.
Produktion: Arnold Productions Inc. – Arnold Pressburger, Fred Pressburger. *Verleih:* United Artists. *Regie:* Douglas Sirk. *Regieassistenz:* Joe Depew. *Drehbuch:* Ellis St. Joseph; nach dem Memoiren von F. E. Vidocq. *Kamera:* Guy Roe, Eugene Shuftan (als Production supervisor aufgeführt). *Schnitt:* Al Joseph. *Musik:* Hanns Eisler. *Liedertext:* Paul Webster. *Musikalische Leitung:* Heinz Roemheld, David Chudnow. *Ton:* Bill Lynch. *Produktionsentwurf:* Gordon Wiles. *Ausstattung:* Frank Sylos. *Kostüme:* Norma. *Bauten:* Emile Kuri.
Darsteller: George Sanders, Signe Hasso, Carole Landis, Akim Tamiroff, Gene Lockhart, Jo Ann Marlowe, Alma Kruger, Alan Napier, Vladimir Sokoloff, Pedro de Cordoba, Leona Maricle, Fritz Leiber, Skelton Knaggs, Fred Nurney, Gisella Werbiseck, Marvin Davis.
Drehzeit: September – Dezember 1945. *Start·* Juli 1946. *Premiere New York:* 15.9.1946.

1946 LURED / PERSONAL COLUMN (Angelockt)
Schwarzweiß, 102 Minuten.
Produktion: Oakmont Pictures – Hunt Stromberg. *Verleih:* United Artists. *Regie:* Douglas Sirk. *Regieassistenz:* Clarence Eurist. *Drehbuch:* Leo Rosten; nach einer Erzählung von Jacques Companeez, Ernest Neuville, Simon Gantillon. *Kamera:* William Daniels. *Schnitt:* James E. Newcom, John M. Foley. *Musik:* Michel Michelet. *Ausstattung:* Nicolai Remisoff.
Darsteller: George Sanders, Lucille Ball, Charles Coburn, Boris Karloff, Cedric

Hardwicke, Alan Mowbray, George Zucco, Joseph Calleia, Tania Chandler, Alan Napier, Robert Coote, Sam Harris.
Drehzeit: Oktober – Dezember 1946 (46 Drehtage). *Start:* August 1947. *Premiere New York:* 28. 8. 1947.

1947 SLEEP, MY LOVE (Schlingen der Angst)
Schwarzweiß, 90 Minuten.
Produktion: Triangle (Mary Pickford) – Charles Buddy Rogers, Ralph Cohn, Harold Greene. *Produktionsleitung:* Robert M. Beche. *Verleih:* United Artists. *Regie:* Douglas Sirk. *Regieassistenz:* Clarence Eurist. *Drehbuch:* St. Clair McKelway und Leo Rosten; nach einer Erzählung von Leo Rosten. *Kamera:* Joseph Valentine. *Schnitt:* Lynn Harrison. *Musik:* David Chudnow. *Musikalische Leitung:* Rudy Schrager. *Ausstattung:* William Ferrari. *Bauten:* Howard Bristol. *Kostüme:* Margaret Jennings. *Garderobe:* Sophie.
Darsteller: Claudette Colbert, Robert Cummings, Don Ameche, Hazel Brooks, Rita Johnson, George Coulouris, Ralph Morgan, Queenie Smith, Keye Luke, Maria San Marco, Fred Nurney, Anne Triola, Lilian Bronson, Raymond Burr, Lillian Randolph.
Drehzeit: Mai – August 1947. *Start:* Januar 1948. *Premiere New York:* 18. 2. 1948.

1948 SLIGHTLY FRENCH (Leicht französisch)
Schwarzweiß, 81 Minuten.
Produktion: Columbia Pictures – Irving Starr. *Produktionsleitung:* Jack Fier. *Regie:* Douglas Sirk. *Regieassistenz:* Paul Donelly. *Drehbuch:* Karen de Wolf; nach einer Erzählung von Herbert Fields. *Kamera:* Charles Lawton. *Schnitt:* Al Clark. *Musikalische Leitung:* George Duning, Morris Stoloff. *Lieder:* Allan Roberts, Lester Lee. *Choreographie:* Robert Sidney. *Ausstattung:* Carl Anderson. *Bauten:* James Crowe. *Kostüme:* Jean Louis.
Darsteller: Dorothy Lamour, Don Ameche, Janis Carter, Willard Parker, Adèle Jurgens, Jeanne Manet, Patricia White, Frank Ferguson, Myron Healy, Leonard Carey, Earle Hodgins.
Drehzeit: Januar – Februar 1948. *Start:* Februar 1949. *Premiere New York:* 26. 5. 1949.

1948 SHOCKPROOF (Unerschütterliche Liebe)
Schwarzweiß, 80 Minuten.
Produktion: Columbia Pictures – S. Sylvan Simon, Helen Deutsch; Earl McEvoy. *Produktionsleitung:* Jack Fier. *Regie:* Douglas Sirk. *Regieassistenz:* Earl Bellamy. *Drehbuch:* Helen Deutsch, Samuel Fuller. *Kamera:* Charles Lawton. *Schnitt:* Gene Havlick. *Musik:* George Duning. *Musikalische Leitung:* Morris Stoloff. *Ausstattung:* Carl Anderson. *Bauten:* Louis Diage. *Kostüme:* Jean Louis.
Darsteller: Cornel Wilde, Patricia Knight, John Baragrey, Esther Minciotti, Howard St. John, Russell Collins, Charles Bates, Gilbert Barnett, Frank Jaquet, Frank Ferguson, Ann Shoemaker, King Donovan, Claire Carleton, Al Eben.
Drehzeit: Juni – Juli 1948. *Start:* Januar 1949.

1950 THE FIRST LEGION (Beichte eines Arztes)
Schwarzweiß, 86 Minuten.
Produktion: Sedif Pictures – Douglas Sirk, Rudolph Joseph. *Verleih:* United Artists. *Regie:* Douglas Sirk. *Drehbuch:* Emmet Lavery, nach seinem gleichnamigen Bühnenstück. *Kamera:* Robert de Grasse. *Schnitt:* Francis D. Lyon. *Musik:* Hans Sommer. *Technische Beratung:* Pater Thomas J. Sullivan.
Darsteller: Charles Boyer, William Demarest, Lyle Bettger, Barbara Rush, Leo G. Carroll, Walter Hampden, Wesley Addy, Taylor Holmes, H. B. Warner, George Zucco, John McGuire, Clifford Brooke, Dorothy Adams, Molly Lamont, Queenie Smith, Jacqueline de Wit, Bill Edwards.
Drehzeit: Mai–Juni 1950, Mission Inn, Riverside, Calif. *Start:* April 1951. *Premiere New York:* 27. 4. 1951.

Mitarbeit bei folgenden Filmen:

1946 THE STRANGE WOMAN
Schwarzweiß, 100 Minuten.
Produktion: Mars Productions – United Artists. *Produzenten:* Jack Chertok, Hunt Stromberg. *Regie:* Edgar Ulmer; *(ungenannt:)* Douglas Sirk. *Drehbuch:* Herbert Meadow nach dem Roman von Ben Ames Williams. *Kamera:* Lucien Andriot. *Schnitt:* James E. Newcom. *Musik:* Carmen Dragon.
Darsteller: Hedy Lamarr, George Sanders, Louis Hayward, Gene Lockhart, Rhys Williams, Hillary Brooke, June Storey, Moroni Olsen, Olive Blakney, Dennis Hoey, Alan Napier, Ian Keith.

1946 BLACK MAGIC
Produktion: Edward Small – United Artists. *Regie:* Gregory Ratoff; *(Vorbereitung incl. Besetzung:)* Douglas Sirk.
Darsteller: Orson Welles, Akim Tamiroff.

1947 SIREN OF ATLANTIS
Produktion: United Artists – Seymour Nebenza(h)l. *Regie:* Greg(g) Tallas; *(ungenannt:)* Arthur Ripley, John Brahm. *Drehbuch:* Rowland Leigh, Robert Lax, Douglas Sirk *(ungenannt)*, nach dem Roman von Pierre Benoit.
Darsteller: Maria Montez, Dennis O'Keefe, Jean-Pierre Aumont.

1947 LULU BELLE
Schwarzweiß, 90 Minuten.
Produktion: Columbia Pictures – Benedict Bogeaus. *Regie:* Leslie Fenton. *Drehbuch:* Everett Freeman, Douglas Sirk *(ungenannt)*, nach dem Stück von Charles McArthur und Edward Sheldon. *Kamera:* Ernest Laszlo. *Schnitt:* James Smith. *Musik:* Henry Russell.
Darsteller: Dorothy Lamour, George Montgomery, Albert Dekker, Otto Kruger, Glenda Farrell, Greg McClure.

Hollywood – Universal

1950 **MYSTERY SUBMARINE**
Schwarzweiß, 78 Minuten.
Produktion: Universal International Pictures – Ralph Dietrich. *Regie:* Douglas Sirk. *Regieassistenz:* Milton Carter, Charles Bennett. *Leitung des zweiten Teams:* Frank Shaw. *Drehbuch:* Ralph Dietrich, George W. George; nach einer Erzählung von George W. George und George F. Slavin. *Kamera:* Clifford Stine, Colman, Arthur Gerstle. *Spezialeffekte:* David S. Horsley. *Schnitt:* Vergil Vogel. *Musik:* Joseph Gershenson. *Ausstattung:* Bernard Herzbrun, Robert Boyle. *Bauten:* Russell A. Gausman, Otto Siegel. *Kostüme:* Bill Thomas. *Technische Beratung:* Kapitän B. R. van Buskirk.
Darsteller: MacDonald Carey, Marta Toren, Robert Douglas, Carl Esmond, Ludwig Donath, Jacqueline Dalya Hilliard, Fred Nurney, Katharine Warren, Howard Negley, Bruce Morgan, Ralph Brooker, Paul Hoffman, Peter Michael, Larry Winter, Frank Rawls, Peter Similuk, Lester Sharpe, Jimmy Best.
Drehzeit: 27. Juli bis 30. August 1950. *Start:* Dezember 1950. *Premiere New York:* 1.2.1951.

1950 **THUNDER ON THE HILL** (Schwester Maria Bonaventura)
Schwarzweiß, 84 Minuten.
Produktion: Universal International Pictures – Michael Kraike. *Produktionsleitung:* E. Dodds. *Regie:* Douglas Sirk. *Regieassistenz:* John Sherwood. *Drehbuch:* Oscar Saul, Andrew Solt; nach dem Bühnenstück BONAVENTURE von Charlotte Hastings. *Kamera:* William Daniels. *Schnitt:* Ted J. Kent. *Musik:* Hans J. Salter. *Ausstattung:* Bernard Herzbrun, Nathan Juran. *Bauten:* Russell A. Gausman, John Austin. *Kostüme:* Bill Thomas.
Darsteller: Claudette Colbert, Ann Blyth, Anne Crawford, Philip Friend, Gladys Cooper, Michael Pate, John Abbott, Gavin Muir, Connie Gilchrist, Phyllis Stanley, Norma Varden, Valerie Cardew, Queenie Leonard, Patrick O'Moore.
Drehzeit: November – Dezember 1950. *Start:* September 1951. *Premiere New York:* 7.10.1951.

1951 **THE LADY PAYS OFF** (Spielschulden)
Schwarzweiß, 80 Minuten.
Produktion: Universal International Pictures – Albert J. Cohen. *Produktionsleitung:* A. Mack d'Agostino. *Regie:* Douglas Sirk. *Regieassistenz:* Fred Frank. *Drehbuch:* Frank Gill jr., Albert J. Cohen. *Kamera:* William Daniels. *Spezialeffekte:* David S. Horsley. *Schnitt:* Russell Schoengarth. *Musik:* Frank Skinner. *Ausstattung:* Bernard Herzbrun, Robert Boyle. *Bauten:* Russell A. Gausman, Julia Heron. *Kostüme:* Bill Thomas.
Darsteller: Linda Darnell, Stephen McNally, Gigi Perreau, Virginia Field, Ann Codee, Lynn Hunter, Nestor Paiva.
Drehzeit: April – Mai 1951. *Start:* November 1951.

1951 **WEEKEND WITH FATHER** (Ein Wochenende mit Papa)
Schwarzweiß, 83 Minuten.
Produktion: Universal International Pictures – Ted Richmond. *Produktionslei-*

tung: A. Mack d'Agostino. *Regie:* Douglas Sirk. *Regieassistenz:* Fred Frank. *Drehbuch:* Joseph Hoffman; nach einer Erzählung von George W. George und George F. Slavin. *Kamera:* Clifford Stine. *Schnitt:* Russell Schoengarth. *Musik:* Frank Skinner. *Ausstattung:* Bernard Herzbrun, Robert Boyle. *Bauten:* Russell A. Gausman, Ruby R. Levitt. *Kostüme:* Bill Thomas.
Darsteller: Van Heflin, Patricia Neal, Gigi Perreau, Virginia Field, Richard Denning, Jimmy Hunt, Janine Perreau, Tommy Rettig, Gary Pagett, Frances Williams, Elvia Allman.
Drehzeit: Juni – Juli 1951. *Start:* Dezember 1951.

1951 HAS ANYBODY SEEN MY GAL?
(Hat jemand meine Braut gesehn?)
Technicolor, 89 Minuten.
Produktion: Universal International Pictures – Ted Richmond. *Regie:* Douglas Sirk. *Drehbuch:* Joseph Hoffman; nach einer Erzählung von Eleanor H. Porter. *Kamera:* Clifford Stine. *Schnitt:* Russell Schoengarth. *Musik:* Joseph Gershenson. *Songs:* »Five Foot Two, Eyes of Blue«, gesungen von den College Boys and Girls; »When the Red, Red Robin Comes Bob-Bob-Bobbin' Along«, gesungen von Charles Coburn, Gigi Perreau und Lynn Bari; »Gimme a Little Kiss, Will Ya, Huh?«, gesungen von Piper Laurie; »It Ain't Gonna Rain No More«, gesungen von Charles Coburn; »Tiger Rag«, gespielt vom Musikensemble. *Ausstattung:* Bernard Herzbrun, Hilyard Brown. *Bauten:* Russell A. Gausman, John Austin. *Kostüme:* Rosemary Odell.
Darsteller: Charles Coburn, Piper Laurie, Rock Hudson, Gigi Perreau, Lynn Bari, Larry Gates, Frank Ferguson, Skip Homeier, Natalie Schafer, Paul Harvey, Forrest Lewis, William Reynolds, James Dean.
Drehzeit: Oktober – November 1951. *Start:* Juli 1952. *Premiere New York:* 4.7.1952.

1952 NO ROOM FOR THE GROOM
Schwarzweiß, 82 Minuten.
Produktion: Universal International Pictures. *Produktionsleitung:* Jack Gertsman. *Regie:* Douglas Sirk. *Regieassistenz:* Fred Frank, George Lollier. *Drehbuch:* Joseph Hoffman; nach dem Roman MY TRUE LOVE von Darwin L. Teilhet. *Dialoge:* Jack Daniels. *Kamera:* Clifford Stine. *Schnitt:* Russell Schoengarth. *Musik:* Frank Skinner. *Ausstattung:* Bernard Herzbrun, Richard H. Riedel. *Bauten:* Russell A. Gausman, Ruby R. Levitt. *Kostüme:* Bill Thomas.
Darsteller: Tony Curtis, Piper Laurie, Don De Fore, Spring Byington, Lee Aaker, Jack Kelly, Lillian Bronson, Lynn Hunter, Stephen Chase, Paul McVey, Fess Parker, Frank Sully, Helen Noyes, Elsie Baker, Fred J. Miller, James Parnell, Lee Turnbull, Janet Clark, Dolores Mann, Alice Rickey.
Drehzeit: Januar – Februar 1952. *Start:* Mai 1952. *Premiere New York:* 13.6.1952.

1952 MEET ME AT THE FAIR
Technicolor, 87 Minuten.
Produktion: Universal International Pictures – Albert J. Cohen. *Produktionsleitung:* Arthur Siteman. *Regie:* Douglas Sirk. *Regieassistenz:* Fred Frank, Phil Bowles. *Drehbuch:* Irving Wallace; nach THE GREAT COMPANIONS, Adaption von

Martin Berkeley. *Dialoge:* Jack Daniels. *Kamera:* Maury Gertsman. *Schnitt:* Russell Schoengarth. *Musik:* Joseph Gershenson. *Lieder:* »Meet Me at the Fair« (Milton Rosen, Frederick Herbert), gesungen von Carole Mathews. »I Was There« (F. E. Miller, Benjamin Scat Man Crothers), gesungen von Dan Dailey, Scat Man Crothers und Chet Allen. »Remember the Time« (Kenny Williams, Marvin Wright), gesungen von Dan Dailey und Carole Mathews. »Ave Maria« (Franz Schubert), gesungen von Chet Allen. »Ezekiel Saw de Wheel«, gesungen von Scat Man Crothers. »Sweet Genevieve« (George Cooper, Henry Tucker), gesungen von einem Quartett. »All God's Chillun Got Wings«, gesungen von Scat Man Crothers und Chet Allen. »I Got the Shiniest Mouth in Town« (Stan Freeburg), gesungen von Scat Man Crothers. »O Susannah« (Stephen Forster), gesungen von Dan Dailey, Scat Man Crothers und Chet Allen. »Bill Bailey, Won't You Please Come Home?« (Hughie Cannon), gesungen von Carole Mathews. *Choreographie:* Kenny Williams. *Ausstattung:* Bernard Herzbrun, Eric Orbon. *Bauten:* Russell A. Gausman, Ruby R. Levitt. *Kostüme:* Rosemary Odell.
Darsteller: Dan Dailey, Hugh O'Brian, Carole Mathews, Scat Man Crothers, Rhys Williams, Russell Simpson, Franklin Farnum, Roger Moore, Harte Wayne, Chet Allen, »Iron Eyes« Cody, Thomas E. Jackson, George Chandler, Doris Packer, Robert Shafto, John Maxwell, Virginia Brissac, George L. Spaulding, Butch.
Drehzeit: Mai – Juni 1952. *Start:* Januar 1953.

1952 TAKE ME TO TOWN (Eine abenteuerliche Frau)
Technicolor, 79 Minuten.
Produktion: Universal International Pictures – Leonhard Goldstein, Ross Hunter. *Produktionsleitung:* E. Dodds. *Regie:* Douglas Sirk. *Regieassistenz:* Joseph E. Kenny, Ronnie Rondell. *Drehbuch:* Richard Morris; nach seiner Erzählung FLAME OF TIMBERLINE. *Dialoge:* Jack Daniels. *Kamera:* Russell Metty. *Schnitt:* Milton Carruth. *Musik:* Joseph Gershenson. *Lieder:* »Oh, You Red Head« (Milton Rosen, Frederick Herbert), gesungen von Ann Sheridan, Lee Patrick und Chor. »Take Me to Town« (Lester Lee, Dan Shapiro), gesungen von Ann Tyrell und Dorothy Neumann. »The Tale of Vermillion O'Toole« (Frederick Herbert), gesungen von Dusty Walker. »Holy, Holy, Holy«, gesungen vom Chor. *Choreographie:* Hal Belfer. *Ausstattung:* Bernard Herzbrun, Hilyard Brown, Alexander Golitzen. *Bauten:* Russell A. Gausman, Julia Heron. *Kostüme:* Bill Thomas.
Darsteller: Ann Sheridan, Sterling Hayden, Philip Reed, Phyllis Stanley, Larry Gates, Lee Patrick, Forrest Lewis, Lee Aaker, Ann Tyrell, Dorothy Neumann, Robert Anderson, Frank Sully, Harvey Grant, Dusty Henley, Lane Chandler.
Drehzeit: Oktober – November 1952. *Start:* Juni 1953. *Premiere New York:* 19.6.1953.

1953 ALL I DESIRE (All meine Sehnsucht)
Schwarzweiß, 79 Minuten.
Produktion: Universal International Pictures – Ross Hunter. *Produktionsleitung:* A. Mack d'Agostino. *Regie:* Douglas Sirk. *Regieassistenz:* Joseph E. Kenny, Ronnie Rondell. *Drehbuch:* James Gunn, Robert Blees; nach dem Roman STOPOVER von Carol Brink, Adaption Gina Kaus. *Dialoge:* Jack Daniels. *Kamera:* Carl Guthrie. *Schnitt:* Milton Carruth. *Musik:* Joseph Gershenson. *Song:* »All I Desire« (David Lieber). *Choreographie:* Kenny Williams. *Ausstattung:* Bernard

Douglas Sirk mit Barbara Rush

Herzbrun, Alexander Golitzen. *Bauten:* Russell A. Gausman, Julia Heron. *Kostüme:* Rosemary Odell.
Darsteller: Barbara Stanwyck, Richard Carlson, Lyle Bettger, Marcia Henderson, Maureen O'Sullivan, Richard Long, Fred Nurney, Billy Gray, Lotte Stein, Lori Nelson, Dayton Lummis, Lela Bliss, Ed Cobb, Henry Hoople, Guy Williams, Charles Hand.
Drehzeit: Dezember 1952 – Januar 1953. *Start:* Juli 1953. *Premiere New York:* 28. 8. 1953.

1953 **TAZA, SON OF COCHISE** (Taza, der Sohn des Cochise)
Technicolor, 77 Minuten, 3-D.
Produktion: Universal International Pictures – Ross Hunter.
Regie: Douglas Sirk. *Regieassistenz:* Tom Shaw. *Drehbuch:* George Zuckerman; nach einer Geschichte (incl. Adaption) von Gerald Drayson Adams. *Kamera:* Russell Metty. *Schnitt:* Milton Carruth. *Musik:* Frank Skinner. *Ausstattung:* Bernard Herzbrun, Emrich Nicholson. *Bauten:* Russell A. Gausman, Oliver Emert. *Kostüme:* Jay A. Morley jr.
Darsteller: Rock Hudson, Barbara Rush, Gregg Palmer, Bart Roberts, Morris Ankrum, Eugene Iglesias, Richard H. Cutting, Ian MacDonald, Joe Sawyer, Lance Fuller, Brad Jackson, Robert Burton, Charles Horvath, James Van Horn, Robert Hoy, Barbara Burck, Dan White.
Drehzeit: Juli – August 1953, Utah. *Start:* Februar 1954.

1953 MAGNIFICENT OBSESSION (Die wunderbare Macht)
Technicolor, 108 Minuten.
Produktion: Universal International Pictures – Ross Hunter. *Regie:* Douglas Sirk. *Regieassistenz:* William Holland, Gordon McLean. *Produktionsleitung des Spezialteams:* Edward Dodds. *Drehbuch:* Robert Blees; nach dem gleichnamigen Roman von Lloyd C. Douglas und dem Script von Sarah Y. Mason und Victor Heerman in der Adaption von Wells Root. *Kamera:* Russell Metty. *Spezialeffekte:* David S. Horsley. *Schnitt:* Milton Carruth. *Musik:* Frank Skinner, Joseph Gershenson. *Ton:* Leslie I. Carey, Corson Jowett. *Ausstattung:* Bernard Herzbrun, Emrich Nicholson. *Bauten:* Russell A. Gausman, Ruby R. Levitt. *Kostüme:* Bill Thomas.
Darsteller: Jane Wyman, Rock Hudson, Agnes Moorehead, Otto Kruger, Barbara Rush, Gregg Palmer, Sara Shane, Paul Cavanagh, Judy Nugent, George Lynn, Richard H. Cutting, Robert B. Williams, Helen Kleeb, Fred Nurney, Will White.
Drehzeit: September – Oktober 1953, San Bernardino Mountains u. Lake Arrowhead, Calif. *Start:* August 1954. *Premiere New York:* 4.8.1954.

1954 SIGN OF THE PAGAN (Attila, der Hunnenkönig)
Technicolor, 92 Minuten, CinemaScope.
Produktion: Universal International Pictures – Albert J. Cohen. *Regie:* Douglas Sirk. *Regieassistenz:* John Sherwood, Marshall Green, George Lollier. *Leitung des zweiten Teams:* James C. Havens. *Drehbuch:* Oscar Brodney, Barre Lyndon. *Kamera:* Russell Metty. *Schnitt:* Milton Carruth, Al Clark. *Musik:* Frank Skinner, Hans J. Salter, Joseph Gershenson. *Choreographie:* Kenny Williams. *Ausstattung:* Alexander Golitzen, Emrich Nicholson. *Bauten:* Russell A. Gausman, Oliver Emert. *Kostüme:* Bill Thomas. *Technische Beratung:* Rodolfo de Villeras (Pferde), Smokey Edwards (Pyrotechnik), Dopey Dippleton (Massenszenen), Al Ryatt.
Darsteller: Jeff Chandler, Jack Palance, Ludmilla Tcherina, Rita Gam, Jeff Morrow, George Dolenz, Eduard Franz, Allison Hayes, Alexander Scourby, Sara Shane, Pat Hogan, Howard Petrie, Michael Ansara, Leo Gordon, Rusty Westcoatt, Chuck Roberson, Moroni Olsen, Charles Horvath, Robo Bechi, Sim Iness, Walter Coy.
Drehzeit: Dezember 1953 – Februar 1954. *Start:* Dezember 1954. *Premiere New York:* 13.2.1955.

1954 CAPTAIN LIGHTFOOT (Wenn die Ketten brechen)
Technicolor, 91 Minuten, CinemaScope.
Produktion: Universal International Pictures – Ross Hunter. *Regie:* Douglas Sirk. *Regieassistenz:* John Sherwood. *Drehbuch:* W. R. Burnett, Oscar Brodney; nach dem gleichnamigen Roman von W. R. Burnett (incl. Adaption). *Kamera:* Irving Glassberg. *Schnitt:* Frank Gross. *Musik:* Joseph Gershenson. *Ton:* Leslie I. Carey, Glenn E. Anderson. *Ausstattung:* Alexander Golitzen, Eric Orbom. *Bauten:* Russell A. Gausman, Oliver Emert. *Kostüme:* Bill Thomas.
Darsteller: Rock Hudson, Barbara Rush, Jeff Morrow, Kathleen Ryan, Finlay Currie, Denis O'Dea, Geoffrey Toone, Shay Gorman, Robert Bernal, Nigel Fitzgerald, Chris Casson, Kenneth MacDonald, James Devlin, Hilton Edwards.
Drehzeit: Juni – August 1954. *Start:* März 1955.

1955 ALL THAT HEAVEN ALLOWS (Was der Himmel erlaubt)
Technicolor, 89 Minuten.
Produktion: Universal International Pictures – Ross Hunter. *Produktionsleitung:* Sergei Petschnikoff. *Regie:* Douglas Sirk. *Regieassistenz:* Joseph E. Kenny, George Lollier. *Drehbuch:* Peg Fenwick; nach einer Erzählung von Edna und Harry Lee. *Kamera:* Russell Metty. *Schnitt:* Frank Gross, Fred Baratta. *Musik:* Frank Skinner, Joseph Gershenson. *Ausstattung:* Alexander Golitzen, Eric Orbom. *Bauten:* Russell A. Gausman, Julia Heron. *Kostüme:* Bill Thomas.
Darsteller: Jane Wyman, Rock Hudson, Agnes Moorehead, Conrad Nagel, Virginia Grey, Gloria Talbott, William Reynolds, Jacqueline de Wit, Charles Drake, Leigh Snowden, Merry Anders, Donald Curtis, Alex Gerry, Hayden Roarke.
Drehzeit: Januar – Februar 1955. *Start:* Januar 1956. *Premiere New York:* 28. 2. 1956.

1955 THERE'S ALWAYS TOMORROW (Es gibt immer ein Morgen)
Schwarzweiß, 84 Minuten.
Produktion: Universal International Pictures – Ross Hunter. *Produktionsleitung:* Foster Thompson. *Regie:* Douglas Sirk. *Regieassistenz:* Joseph E. Kenny, Gordon McLean. *Drehbuch:* Bernard C. Schoenfeld; nach einer Erzählung von Ursula Parrott. *Dialoge:* Jack Daniels. *Kamera:* Russell Metty. *Schnitt:* William Morgan. *Musik:* Herman Stein, Heinz Roemheld, Joseph Gershenson. *Ausstattung:* Alexander Golitzen, Eric Orbom. *Bauten:* Russell A. Gausman, Julia Heron. *Kostüme:* Jay A. Morley jr.
Darsteller: Barbara Stanwyck, Fred MacMurray, Joan Bennett, Pat Crowley, Jane Darwell, William Reynolds, Gigi Perreau, Race Gentry, Myrna Hanson, Judy Nugent, Helen Kleeb, Jane Howard, Fred Nurney, Dorothy Bruce, Frances Mercer, Paul Smith, Sheila Bromley, Hermine Staler, Hal Smith, Ross Hunter.
Drehzeit: Februar – März 1955. *Start:* Februar 1956. *Premiere New York:* 20. 1. 1956.

1955 WRITTEN ON THE WIND (In den Wind geschrieben)
Technicolor, 92 Minuten.
Produktion: Universal International Pictures – Albert Zugsmith. *Produktionsleitung:* Norman Deming. *Regie:* Douglas Sirk. *Regieassistenz:* William Holland, Wilson Shyer. *Drehbuch:* George Zuckerman; nach dem Roman WRITTEN ON THE WIND von Robert Wilder (1946). *Kamera:* Russell Metty. *Spezialeffekte:* Clifford Stine. *Schnitt:* Russell F. Schoengarth. *Musik:* Frank Skinner. *Musikal. Leitung:* Joseph Gershenson. *Titelsong* (Victor Young u. Sammy Cahn): gesungen von The Four Aces. *Ton:* Leslie I. Carey, Robert Pritchard. *Ausstattung:* Alexander Golitzen, Robert Clatworthy. *Bauten:* Russell A. Gausman, Julia Heron. *Kostüme:* Bill Thomas, Jay A. Morley jr.
Darsteller: Rock Hudson, Lauren Bacall, Robert Stack, Dorothy Malone, Robert Keith, Grant Williams, Robert J. Wilke, Edward C. Platt, Harry Shannon, John Larch, Joseph Cranby, Roy Glenn, Maide Norman.
Drehzeit: November 1955 – Januar 1956. *Start:* Januar 1957. *Premiere New York:* 11. 1. 1957.

Douglas Sirk gibt Martha Hyer und Rock Hudson Regieanweisungen
für BATTLE HYMN

1956 BATTLE HYMN (Der Engel mit den blutigen Flügeln)
Technicolor, 108 Minuten, CinemaScope.
Produktion: Universal International Pictures – Ross Hunter. *Produktionsleitung:* Norman Deming. *Regie:* Douglas Sirk. *Regieassistenz:* Marshall Green, Terry Nelson. *Leitung des zweiten Teams:* James C. Havens. *Drehbuch:* Charles Gray-

son, Vincent B. Evans. *Kamera:* Russell Metty. *Spezialeffekte:* Clifford Stine. *Schnitt:* Russell F. Schoengarth. *Musik:* Frank Skinner, Joseph Gershenson. *Ausstattung:* Alexander Golitzen, Emrich Nicholson. *Bauten:* Russell A. Gausman, Oliver Emert. *Kostüme:* Bill Thomas. *Technische Beratung:* Colonel Dean Hess.
Darsteller: Rock Hudson, Anna Kashfi, Dan Duryea, Don De Fore, Martha Hyer, Jock Mahoney, Alan Hale, James Edwards, Philip Ahn, Carl Benton Reid, 25 Kinder aus einem koreanischen Waisenhaus. Einführung des Films von General Earle C. Partridge.
Drehzeit: März – Mai 1956, Korea. *Start:* März 1957. *Premiere New York:* 15.2.1957.

1956 INTERLUDE (Der letzte Akkord)
Technicolor, 90 Minuten, CinemaScope.
Produktion: Universal International Pictures – Ross Hunter. *Produktionsleitung:* Norman Deming. *Regie:* Douglas Sirk. *Regieassistenz:* Marshall Green. *Drehbuch:* Daniel Fuchs u. Franklin Coon, nach dem Script von Dwight Taylor, frei nach dem Roman SERENADE in der Adapt. von Inez Cooke. *Kamera:* William Daniels. *Schnitt:* Russell F. Schoengarth. *Musik:* Frank Skinner, Joseph Gershenson; Beethoven, Brahms, Liszt, Mozart, Schumann und Wagner. *Titelsong:* Paul Francis Webster und Frank Skinner; gesungen von den McGuire Sisters. *Ausstattung:* Alexander Golitzen, Robert E. Smith. *Bauten:* Russell A. Gausman. *Kostüme:* Jay A. Morley jr. *Technische Beratung:* Wolfgang E. Rebner.
Darsteller: June Allyson, Rossano Brazzi, Marianne Cook, Françoise Rosay, Keith Andes, Frances Bergen, Jane Wyatt, Lisa Helwig, Herman Schwedt, Anthony Tripoli, John Stein.
Drehzeit: Sommer 1956, München und Salzburg. *Start:* September 1957.

1957 THE TARNISHED ANGELS (Duell in den Wolken)
Schwarzweiß, 91 Minuten, CinemaScope.
Produktion: Universal International Pictures – Albert Zugsmith. *Produktionsleitung:* Tom Shaw. *Regie:* Douglas Sirk. *Regieassistenz:* David Silver. *Drehbuch:* George Zuckerman; nach dem Roman PYLON (Wendemarke) von William Faulkner. *Kamera:* Irving Glassberg. *Spezialeffekte:* Clifford Stine. *Schnitt:* Russell R. Schoengarth. *Musik:* Frank Skinner, Joseph Gershenson. *Ton:* Leslie I. Carey, Corson Jowett. *Ausstattung:* Alexander Golitzen, Alfred Sweeney. *Bauten:* Russell A. Gausman, Oliver Emert. *Kostüme:* Bill Thomas.
Darsteller: Rock Hudson, Robert Stack, Dorothy Malone, Jack Carson, Robert Middleton, Alan Reed, Alexander Lockwood, Chris Olsen, Robert J. Wilke, Troy Donahue.
Drehzeit: Dezember 1956 – Februar 1957, San Diego. *Start:* Januar 1958. *Premiere New York:* 6.1.1958.

1957 A TIME TO LOVE AND A TIME TO DIE
(Zeit zu lieben und Zeit zu sterben)
Eastman Color, 133 Minuten, CinemaScope.
Produktion: Universal International Pictures – Robert Arthur. *Produktionsleitung:* Norman Deming, H. Gotze. *Regie:* Douglas Sirk. *Regieassistenz:* Joseph E. Kenny, Dr. Michael Brown. *Drehbuch:* Orin Jannings, Erich Maria Remarque

Dorothy Malone bei Dreharbeiten zu THE TARNISHED ANGELS

und Douglas Sirk; nach dem gleichnamigen Roman von E. M. Remarque. *Kamera:* Russell Metty. *Spezialeffekte:* Clifford Stine, Whitey McMahan. *Schnitt:* Ted J. Kent. *Musik:* Miklos Rozsa. *Ton (Oscar-Nominierung):* Leslie I. Carey, Vernon Kramer. *Ausstattung:* Alexander Golitzen, Alfred Sweeney. *Bauten:* Russell A. Gausman. *Kostüme:* Bill Thomas. *Technische Beratung:* H. Ulbricht.
Darsteller: John Gavin, Lilo Pulver, Jock Mahoney, Don De Fore, Keenan Wynn, Erich Maria Remarque, Dieter Borsche, Thayer David, Charles Regnier, Agnes Windeck, Clancy Cooper, John Van Dreelen, Klaus Kinski, Alexander Engel, Dana J. Hutton, Bengt Lindstrom, Lisa Helwig, Barbara Rütting, Karl Ludwig Lindt, Alice Treff, Kurt Meisel, Christina Maybach.
Drehzeit: August – Dezember 1957, Berlin. *Start:* Juli 1958. *Premiere New York:* 9.7.1958.

1958 IMITATION OF LIFE (Solange es Menschen gibt)
Eastmancolor, 125 Minuten.
Produktion: Universal International Pictures – Ross Hunter. *Regie:* Douglas Sirk. *Regieassistenz:* Frank Shaw, Wilson Shyer. *Drehbuch:* Eleanore Griffin, Allan Scott; nach dem gleichnamigen Roman von Fannie Hurst. *Kamera:* Russell Metty. *Spezialeffekte:* Clifford Stine. *Schnitt:* Milton Carruth. *Musik:* Frank Skinner.

Lieder: Titelsong (Paul Francis Webster und Sammy Fain), gesungen von Earl Grant; »Empty Arms« (Frederic Herbert und Arnold Hughes), gesungen von Susan Kohner; »Trouble of the World«, gesungen von Mahalia Jackson. *Ton:* Leslie I. Carey, Joe Lapis. *Ausstattung:* Alexander Golitzen, Richard H. Riedel. *Bauten:* Russell A. Gausman, Julia Heron. *Kostüme:* Bill Thomas. *Garderobe für Lana Turner:* Jean Louis.
Darsteller: Lana Turner, John Gavin, Sandra Dee, Terry Burnham, Susan Kohner, Karen Dicker, Juanita Moore, Dan O'Herlihy, Robert Alda, Troy Donahue, Maida Severn, Mahalia Jackson.
Drehzeit: August – Oktober 1958. *Start:* April 1959. *Premiere New York:* 17. 4. 1959.

Mitarbeit bei:

1975 NEVER SAY GOODBYE (Nur du allein)
Technicolor, 87 Minuten.
Produktion: Universal International Pictures – Albert J. Cohen. *Regie:* Jerry Hopper; *Vorbereitung der Dreharbeiten und Regie:* Douglas Sirk *(ungenannt)*. *Drehbuch:* Charles Hoffman; nach Pirandellos Bühnenstück COME PRIMA, MEGLIO DI PRIMA (1920) in der Adaption von Bruce Manning, John Klorer, Leonard Lee. *Kamera:* Maury Gertsman. *Schnitt:* Paul Wedherwax. *Musik:* Frank Skinner. *Musikal. Leitung:* Joseph Gershenson. *Songs:* »For the First Time« etc., gesungen von Cornell Borchers. *Ton:* Leslie I. Carey, Frank J. Wilkinson. *Ausstattung:* Alexander Golitzen, Robert Boyle. *Bauten:* Russell A. Gausman, Julia Heron. *Kostüme:* Bill Thomas.
Darsteller: Rock Hudson, Cornell Borchers, George Sanders, Shelley Fabares, Ray Collins, David Janssen, Helen Wallace, Raymund Greenleaf.

München – Hochschule für Fernsehen und Film

1975 SPRICH ZU MIR WIE DER REGEN
Farbe, 12 Minuten.
Gruppenproduktion unter Leitung von Douglas Sirk und Hajo Gies. *Spielleitung:* Douglas Sirk. *Drehbuch:* nach dem Einakter TALK TO ME LIKE THE RAIN AND LET ME LISTEN von Tennessee Williams. *Kamera:* Dietrich Lohmann. *Schnitt:* Peter Przygodda. *Mitarbeit (E-Kurs, HFF, Abt. III):* Bruno Bollhalder, Willy Brunner, Violetta Feix, Friedrich Kappeler, Hans Peter Scheier, Johann Schmid, Otto Wirsching, Jürgen Wöhrle.
Darsteller: Renate Reger, Christian Quadflieg.
Februar 1975, in einem Studio des Bayrischen Rundfunks, München.

1977 SYLVESTERNACHT
Farbe, 18 Minuten.
Gruppenproduktion unter Leitung von Douglas Sirk und Hajo Gies. *Drehbuch:* nach einem Dialog von Arthur Schnitzler. *Kamera:* Jörg Schmidt-Reitwein. *Kamera-Assistenz:* Michael Zens. *Schnitt:* Uli Edel; Ingrid Träutlein-Peer. *Ton:* Die-

ter Dörfler; Martin Gressmann. *Mitarbeit (G-Kurs, HFF, Abt. III):* Gerhard Bekker, Wolfgang Berndt, Doris Dörrie, Martin Gressmann, Frank Heinig, Christoph Kühn, Wolfgang Odenthal, Ulrike Reim, Marco Serafini, Maud Thonfeld, Gisela Weilemann, Thomas Wigand, Frank Zumbach.
Darsteller: Hanna Schygulla, Christian Berkel.
1977, in den Studios der BAVARIA-ATELIER GmbH., München.

1978 BOURBON STREET BLUES
Farbe, 24 Minuten.
Gruppenproduktion; Produktionsleitung: Hans Schmid, Tilmann Tauhe. *Künstlerische Leitung:* Douglas Sirk. *Assistenz:* Georg Borgel, Johann Schmid. *Drehbuch:* nach dem Einakter THE LADY OF LARKSPUR LOTION von Tennessee Williams. *Kamera:* Michael Ballhaus; Kurt Hieber, Klaus Eichhammer. *Schnitt:* Ingrid Broszat. *Musik:* Mark Foster. *Ton:* Klaus Peter Kaiser, Michael Breining. *Ausstattung:* Georg Borgel, Hans Schönherr, Maria E. Faria. *Kostüme:* Andrea Mayer, Isolde Hahn. *Mitarbeit (H-Kurs, HFF, Abt. III):* Michael Breining, Klaus Eichhammer, Gustavo Gräf, Kurt Hieber, Andreas Kahlert, Dieter Laske, Werner Masten, Wolfgang Mazur, Michael Schaak, Hans Schönherr.
Darsteller: Annemarie Düringer, Doris Schade, Rainer Werner Fassbinder, Richard L. Wagner (Mundharmonikaspieler).
Studio: Bayrischer Rundfunk, München.

10 Anmerkungen

1 Die wichtigste Quelle bilden die Gespräche der Autorin mit Hilde und Douglas Sirk. Alle wörtlichen Zitate stammen, sofern nicht anders gekennzeichnet, aus diesen in den Jahren 1983 bis 1986 geführten Interviews.
2 W. Sauerländer, zitiert nach *Filmkritik* 6/67, wo Panofskys Artikel erstmals in deutscher Sprache erschien, S. 343.
3 K. L. (Karl Lerbs), in: *Weserzeitung*, 27. August 1926.
4 Karl Neurath, in: *Bremer Zeitung*, 13. März 1927.
5 Vgl. Spielpläne 1923–1929, abgedruckt bei Berner/Peters, S. 369–389.
6 Dr. G. Hellmers, in: *Weserzeitung*, 25. Oktober 1926.
7 hu. (Georg Hurrelmeyer), in: *Volkszeitung*, 23. Oktober 1928.
8 Karl Lerbs, in: *Berliner Tageblatt*, 6. März 1927.
9 Guido von Kaulla im Brief an die Autorin, 17. Juli 1985.
10 Martin Flörchinger im Brief an die Autorin, 10. Oktober 1985.
11 Alix Pilari im Brief an die Autorin, 14. Januar 1986.
12 Max Mendheim, in: *Chemnitzer Tageblatt*, 4. Februar 1930.
13 Peer Baedeker im Brief an die Autorin, 13. Dezember 1985.
14 F. Z. in: *Völkischer Beobachter*, München, 24. Februar 1933.
15 Karsten Witte, in: *Frankfurter Rundschau*, 25. Juli 1978.
16 Brigitte Jeremias, »Das Gespenst der Vergangenheit bannen. Douglas Sirk – Die Geschichte einer Emigration«, in: *Frankfurter Allgemeine Zeitung*, 26. November 1977.
17 Neuausgabe 1976; Zeichenfehler bei der Darstellerliste: »Heinz Jung – Klaus, Detlef Sierck«; dadurch zusätzlich falsche Einordnung im alphabetischen Namensverzeichnis des Katalogs.
18 Peer Baedeker, a. a. O.
19 *M-G-M Production Bulletin*, April 1943.
20 »Arnold Productions, the Pressburger organization, is avoiding controversy with another company, apparently by eschewing a title connected with Heydrich the Hangman. It was the new Angelus Pictures, Inc., which claimed priority on such a title and was reported as protesting its use by another outfit.« Abgedruckt in *Filmkritik* Nr. 223, Juli 1975, S. 290.
21 Vgl. *The Hollywood Reporter*, 21. August 1942.
22 Virginia Wright, in: *Daily News*, Los Angeles, 5. März 1943.
23 Sara Hamilton, in: *Los Angeles Examiner*, 3. November 1944.
24 Virginia Wright, in: *Daily News*, Los Angeles, 25. Mai 1944.
25 »SUMMER STORM hailed as a masterpiece of artistry«, in: *The Hollywood Reporter*, 18. Mai 1944.
26 Ödön von Horvath im Vorwort zu *Glaube Liebe Hoffnung*, Gesammelte Werke, Band 1, Frankfurt 1972, S. 327.
27 Vgl. Cover der amerikanischen Videokassette.

28 Vgl. den Buchtitel des Engländers Peter Wollen, dessen Arbeit Sirk sehr schätzte.
29 Jack Moffit, »Good Entertainment«, in: *The Hollywood Reporter*, 15. Februar 1955.
30 Handzettel zu A TIME TO LOVE AND A TIME TO DIE der Zürcher Retrospektive 1985.
31 in: *Cahiers du Cinéma* no. 94, Paris, April 1959.
32 Frieda Grafe, »Das Allerunwahrscheinlichste«, in: *Süddeutsche Zeitung*, 26. April 1980.
33 Brigitte Jeremias, a. a. O.
34 Erich Pfeiffer-Belli, »Mit Rapier, doch ganz ohne Adel«, in: *Die Welt*, 30. Juli 1963.
35 »Der Parasit, unser Zeitgenosse«, in: *Die Welt* Nr. 37, 14. Februar 1966.
36 Tennessee Williams, »Interview mit mir selbst«, im Programmheft zur Hamburger Inszenierung, S. 24.
37 Hanna Schygulla verdankt Sirk durch die Mitarbeit an dem Film SYLVESTERNACHT wichtige Impulse für ihre stimmliche Entwicklung. Telefongespräch mit der Autorin am 23. Dezember 1985.
38 Andrew Sarris, in: *Voice*, 17. Dezember 1979.
39 Katalog des 26th EDINBURGH INTERNATIONAL FILMFESTIVAL und *Douglas Sirk*, mit Beiträgen verschiedener Autoren, Herausgeber Laura Mulvey und Jon Halliday, Edinburgh 1972.
40 Vgl. Katalog des C.I.C.I. Luxembourg, no. 1, September 1980, und Katalog der Cinémathèque Française, La Petite Quinzaine, *Douglas Sirk*, Supplément au no. 36, Paris 1978; 1982 Retrospektive in Paris im Studio Action, das schon 1967 auf Sirk aufmerksam machte.
41 ZDF-Filmforum, »Douglas Sirk: Über Stars«, 29. April 1980; vgl. Eckhart Schmidt in s!A!U!.
42 Katalog des 9th Hong Kong International Film Festival.
43 Vgl. *Süddeutsche Zeitung* Nr. 14, 18./19. Januar 1986.
44 Das Kapitel SIRK UND FASSBINDER enthält eine Reihe von Formulierungen aus Fassbinders Artikel »Imitation of Life – Über die Filme von Douglas Sirk«, *Fernsehen und Film*, Februar 1971. Zitiert wird nach der in der Reihe Fischer Cinema erschienenen Essay-Sammlung von Michael Töteberg: Rainer Werner Fassbinder – *Filme befreien den Kopf*, Frankfurt 1984.
45 Nach Auskunft von Hanna Schygulla war sie bei diesem ersten Treffen nicht dabei. Telefongespräch mit der Autorin am 14. Dezember 1985.
46 Alle wörtlichen Zitate des Kapitels SIRK UND FASSBINDER beruhen, sofern nicht anders vermerkt, auf Gesprächen der Autorin mit Hilde u. Douglas Sirk.
47 Juliane Lorenz im Brief an die Autorin, 30. November 1986.
48 Dies. im Telefongespräch mit der Autorin am 23. November 1986.
49 Wolfram Schütte, »Lakonische Parabel«, in: *Frankfurter Rundschau*, 27. Juli 1974.
50 Peter Buchka, in: *Süddeutsche Zeitung*, 4. März 1974.
51 H. D. Seidel, »Außerhalb seiner selbst zu geraten«, in: *Stuttgarter Zeitung*, 19. Mai 1978.
52 H. C. Blumenberg, »Ein geisteskrankes Märchen«, in: *Die Zeit*, 14. September 1979.

53 Neben DIE BARFÜSSIGE GRÄFIN (Mankiewicz) und JOHNNY GUITAR – WENN FRAUEN HASSEN (Nicholas Ray) – so Juliane Lorenz am 30. November 1986.
54 Wolfram Schütte, a. a. O.
55 Rainer Werner Fassbinder: Vorbemerkungen zum Originaldrehbuch von QUERELLE; vgl. Dieter Schidor, *Rainer Werner Fassbinder dreht* QUERELLE, München 1982, S. 39.
56 Ernst Burkel, »Reagieren auf das, was man erlebt«, in: *Süddeutsche Zeitung* Nr. 56, 8. März 1979.
57 Juliane Lorenz am 30. November 1986.
58 Ebenda.

Für vielfältige Unterstützung beim Anfertigen dieser Arbeit danke ich:

Alix Ackermann-Pilari, Peer Baedeker, Ilse Becher, Jochen Brüning, This Brunner, Ralf Dierenbach, Dany-Rose Engelmann, Martin Flörchinger, Anneliese Göpfrich, Tino Graziani, Jon Halliday, Maria Harlan, Urs Hartmann, Doris Herzog von der Münchner HFF, Christine Hügel, Peter W. Jansen, Cherie Jeffery, Brigitte Jeremias, Guido von Kaulla, Wolfram Knorr, Nikolaus K. A. Läufer, Earlene Leijonhufvud-Cleaver, Juliane Lorenz, Rolf Niederer, Tony Orhnial, Monika Prasser, Margrit Scheel vom Hamburger THALIA THEATER, Rainer Schelling, Gerold Schlipf, Friedrich R. Schweizer, Susanne Schweizer, Hanna Schygulla, Margarethe Thoma, Magister Tinius, Bernhard Uhlmann, Vincenzina Valsolda, Karin Viesel, Christiane Wiesler, Douglas Wolfsperger
und vor allem Hilde und Douglas Sirk.

Das verwendete Bildmaterial stammt

von der Cinémathèque Suisse, Lausanne;
von Columbia Pictures, Hollywood;
aus der Douglas Sirk Foundation, Zürich;
vom Filmpodium, Zürich;
aus dem Foto-Archiv von Douglas Sirk;
von Wolf Goette, Leipzig;
von der Hochschule für Fernsehen und Film, München;
von Nikolaus K. A. Läufer, Konstanz;
von Erika Rabau, Berlin;
von Martin Schaub, Zürich;
von United Artists, Hollywood;
von Universal Pictures, Universal City;
von der Universum Film AG., Berlin.

11 Literaturhinweise

Arnold, Frank, und Berg, Ulrich von, *The Late Late Show*, Berlin 1985
Basinger, Jeanine, »The Lure of the Gilded Cage«, in: *Bright Lights* vol. 2, no. 2, Los Angeles 1977
Bauer, Dr. Alfred, *Deutscher Spielfilmalmanach 1929–1950*, Neuausgabe, München 1976
Baumer, Franz, *Erich Maria Remarque*, Berlin 1976
Berner, Wilhelm, und Peters, Fritz, *33 Jahre Bremer Schauspielhaus im Spiegel der Zeitkritik*, Bremen o. J.
Bockmayer, Walter, »Schande für uns und Ehre zu wenig«, in: *Film Forum* Nov. 78, Düsseldorf 1978
Bogdanovich, Peter, »Interview mit Edgar G. Ulmer«, in: *Filmhefte* Nr. 1, New York 1975
Born, Anneliese, und Schoenhals, Albrecht, *Immer zu zweit*, Stuttgart 1970
Bourget, Jean-Loup, *Douglas Sirk*, Paris 1984
Braulich, Heinrich, *Die Volksbühne*, Berlin 1976
Brecht, Bert, *Arbeitsjournal*, Band 1, Frankfurt 1973
Brunner, Mathias, und Bigelow, Kathrin, »Douglas Sirk«, in: *Interview* vol. XII, no. 7, New York 1982
Camper, Fred, »The Tarnished Angels«, in: *Special Number: Douglas Sirk, Screen* vol. 12, no. 12, London 1971
Cather, Willa, *Meine Antonia*, München o. J.
Caven, Ingrid, und Raben, Peer, *Im kleinen Leben liegt der große Schmerz*, Berlin 1983
Comolli, Jean-Louis, »L'aveugle et le miroir ou l'impossible cinéma de Douglas Sirk«, in: *Cahiers du Cinéma* no. 189, Paris 1967
Dagover, Lil, *Ich war die Dame*, München 1979
Dubuquoy, Philip, *Le Cinéma Américain des Fifties. Une Rétrospective*, Locarno 1981
Ebermayer, Erich, *Denn heute gehört uns Deutschland ... (1933–1935)*, Hamburg, Wien 1959
ders., *... und morgen die ganze Welt (1936–1939)*, Bayreuth 1966
Fassbinder, Rainer Werner, *Filme befreien den Kopf*, Frankfurt 1984
Faulkner, William, *Pylon*, London 1955
Forster, Friedrich, *Der Graue*, Leipzig 1931
Godard, Jean-Luc, *Godard / Kritiker*, München 1971
Gregor, Ulrich, »Zeit zu leben und Zeit zu sterben«, in: *Filmkritik* Nr. 9, Frankfurt 1958
Halliday, Jon, *Sirk on Sirk*, London 1971
Halliwell, Leslie, *The Filmgoer's Companion*, New York 1978

Harvey, James, »Sirkumstantial Evidence«, in: *Film Comment* vol. 14, no. 4, New York 1978

Haskell, Molly, *From Reverence to Rape*, New York, Baltimore 1975

Haver, Ronald, *David O. Selznick's Hollywood*, München 1983

Henry, Michael, und Tobin, Yann, »Entretien avec Douglas Sirk«, in: *Positif* no. 259, Paris 1982

Hirschhorn, Clive, *The Universal Story*, New York 1983

Holba, Herbert, Knorr, Günter, und Spiegel, Peter, *Reclams Deutsches Filmlexikon*, Stuttgart 1984

Ihering, Herbert, *Von Reinhardt bis Brecht*, Band III, Berlin 1961

Jauch, Eric Oluf, »Douglas Sirk. Ohne Handschrift gibt es keinen guten Film«, in: *Interview* Nr. 3, Hamburg 1979

Jeremias, Brigitte, »Filme aus Licht: Douglas Sirk«, in: *Frankfurter Allgemeine Magazin* Heft 113, 29. April 1982

Knorr, Günter, *Deutscher Kurzspielfilm 1929–1940*, Ulm o. J.

Knorr, Wolfram, »Das Prinzip Leiden«, in: *cinema* no. 3, Zürich 1978

Koszarski, Richard, *Universal Pictures 65 Years*, New York 1977

Kurowski, Ulrich, *Lexikon Film*, München 1972

Leander, Zarah, *Es war so wunderbar! Mein Leben*, Berlin 1983

Limmer, Wolfgang, *Rainer Werner Fassbinder, Filmemacher*, Reinbek 1981

Lindemann, Gottfried, *Die goldene Palette*, Stuttgart, Hamburg 1968

Nielsen, Asta, in: *... gelebt für alle Zeiten. Schauspieler über sich und andere*, Berlin 1978

Oppenheimer, Jerry, und Vitek, Jack, *Idol. Rock Hudson*, New York 1986

Panofsky, Erich, »Stil und Stoff im Film«, in: *Filmkritik* Nr. 6, Frankfurt 1967

Parker, David L., und Shapiro, Burton I., »Douglas Sirk«, in: *The Hollywood Director*, Hrsg. Jon Tuska, Metuchen und London 1978

Patalas, Enno, *Stars – Geschichte der Filmidole*, Frankfurt und Hamburg 1967

Pflaum, Hans Günther, und Fassbinder, Rainer Werner, *Das bißchen Realität, das ich brauche*, München 1976

Pithon, Rémy, »Douglas Sirk et le cinéma suisse« in: *Travelling 49*, Lausanne 1977

Rabourdin, Dominique, »Entretien avec Robert Stack«, in: *Cinéma 78* no. 238, Paris 1978

Rasner, Heinz Gerd, und Wulf, Reinhard, »Begegnung mit Douglas Sirk«, in: *Filmkritik* Nr. 203, München 1973

von Reiht-Zanthier, Jobst, *Sie machten uns glücklich*, München 1967

Remarque, Erich, *Zeit zu leben und Zeit zu sterben*, Köln und Berlin 1954

ders., *A Time To Love and a Time To Die*, New York o. J.

Renoir, Jean, *Mein Leben und meine Filme*, München 1980

Riess, Curt, *Das gab's nur einmal*, Hamburg 1956

ders., *Das gibt's nur einmal*, Hamburg 1958

ders., *Das waren Zeiten*, Wien 1977

Roth, Wilhelm, in: *Rainer Werner Fassbinder*, München, Wien 1975

Sanders, George, *Memoirs of a Professional Cad*, New York 1960

Sanders-Brahms, Helma, »Zarah«, in: *Jahrbuch Film 81/82*, München 1981

Sarris, Andrew, *The American Cinema. Directors and Directions 1929–1968*, New York 1968

Schaub, Martin, »Geben Sie acht, Sirk, ich besitze Sie!« in: *Tages-Anzeiger-Magazin* Nr. 12, Bern 1974
Schidor, Dieter, *Rainer Werner Fassbinder dreht* QUERELLE, München 1982
Schmidt, Eckhart, »Douglas Sirk über Stars«, in: s!A!U! Nr. 6/7, 1979
Seeßlen, Georg, *Kino der Gefühle. Geschichte und Mythologie des Film-Melodrams*, Reinbek 1980
Seiler, Paul, *Wollt ihr einen Star sehen? Zarah Leander,* Berlin 1982
Sierck, Hans Detlef, *Die Sonette an den geliebten Knaben*, Hamburg 1922
Smith, Robert E., »Take Me To Town« in: *Douglas Sirk. The Complete American Period*, The University of Connecticut Film Society, 1974
Stern, Michael, *Douglas Sirk*, Boston 1979
Stresau, Norbert, *Der »*OSCAR*«*, München 1985
Tobin, Yann, »Sept questions et sept réponses sur Écrit sur du vent de Douglas Sirk«, in: *Positif* no. 259, Paris 1982
Töteberg, Michael, *Fritz Lang*, Reinbek 1985
Truffaut, François, *Die Filme meines Lebens*, München 1979
Wiegand, Wilfried, in: *Rainer Werner Fassbinder*, München, Wien 1975
Wulf, Joseph, *Theater und Film im Dritten Reich*, Reinbek 1966
Zuckmayer, Carl, *Als wär's ein Stück von mir*, Frankfurt, Wien, Zürich 1968

Bitte umblättern:

Fischer Cinema

Eine Auswahl

Die Geschwister Oppermann. Band 3685

Georges Sadoul
Geschichte der Filmkunst
Band 3677

Adolf Heinzlmeier/
Bernd Schulz
Happy-End
Berühmte Liebespaare
der Leinwand
Band 3668

Louise Brooks
Lulu in Berlin und Hollywood
Band 4465

Marilyn Monroe
Meine Story
Band 3663

Joe Hyams
Humphrey Bogart und Lauren Bacall
Band 3691

Groucho Marx
Schule des Lächelns
Band 3667

Die Groucho-Letters
Briefe von und an
Groucho Marx
Band 3693

John Russell Taylor
Die Hitchcock-Biographie
Band 3680

Charles Chaplin
Die Geschichte meines Lebens
Band 4460

Lotte H. Eisner
Die dämonische Leinwand
Band 3660

André Bazin
Jean Renoir
Band 3662

Paul Werner
Roman Polanski
Band 3671
Film noir
Band 4452
Die Skandalchronik des deutschen Films 1900 bis heute
Band 4463

Hans-Jürgen Kubiak
Die Oscar-Filme
Band 4451

Manfred Schneider
Die Kinder des Olymp
Band 4461

Wolfram Schütte (Hg.)
Klassenverhältnisse
Von Danièle Huillet
und Jean-Marie Straub.
Band 4455

Kurt Pinthus (Hg.)
Das Kinobuch
Band 3688

Thomas Brandlmeier
Filmkomiker
Band 3690

Eric Rohmer
Meine Nacht bei Maud
Band 4466

Gabriele Seitz (Hg.)
Der Zauberberg
Band 3676

Doktor Faustus
Ein Film von Franz Seitz
nach dem Roman von
Thomas Mann
Band 3681

Michael Verhoeven/
Mario Krebs
Die Weiße Rose
Band 3678

Fischer Taschenbuch Verlag

Fischer Cinema

Eine Auswahl

Rainer Werner Fassbinder
Filme befreien den Kopf
Band 3672
Die Anarchie der Phantasie
Band 4462

Rudolf Arnheim
Kritiken und Aufsätze zum Film
Band 3653
Film als Kunst
Band 3656

Beate Klöckner
Die wilde Ekstase des Paradieses
Der pornographische Film. *Band 4453*

Dorin Popa
Kurbel-Brevier
Handbuch für die Film- und Videoarbeit
Band 4450

Jean Luc Godard
Einführung in eine wahre Geschichte des Kinos
Band 3686

Hans G. Pflaum / Hans H. Prinzler
Film in der Bundesrepublik Deutschland
Ein Handbuch
Band 3673

Dieter Prokop
Soziologie des Films
Erweiterte Ausgabe
Band 3682

Helmut Korte (Hg.)
Film und Realität in der Weimarer Republik
Band 3661

Helmut Korte / Werner Faulstich (Hg.)
Action und Erzählkunst
Die Filme von Steven Spielberg
Band 4476

Maria Ratschewa / Christel Buschmann / Helke Sander / Margarethe von Trotta
Utopie Frauenfilm
Band 4458

Horst Schäfer
Film im Film
Band 3698

Hans C. Blumenberg
Kinozeit
Aufsätze und Kritiken zum modernen Film
1976–1980
Band 3664
Gegenschuß
Texte über Filmemacher u. Filme 1980–1983
Band 3692

Peter Buchka
Augen kann man nicht kaufen
Wim Wenders und seine Filme
Band 4457

Hans Richter
Filmgegner von heute – Filmfreunde von morgen
Band 3670
Der Kampf um den Film
Herausgegeben von Jürgen Römhild
Band 3651

H.-J. Syberberg
Syberbergs Filmbuch
Band 3650

Karsten Witte
Im Kino
Texte vom Sehen & Hören
Band 4454

Fischer Taschenbuch Verlag

Sergej M. Eisenstein
Yo. Ich Selbst
Memoiren
2 Bände: 4474 / 4475

Sergej M. Eisenstein war nicht nur ein faszinierender Regisseur, der bereits als 27jähriger durch seinen Film „Panzerkreuzer Potjomkin" (1925) Weltruhm erlangt hatte. Er war auch ein phänomenaler Filmtheoretiker und brillianter Erzähler. Seine Memoiren zeugen davon. Den Titel „Yo" hatte Eisenstein selbst für seine autobiographischen Aufzeichnungen vorgesehen, die zu vollenden ihm nicht vergönnt war. Er starb 1948 im Alter von 50 Jahren nach einem Herzanfall.
Eisenstein schildert seine Kindheit, die er in Riga verbrachte. Er berichtet von der Scheidung seiner Eltern; seinem Studium an der Hochschule für Ingenieure in Petrograd; von seinem Dienst als Freiwilliger in der Roten Armee 1918-19; von seinen ersten Erfolgen als Bühnenbildner und seiner „Lehrzeit" bei Wsewolod Meyerhold, den er seinen „zweiten Vater" nennt.

Band 4474

Er schildert die Begegnung mit vielen Berühmtheiten, wie z.B. mit seinem Freund Charlie Chaplin, mit Mary Pickford, Douglas Fairbanks, Isaak Babel und anderen.
Mehr als 350 Abbildungen dokumentieren Leben und Schaffen Eisensteins.

Fischer Taschenbuch Verlag

Rainer Werner Fassbinder

Herausgegeben von Michael Töteberg

Band 3672

Band 4462

»Seine Filme befreien den Kopf«, hat Fassbinder über die Melodramen Douglas Sirks geschrieben, und dieser Satz kennzeichnet ein Konzept: Ins Kino geht man, so Fassbinder, um neue Erfahrungen zu machen. Seine Filme waren immer Herausforderungen an das Publikum, sich auf neue, im Alltag verschüttete Gefühlswelten einzulassen.

Für diesen Band wurden Interviews ausgewählt, in denen Fassbinder seine unverwechselbare Position formuliert. Themen sind u.a. das Verhältnis von Film und Realität, die Filmpolitik und Gremiendschungel, Filmemachen in Hollywood und in Deutschland, aber auch Liebe und Arbeit, die Gewalt in privaten Beziehungen sowie die Utopie einer anderen, humaneren Gesellschaft.

Fischer Taschenbuch Verlag

Regisseure

Bergman über Bergman
Interviews über das
Filmemachen
Von Stig Björkman,
Torsten Manns und
Jonas Sima. *Band 4478*

**Peter Buchka
Augen kann man
nicht kaufen
Wim Wenders und
seine Filme**
Band 4457

**Sergej M. Eisenstein
Yo. Ich selbst**
Memoiren
2 Bände: 4474/4475

**Rainer Werner
Fassbinder**
**Die Anarchie
der Phantasie**
Gespräche und
Interviews
Michael Töteberg (Hg.)
Band 4462

**Filme befreien
den Kopf**
Arbeitsnotizen
und Essays
Michael Töteberg (Hg.)
Band 3672

**Paul Werner
Roman Polanski**
Band 3671

Band 4457

**Helmut Korte/
Werner Faulstich (Hg.)
Action und
Erzählkunst**
Die Filme von Steven
Spielberg. *Band 4476*

**Elisabeth Läufer
Skeptiker des Lichts**
Douglas Sirk und
seine Filme. *Band 4468*

**John Russell Taylor
Die Hitchcock-Biographie**
Band 3690

Fischer Taschenbuch Verlag

Bergman über Bergman

Interviews über das Filmemachen

Von Stig Björkman, Torsten Manns und Jonas Sima

Ingmar Bergman, wie haben Sie das gemacht? So könnte dieses Buch über den schwedischen Film- und Theaterregisseur Ingmar Bergman heißen, der unbestritten eine der herausragenden Persönlichkeiten ist, die das moderne Kino prägten.
In den fünfzehn Interviews dieses Bandes spricht er ausführlich über sich und seine Filme. Es beginnt mit der Erinnerung an den ersten primitiven Projektor in seiner Kindheit und endet mit dem weltweiten sensationellen Erfolg seines Films »Szenen einer Ehe«. Dazwischen liegt eine unglaublich produktive Zeit, in der Bergman seine heute schon klassischen Filme gedreht hat. Bergman erläutert die Entstehung jedes einzelnen Films, die Bedingungen seiner Arbeit, die Auseinandersetzung mit dem Drehbuch, mit Technik und Schnitt, seine Beziehung zu seinen eigenen und zu anderen Filmen. Auf diese Weise gibt er ein faszinierendes Porträt von sich selber, in dem das spezifisch »Bergmaneske« auf zugleich anschauliche und amüsante Weise durchsichtig wird.

Band 4478

Fischer Taschenbuch Verlag

Fischer Film Almanach
Filme · Festivals · Tendenzen

Der Fischer Film Almanach bietet dem Filminteressierten jährlich eine lückenlose Dokumentation aller innerhalb eines Jahres in der Bundesrepublik erst- bzw. uraufgeführten Filme. Daneben gibt dieses informative Kompendium einen Überblick über die Preisträger der wichtigsten Filmfestivals von Berlin bis Cannes und beschäftigt sich in jedem Band schwerpunktmäßig mit einem filmpolitischen Thema.

Band 3657

Band 3674

Band 3684

Band 4464

Band 4470

Fischer Taschenbuch Verlag

fi 271/6